EL SUEÑO, LOS SUEÑOS Y LA MUERTE

Exploración de la conciencia con
S.S. EL DALAI LAMA

Prólogo de
S.S. EL DALAI LAMA

Edición y narración de
FRANCISCO J. VARELA

Colaboradores:
JEROME ENGEL, JR., JAYNE GACKENBACH,
JOAN HALIFAX, JOYCE MCDOUGALL
y CHARLES TAYLOR

Traducciones de
B. ALAN WALLACE y THUPTEN JINPA

Versión castellana de
ÁNGELA PÉREZ

MANDALA

© 1997, Wisdom Publications, Boston, Massachusetts, USA
© 1997, Mind and Life Institute
© 1998, para la presente edición,

José J. de Olañeta, Editor
Apartado 296 - 07080 Palma de Mallorca

Reservados todos los derechos

ISBN: 84-7651-747-5
Depósito legal: B-48.443-1998
Fotocomposición de Autoedición, F.D. - Barcelona
Impreso en Liberduplex, S.L. - Barcelona
Printed in Spain

Índice

Nota de agradecimiento 9
Prólogo, por Su Santidad el Dalai Lama 11

PRELUDIO DEL VIAJE
    Las zonas oscuras del ego 15
    Diálogo intercultural y las Conferencias Mente y Vida 17

CAPÍTULO 1: ¿QUÉ ES EL YO?
    Historia del concepto del yo 21
    Exploración del yo y modernidad 24
    La ciencia y el yo 26
    El yo y el humanismo 28
    El no-yo en Occidente 29

CAPÍTULO 2: SUEÑO DEL CEREBRO
    El sueño según la neurología 31
    Primeras ideas 31
    Lo esencial del EEG 32
    Pautas del sueño 35
    Características del sueño con REM 38
    Sueños y REM 40
    El sueño desde el punto de vista evolutivo 41
    ¿Por qué dormimos? 43
    Los sueños en la tradición tibetana 46
    Disolución en el sueño y la muerte 51
    ¿Existen correlativos de la mente sutil? 53
    Intención y esfuerzo en la práctica 56
    Sueño, orgasmo y muerte 57
    Conocimiento y discontinuidades 58

CAPÍTULO 3: LOS SUEÑOS Y EL INCONSCIENTE

El psicoanálisis en la cultura occidental 61
Freud y Compañía 62
Topografía de la mente 63
Los sueños y el inconsciente 64
Narcisismo 68
Los sueños: el camino real hacia el inconsciente 69
La historia de Marie-Josée 74
Después de Freud 83
¿Existe la idea del inconsciente en la doctrina búdica? 86
Sobre la compleja herencia de las tendencias mentales 89
La «conciencia fundamental» y el inconsciente 93
Impresiones y el «yo simple» 95
Más sobre identidades simples 97
Mente ordinaria y mente sutil 99
Designación convencional 101
El psicoanálisis como ciencia 104

CAPÍTULO 4: SUEÑOS LÚCIDOS

Evidencia de lucidez 107
¿Es muy común la lucidez? 110
Características de los soñadores lúcidos 110
Inducción de sueños lúcidos 112
Lucidez y atención 113

CAPÍTULO 5: NIVELES DE CONCIENCIA Y YOGA DE LOS SUEÑOS

La noción del yo 117
Yo y acción 119
La motivación para actuar es mental 120
Niveles de conciencia 124
Clases de conexiones causales 124
Conciencia fundamental 125
Continuidad de niveles 127
Los factores mentales y el sueño 128

Clara luz, yo sutil 130
El ciclo de las encarnaciones 131
Yoga de los sueños.. 132

CAPÍTULO 6: MUERTE Y CRISTIANISMO
Cristianismo y amor a Dios 137
La muerte en la tradición cristiana 138
Actitudes hacia la muerte en Occidente 140
Actitudes seculares hacia la muerte..................................... 141

CAPÍTULO 7: ¿QUÉ ES LA MUERTE FÍSICA?
Definición de la muerte según la medicina occidental 144
Definición de la muerte según el budismo 146
Intermedio: Conversación sobre transplantes 147
Muerte cerebral 150
Nexos cerebrales de la conciencia 152
Alteraciones de la conciencia 154
Epilepsias 160
Epilepsia y medicina tibetana 164
Síntomas de muerte en la tradición tibetana 166
Etapas de la muerte 168
Nivel ordinario y nivel sutil de la mente 170
Coito ordinario y coito sutil 176
Transferencia de conciencia 178
Posibilidades experimentales de apreciar la mente sutil 180

CAPÍTULO 8: EL UMBRAL DE LA MUERTE
La muerte como rito de paso 183
Experiencias en el umbral de la muerte 184
Arqueología de los rituales mortuorios 186
La vida futura en Occidente 187
Testimonios y pautas 188
Carácter detallado de las experiencias de semimuerte 194
Sentimientos y sensaciones 196

Experiencias esenciales 199
Compañía y bienestar 202
Algunas perspectivas materialistas 203
Posesión y epilepsia 207
Experiencias de semimuerte y enseñanzas budistas 209
Experiencias de semimuerte y clara luz 212

CODA: REFLEXIONES SOBRE EL VIAJE
Descanso 219
Lo que hemos aprendido 219
Regreso 222

Apéndice: El Instituto Mente y Vida, Agradecimientos 223
Notas 229
Glosario 231
Colaboradores 255

Nota de Agradecimiento

Deseo expresar mi más sincero agradecimiento a todas las personas que han hecho posibles la Cuarta Conferencia Mente y Vida y este libro. En primer lugar y sobre todo, a Su Santidad el Dalai Lama, por su interés constante y su afable hospitalidad para estos encuentros. Agradezco también la gran ayuda que nos prestaron Tenzin Geyche y la Oficina Privada de Su Santidad el Dalai Lama. Y Adam Engle, nuestro intrépido organizador y director del Instituto Mente y Vida. Alan Wallace, cuyas ideas y apoyo han sido esenciales. Ngari Rinpoche y Rinchen Khandro, nuestros amables anfitriones en Dharamsala y decididos partidarios de estos encuentros. Los oradores invitados, que emprendieron animosamente esta aventura y cuyo trabajo intelectual colectivo constituye este libro. Gracias también a nuestros generosos patrocinadores Barry y Connie Hershey y Branco Weiss, que aportaron los medios necesarios para llevar a cabo el proyecto.

La transcripción de las sesiones y la edición del libro han sido posibles gracias al trabajo generoso de Phonicia Vuong y Zara Houshmand. Alan Wallace revisó y completó las intervenciones de Su Santidad directamente del original tibetano. Tim McNeill, John Dunne y Sara McClintock, de Wisdom Publications, se encargaron de dar la forma final al libro. Su competencia y amabilidad convirtieron las últimas etapas de la publicación en la tranquila y gozosa conclusión de un largo viaje.

EL DALAI LAMA

Prólogo

Vivimos en una época en que la ciencia y la tecnología ejercen una enorme influencia en la vida de todos. La ciencia, extraordinario fruto de la inteligencia humana, y el prodigioso instrumento de la tecnología son manifestaciones de nuestro supremo don de la creatividad. Algunos de sus logros, como el desarrollo de las comunicaciones y la sanidad han sido prodigiosamente beneficiosos. Otros, como los complejos sistemas de armamento, han sido increíblemente destructivos.

Mucha gente estaba convencida de que la ciencia y la tecnología podrían solucionar todos nuestros problemas. Pero últimamente hemos presenciado un cambio de actitud. Se ha hecho evidente que el progreso externo solo no proporciona la paz mental. La gente ha empezado a prestar más atención a la ciencia interior, al camino de la investigación y el perfeccionamiento mentales. Por medio de la propia experiencia hemos llegado a un punto en que existe un nuevo conocimiento de la importancia y el valor de las cualidades mentales internas. Por consiguiente, las teorías de los antiguos sabios indios y tibetanos sobre la mente y su funcionamiento se consideran cada vez más valiosas en nuestro tiempo. La fuerza de estas tradiciones está relacionada con el desarrollo de la paz mental. La ciencia y la tecnología están relacionadas con el progreso material. Pero una combinación de ambos sistemas aportará todas las condiciones necesarias para conseguir la verdadera felicidad humana.

La serie de encuentros que hemos llamado «Mente y Vida» llevan celebrándose varios años. Yo los considero de importancia capital. No hace tanto tiempo que mucha gente creía recíprocamente excluyentes el conocimiento objetivo de la ciencia común y la comprensión subjetiva de la ciencia interior. En los encuentros «Mente y Vida» se han reunido expertos de ambos campos de investigación para intercambiar experiencias y puntos de vista sobre temas de interés común. Ha sido un placer comprobar hasta qué punto hemos podido enriquecernos todos de los conocimientos de los demás. Estos encuentros se han caracterizado no sólo por una amable curiosidad, sino también por un vivo ánimo de franqueza y amistad.

En la ocasión que se relata en este libro nos reunimos para analizar el sueño, los sueños y la muerte. Estos temas interesan a científicos y meditadores por igual, y además forman parte de la experiencia humana universal. Todos dormimos. Todos soñamos, lo sepamos o no. Y es indudable que todos moriremos. Aunque el sueño, los sueños y la muerte nos afectan a todos, conservan un sentido de misterio y fascinación. Por eso estoy seguro de que a muchos lectores les complacerá poder compartir el fruto de nuestros debates. Sólo me resta expresar mi gratitud a todos los que han colaborado en estos encuentros hasta ahora, y reiterar mi sincera esperanza de que sigan celebrándose en el futuro.

25 de marzo de 1996

Preludio del viaje

Los seres humanos se han enfrentado siempre y en todas partes a dos situaciones vitales, en las que nuestra mente habitual parece disolverse y entrar en una esfera completamente distinta. La primera es el sueño, compañero constante de la humanidad, transitorio y lleno de vida onírica, que ha cautivado a las culturas desde el comienzo de la historia. La segunda es la muerte, el enigma abismal, el suceso último que organiza en buena medida tanto la existencia individual como el rito cultural. Ambas son zonas oscuras del ego, en las que la ciencia occidental se encuentra incómoda a veces, lejos del conocido terreno del universo físico o la causalidad fisiológica. En cambio, la tradición tibetana se desenvuelve muy bien en este campo; en realidad, ha acumulado un conocimiento notable en él.

Este libro es el resultado de una semana dedicada al análisis de estos dos grandes ámbitos de transformación radical del cuerpo y de la mente humanos. El análisis adopta la forma de un coloquio único entre el Dalai Lama, con algunos de sus colegas de la tradición tibetana, por una parte, y representantes de la ciencia y el humanismo occidentales, por otra. Este coloquio es el cuarto de una serie de encuentros bienales llamados Conferencias Mente y Vida. Es un coloquio privado y muy bien estructurado que se celebró durante cinco días seguidos en octubre de 1992 en Dharamsala (India).

Todos los participantes nos reunimos un lunes por la mañana en la sala de estar del Dalai Lama. Su Santidad llegó a las nueve puntualmente, según su costumbre. Entró, nos sonrió a todos y nos pidió que nos sentáramos. Los oradores ocupaban un círculo interno de sillones, y los asesores y observadores, un círculo exterior. El ambiente era relajado e informal: sin cámaras de televisión, sin podio y sin discursos formales. La incomparable magia de las Conferencias Mente y Vida se estaba creando de nuevo.

El Dalai Lama inició la sesión con unas palabras cordiales:

—¡Bienvenidos todos! Hay muchos viejos amigos entre vosotros y quizá tengáis la sensación de que venir a Dharamsala es como volver a casa. Me complace sumamente celebrar otra Conferencia Mente y Vida. Creo que las anteriores fueron muy fructíferas, al menos para mí y para las personas que se interesan por estos temas.

Pasó luego a un enfoque más global:

—Desde nuestra última reunión se han producido muchos cambios en este planeta. Uno de los más importantes ha sido la caída del muro de Berlín. La amenaza de un holocausto nuclear ha desaparecido en cierta medida. Aunque sigue habiendo problemas, ahora el mundo parece más propicio a una paz auténtica y duradera. Por supuesto, la matanza continúa en algunas regiones, pero la situación ha mejorado en conjunto. Ahora la gente habla en todas partes de libertad y de democracia. Eso es de suma importancia también. Yo creo que el deseo de felicidad es una parte esencial de la naturaleza humana. La felicidad es fruto de la libertad. En cambio, todas las dictaduras son muy perniciosas para el desarrollo social. Antaño, algunas personas sentían cierto entusiasmo por los regímenes autoritarios, pero hoy eso ha cambiado. La generación más joven es partidaria de la libertad y de la democracia. Podemos cambiar el mundo, al menos en lo que a las desigualdades sociales se refiere. La fuerza del espíritu humano lleva de nuevo la voz cantante.

Su Santidad pasó a exponer a continuación el marco de nuestra reunión:

—Ahora tenemos estos dos campos, ciencia y espiritualidad, en los que cabe suponer que estamos comprometidos.

Añadió a esto una risa entusiasta y contagiosa. La risa sería una constante en los días siguientes, igual que la inteligencia penetrante de todos los participantes, y el grupo no abandonó nunca el sentido del humor.

—Parece que la investigación científica avanza cada día más. Pero también parece que cada vez es mayor el número de personas, científicos sobre todo, que empieza a comprender que el factor espiritual es importante. Y cuando digo «espiritual» no me refiero a ninguna religión o credo particular, sino a la simple compasión afectuosa, al afecto humano y a la bondad. Es como si esa gente bondadosa fuera un poco más humilde, estuviera un poco más contenta. Yo considero los valores espirituales primarios y la religión secundaria. En mi opinión, las diversas religiones afirman estas cualidades humanas fundamentales. Como practicante del budismo, mi práctica de la compasión y mi práctica del budismo son en realidad lo mismo. Pero la práctica de la compasión no requiere devoción religiosa ni fe religiosa; puede ser independiente de la práctica de la religión. De ahí que la fuente esencial de la felicidad de la sociedad humana dependa en gran medida del espíritu humano, de los valores espirituales. Si no combinamos la ciencia con estos valores humanos esenciales, el conocimiento científico puede crear problemas e incluso el desastre. Yo creo que los logros de la ciencia y la tecnología son inmensos, a pesar de su tremendo potencial destructivo. Pero algunas personas los consideran negativos, porque nos causan miedo, sufrimiento y angustia.

«El conocimiento científico puede considerarse una facultad de la inteligencia humana, que puede utilizarse positiva o negativamente, pero que moralmente es neutro en sí mismo. El que sea beneficioso o pernicioso dependerá de la motivación de cada cual. Con la motivación adecuada el conocimiento científico es constructivo. Pero si la motivación es negativa, entonces el conocimiento es destructivo. Estas conferencias mostrarán finalmente los caminos para que la ciencia y la espiritualidad trabajen en colaboración más estrecha. Creo que cada uno de nosotros ya ha hecho alguna aportación en este sentido, y estoy completametne seguro de que esta conferencia será un paso más en esa dirección. Podemos aportar algo; y si no, al menos no haremos ningún mal. —Todos reímos de buena gana con este comentario. Su Santidad concluyó con una sonrisa radiante: —Y eso está bien. Por estas razones, con estos sentimientos, os doy a todos la bienvenida a mi casa.»

Me correspondía a mí, como director y coordinador científico, responder a sus palabras de bienvenida. Era evidente que ya nos sentíamos todos emocionados de estar allí y de tener la oportunidad de participar en una aventura tan singular.

Las zonas oscuras del ego

Expuse brevemente el programa de la semana. Nos centraríamos en las zonas de la mente que son esenciales para la existencia humana, aunque a los occidentales les resulte difícil entenderlas: el sueño, los sueños y la muerte. De acuerdo con el espíritu de estos encuentros, queríamos abordar estos temas en el sentido más amplio posible, para que los investigadores de los diversos campos pudieran exponer de forma general la situación en Occidente. Los tres primeros días se dedicarían al sueño y a los sueños; y los dos últimos días, a la muerte. Explicaré a grandes rasgos las razones de esta elección temática y presentaré a los oradores invitados. Al final del libro figuran las reseñas biográficas de los participantes.

El primer día sobre el tema del sueño y de los sueños estaba dedicado a la neurociencia, que estudia la función del cerebro en el sueño como proceso biológico. Era esencial disponer de algunos resultados básicos de uno de los campos más activos de la neurociencia: la investigación del sueño. La ponencia de esta primera mañana se había confiado a un especialista en el campo, Michael Chase (de la Universidad de California en Los Angeles), y tuvo que cancelarse a última hora. Afortunadamente, contábamos con un distinguido grupo de neurobiólogos en Dharamsala: Clifford Saron (Universidad de California en San Francisco), Richard Davidson (Universidad de Wisconsin en Madison), Gregory Simpson (Escuela de Medicina Albert Einstein), Robert Livingstone (Universidad de California en San Diego) y yo mismo (Centre Nationale de la Recherche Scientifique de París). Preparamos conjuntamente una exposición sobre los mecanismos fundamentales del sueño y se tomó la decisión de que se la expusiera yo a Su Santidad.

El segundo día se dedicaría a la elaboración de los sueños en el psicoanálisis, que se encuentra en un punto intermedio entre la psicología científica y la práctica humanística. Es una tradición que ha dejado una huella profunda en las ideas occidentales sobre la estructura de la mente y la función de los sueños. Quizá algunos lectores hubieran preferido que ocupase su lugar en la conferencia otra escuela psicoterapéutica, pero, a mi entender, la tradición freudiana es la más influyente y universal. No se trataba de defender las escuelas freudianas contemporáneas, sino de llevar al debate una opinión de cómo ha pasado a formar parte del pensamiento y de la cultura occidentales la elaboración de los sueños. Se eligió para ello a Joyce McDougall, figura conocida y respetada del psicoanálisis contemporáneo tanto en Europa como en el mundo anglohablante más amplio.

El tercer día pasaríamos a un campo más reciente y polémico en el estudio de los sueños: el fenómeno de los sueños lúcidos. Elegimos este tema, por un lado porque ha recibido cierta atención científica en Occidente y, por otro, porque ha sido un campo muy activo de estudio en la tradición budista. Esperábamos que surgieran algunas conexiones con el budismo tibetano. La ponente sería Jayne Gackenbach, psicóloga de la Universidad de Alberta, que ha trabajado bastantes años en este campo.

Figura 2.2

Demostración de registro de EEG durante la sesión, por medio de un aparato portátil. Nuestro voluntario, el doctor Simpson, está sentado a la izquierda de la fotografía, con un casquete de electrodos en la cabeza. Su Santidad el Dalai Lama observa la pantalla.

Participantes y traductores de la Cuarta Conferencia Mente y Vida posan con el Dalai Lama delante de la residencia de Su Santidad en Dharamsala (India).

El cuarto y el quinto día nos centraríamos en el tema de la muerte. Redujimos este amplísimo tema a dos aspectos principales. Queríamos dedicar el cuarto día a la interpretación biomédica del proceso de la muerte. Aunque la medicina domina nuestra existencia, en cuanto se considera que una persona ha pasado el umbral, toda la maquinaria experimental y de observación de la biomedicina moderna se detiene. Se sabe muy poco de las etapas íntimas y finales de la muerte. Recurrimos a Jerome («Pete») Engel para tan difícil cometido. Como miembro de un amplio servicio biomédico de la Universidad de California en Los Angeles y neurólogo de prestigio internacional, parecía mejor preparado que otros profesionales para explorar este territorio desconocido.

Y por último, queríamos acabar el quinto día con nuestro segundo tema relacionado con la muerte, un panorama de la investigación reciente acerca de cómo han afrontado la muerte tradicionalmente los seres humanos mediante las llamadas «experiencias de semimuerte». También éste era un terreno conflictivo para la ciencia establecida, aunque sin duda despierta un gran interés en Occidente. Esperábamos encontrar vínculos entre esta investigación y uno de los campos más originales y de importancia experimental y filosófica en la tradición tibetana: el encuentro del ser humano con la muerte. Elegimos como oradora del día a Joan Halifax, antropóloga médica y pionera de este campo en las décadas de 1960 y 1970, y que había extendido sus observaciones a las tradiciones chamánicas.

Ése era, en pocas palabras, el programa del encuentro, en cuanto a su contenido científico. No obstante, y al igual que en las conferencias anteriores, consideramos fundamental exponer un panorama general de las bases filosóficas de la perspectiva occidental sobre estos temas. Era esencial, aunque pudiera parecer sorprendente a primera vista. Aclarar la base conceptual de una disciplina o de una historia de las ideas prepara el terreno para el análisis. Habíamos pedido a Charles Taylor de la Universidad McGill que cumpliera ese cometido en esta ocasión, puesto que era conocido por sus inteligentes estudios sobre el yo moderno y sus raíces históricas.

El diálogo intercultural y las Conferencias Mente y Vida

Antes de iniciar la jornada con la exposición de Charles Taylor sobre el concepto del yo, hagamos una pausa para repasar los antecedentes que condujeron a este encuentro único. Como ya he mencionado, esta conferencia es la cuarta de una serie de encuentros similares que se iniciaron en 1987 y que vinieron a llamarse Conferencias Mente y Vida. El contenido de este libro demuestra que la conferencia fue todo un éxito. Y no lo fue por simple casualidad. Es bien sabido que resulta dificilísimo organizar debates interculturales, porque caen fácilmente en las trampas del formalismo superficial o en conclusiones apresuradas. Para dar una ligera idea de cómo evitamos esas trampas, describiré brevemente nuestro planteamiento del proceso del diálogo. Y puesto que los temas de las conferencias anteriores eran parte integral del diálogo que se desarrolló en este cuarto encuentro, esbozaré también el contenido de esas conferencias. En el Apéndice figura un informe más amplio de los orígenes de las Conferencias Mente y Vida y datos sobre los participantes.

Lo mismo que todos los empeños de este tipo, las Conferencias Mente y Vida empezaron como una idea fascinante compartida por unos cuantos amigos y colegas. A mí me interesaba desde 1978 establecer puentes interculturales e interdisciplinarios que pudieran enriquecer la ciencia moderna (sobre todo las neurociencias, mi especialidad). Pero hasta 1985 no surgió la oportunidad de satisfacer ese interés. Aquel año, Adam Engle y yo empezamos a proyectar un coloquio entre científicos occidentales y Su Santidad el Dalai Lama, que es uno de los teóricos y practicantes más competentes de las tradiciones budistas contemporáneas. Transcurrieron otros dos años de trabajo organizativo hasta que al fin se celebró la primera Conferencia Mente y Vida.

Aprendimos que los científicos elegidos no tenían que ser necesariamente famosos para que las conferencias salieran bien. Tenían que ser competentes y expertos en su especialidad, pero también tenían que ser receptivos (y preferiblemente saber algo de budismo). Ajustamos el programa cuando las conversaciones ulteriores con Su Santidad nos aclararon la base científica que tendríamos que aportar. Y por último, Su Santidad accedió a reservarnos una semana completa, lo cual indica la importancia que daba a estos debates. En octubre de 1987 se celebró en Dharamsala la primera conferencia. Cubrió el terreno básico de la ciencia cognitiva moderna, que era el punto de partida más lógico para el contacto entre la tradición budista y la ciencia moderna. Los principales aspectos del encuentro se mantuvieron y se perfeccionaron en las siguientes conferencias.

Uno de ellos consistía en garantizar que los encuentros fueran plenamente participativos. Establecimos un esquema, según el cual los científicos occidentales harían su exposición correspondiente por la mañana, y la tarde se dedicaba exclusivamente al debate. De esta forma, Su Santidad podía ser informado del tema a tratar. Insistimos en que las exposiciones se hicieran desde un punto de vista amplio e independiente, completamente objetivo. El ponente podía exponer sus opiniones y preferencias por la tarde.

Otro aspecto importante era la traducción. Contábamos con los servicios de muchos intérpretes excelentes y a cada sesión asistirían dos, sentados a ambos lados del Dalai Lama. Esto permitía aclarar rápidamente los términos sobre la marcha, que es algo imprescindible para superar los equívocos iniciales que surgen a veces en los diálogos entre tradiciones muy distintas.

Un tercer aspecto fundamental era que el encuentro fuera absolutamente privado: sin periodistas ni cámaras de televisión, y con muy pocos invitados. Esto suponía un marcado contraste con las conferencias que se celebran en Occidente, donde la imagen pública del Dalai Lama hace cada vez más difícil el debate relajado y espontáneo. Así, el encuentro de Dharamsala nos otorgó una especie de libertad protectora para llevar a cabo la exploración.

El programa de la primera conferencia abordaba amplios temas de ciencia cognitiva: metodología científica, neurobiología, psicología cognitiva, inteligencia artificial, desarrollo del cerebro y evolución.[1] Fue un gran éxito, porque tanto Su Santidad como nosotros sentimos que se produjo un verdadero encuentro mental y que se dieron algunos pasos importantes para llenar el vacío existente entre el pensamiento budista y el pensamiento occidental. El Dalai Lama nos animó a continuar con diálogos posteriores cada dos años, petición que aceptamos sumamente complacidos.

La segunda conferencia se celebró en octubre de 1989 en Newport (California). Fue un encuentro de dos días que se centró más específicamente en la neurociencia. Resultó especialmente memorable, porque el primer día por la mañana nos enteramos de que habían concedido el Premio Nobel a Su Santidad. La tercera conferencia se centró en las relaciones entre las emociones y la salud.[2] Al clausurarla, Su Santidad accedió otra vez a proseguir el diálogo en un encuentro posterior, que constituye la aventura que se relata en este libro.

Y así nos reunimos para celebrar la cuarta conferencia, con la sensación de que nuestros esfuerzos estaban empezando a dar fruto. Y ahora, una vez más en Dharamsala, profundizaríamos durante una semana en el diálogo, que se centraría en esta ocasión en el sueño, los sueños y la muerte. Sentados conmigo estaban los participantes, cuyas voces oirá el lector en este libro. Igual que en las ocasiones anteriores, Thupten Jinpa y Alan Wallace serían nuestros muy doctos traductores.

Nos pareció mejor empezar con la exposición de un filósofo erudito sobre el concepto occidental del yo. Por ello pedí a Charles Taylor que ocupara el lugar del ponente, junto a Su Santidad, como harían en días sucesivos los demás participantes.

1
¿Qué es el yo?

Historia del concepto del yo

Las anteriores conferencias de la serie Mente y Vida nos habían demostrado que era muy útil contar con un filósofo profesional, versado en el tema científico a tratar. Una de las principales razones es que la disciplina y la reflexión filosófica se valoran mucho y se cultivan en la tradición tibetana. Un filósofo occidental entre científicos solía aportar valiosos vínculos y formulaciones alternativas más claras y próximas a la tradición tibetana. El conocido filófoso y escritor Charles Taylor era la persona indicada. En su reciente libro *Sources of the Self* había trazado un cuadro vívido y lúcido de la evolución del yo en Occidente.[3] Abordó el tema con rapidez y precisión.

—Me gustaría exponer algunos de los aspectos más importantes de la interpretación occidental del yo. Para ello, quiero hacer una amplia descripción de la evolución histórica de este concepto. Y creo que un buen punto de partida sería la expresión misma: *el yo*. En nuestra historia es algo completamente nuevo de los dos últimos siglos decir «soy yo». Antes no empleábamos el pronombre personal *yo* con artículo determinado o inderminado (*el* o *un*). Los griegos y los romanos antiguos y los pueblos de la Edad Media nunca lo trataron como expresión descriptiva. Hoy podríamos decir que hay treinta personas o *yoes* en la sala, pero nuestros antepasados no lo habrían expresado así. Ellos quizá hubieran dicho que hay treinta *almas* en la habitación, o habrían empleado cualquier otro término descriptivo, pero no habrían utilizado la palabra *yo*. Creo que esto indica algo esencial de nuestra concepción del agente humano, algo profundamente arraigado en la cultura occidental.

«En el pasado, uno habría empleado las palabras *yo mismo* o *yo* indistintamente, pero ahora se utiliza *el yo* o *el sí mismo* para describir lo que es un ser humano. Yo nunca me definiría a mí mismo como "un yo", sólo emplearía esa palabra para referirme a mí mismo. Diría, por ejemplo:

¿Qué soy yo? Yo soy un ser humano; yo soy de Canadá. Me defino de esa forma, pero en el siglo XX podría decir: "Soy un yo." La razón por la que lo considero importante es que elegimos las expresiones descriptivas que reflejan lo que creemos que es espiritual o moralmente importante de los seres humanos. Por eso nuestros antepasados llamaban almas a las personas, porque lo consideraban espiritual y moralmente importante.

»¿Por qué empezó a sentirse incómoda la gente con ese empleo y pasó a utilizar *el yo*? En parte, porque descubrieron algo espiritualmente significativo en ello. Algunas aptitudes que poseemos para reflexionar sobre nosotros mismos y actuar por nosotros mismos se hicieron moral y espiritualmente decisivas para la vida humana occidental. Históricamente, a veces nos hemos denominado "almas" o "inteligencias", porque esos conceptos eran muy importantes. Ahora hablamos de nosotros mismos como "egos" porque hay dos formas de concentración y reflexión sobre el yo que son absolutamente esenciales en nuestra cultura y que además se hallan en tensión entre sí en la vida occidental moderna: autocontrol y autoexploración.

»Consideremos primero el control de uno mismo. Platón, el gran filósofo del siglo IV a. de C., hablaba de dominio de sí mismo. Platón se refería con ello a que la propia razón controlaba los deseos. Si se controlaban los propios deseos, uno no era dueño de sí mismo.»

—¡Muy sabio! —intervino el Dalai Lama.

—Pero, curiosamente, el control de sí mismo tenía un significado muy distinto para Platón del que tiene en el mundo moderno. Para Platón, la razón era la capacidad humana de entender el orden del universo, el orden de las «ideas», como las llamaba él, que conformaban el universo. Hacer que la razón dominara la propia alma era lo mismo que hacer que el orden del universo dominara la propia alma. Si yo contemplo el orden de las cosas, mi alma se pone en orden por amor a ese orden. O sea que realmente no era control de sí mismo como un agente solo; era control por el orden del universo. No se instaba a los seres humanos a meditar sobre el contenido de sus almas, sino más bien a reflexionar sobre el orden de las cosas.

«El cristianismo cambió eso con san Agustín en el siglo IV. Estaba influido por Platón pero tenía un punto de vista muy distinto. Su idea era que podemos acercarnos a Dios examinando nuestro interior, lo que hay en nosotros mismos. Descubrimos que en el fondo dependemos del poder de Dios, así que descubrimos el poder de Dios examinándonos a nosotros mismos.

»Tenemos estas dos tendencias espirituales: una, Platón, que recurre a lo exterior; y la otra, san Agustín, que recurre a lo interior, aunque también con el objetivo de encontrar algo fuera de nosotros mismos, que es Dios. Un tercer cambio es el que se produce en el mundo occidental moderno. Consideremos al filósofo Descartes del siglo XVII como ejemplo. Descartes creía en Dios y se consideraba seguidor de Agustín, pero entendía algo completamente distinto por la idea de control de uno mismo: el control instrumental que puedo ejercer yo como agente sobre mi propio pensamiento y sobre mis propios sentimientos. Mantengo una relación conmigo mismo como con un instrumento que puedo utilizar para cualquier propósito. Descartes reinterpretó la vida humana como la forma de concentrarnos en nosotros mismos como instrumentos. Llegamos a ver nuestra existencia física como un mecanismo que podemos utilizar, y esto ocurrió en la gran época en que surgió una interpretación mecanicista del universo.

»La idea moderna del control de uno mismo difiere mucho de la de Platón, porque el orden del universo ya no es importante ni relevante. No es lo principal. Ya ni siquiera busco en mi interior para llegar más allá de mí mismo a Dios; poseo en cambio la capacidad inherente de ordenar mis propios pensamientos y mi propia vida, de utilizar la razón como instrumento para controlar y ordenar mi propia existencia. Es muy importante para mí ordenar mi propio pensamiento, hacerlo operar de la forma correcta dando los pasos correctos, relacionarme con él como un ámbito objetivo que puedo dominar de un cierto modo. Esto se ha convertido en algo absolutamente básico para la vida occidental. Es una forma de empezar a pensar en nosotros mismos como "yoes", porque lo verdaderamente importante no es el contenido particular de nuestro parecer o nuestro pensamiento, sino la capacidad de controlarlo reflexivamente.»

Tal como era habitual en nuestros encuentros Mente y Vida, las exposiciones estaban aderezadas con preguntas esclarecedoras del Dalai Lama. En realidad, siguiendo las dudas planteadas por éste, el lector puede percibir los vacíos existentes entre la tradición occidental y la tradición tibetana. En esta ocasión, Su Santidad interrumpió amablemente a Charles:

—¿Diría usted que este yo controlador tiene la misma naturaleza que el cuerpo y la mente que están siendo controlados? ¿O es su naturaleza distinta de las del cuerpo y la mente?

—Para Descartes era lo mismo —contestó Charles—. Pero el yo llega a considerarse como algo distinto porque no tiene ningún contenido particular en sí mismo. Sólo es la capacidad de controlar cualquier contenido mental o físico que se produzca.

Exploración del yo y modernidad

La exposición pasó a la exploración del yo:
—En la misma época en que Descartes desarrollaba estas ideas, surgió en Occidente otra capacidad humana importante: la exploración de sí mismo. Esto surgió del florecimiento de la espiritualidad cristiana inspirada por Agustín, que hizo que la gente recurriera al examen de conciencia, a examinar sus almas y sus vidas. El examen de conciencia también superó la forma cristiana original y en los dos últimos siglos se ha convertido en una idea extraordinariamente vigorosa que es hoy fundamental en Occidente, la de que cada ser humano tiene su forma propia y original de ser humano.

«Hubo antiguas prácticas de exploración del yo, pero siempre partían de la premisa de que ya sabemos lo que es la naturaleza humana y que nuestra labor consiste en descubrir en nosotros lo que ya sabemos que es cierto. En los últimos doscientos años, el supuesto ha sido que sabemos en general qué es la naturaleza humana, pero como cada ser humano tiene su propia forma particular y original de ser humano, tenemos que determinar esa naturaleza nuestra mediante la exploración del yo. Esto ha abierto un campo general de aptitudes humanas que se consideran importantísimas. ¿Cómo se explora uno mismo? Descubres lo que aún no se ha dicho, lo que aún no se ha expresado y luego descubres la forma de expresarlo. La expresión o manifestación de uno mismo es muy significativa.

»¿Cómo encontrar los lenguajes de autoexpresión? En Occidente se ha creído durante los últimos doscientos años que la gente puede encontrar los mejores lenguajes de autoexpresión en el arte, ya sea poesía, arte visual o música. Un aspecto de la cultura occidental moderna es el significado casi religioso del arte. La gente que no tiene conciencia religiosa tradicional, en concreto, suele sentir esta profunda veneración por el arte. Algunos grandes artistas occidentales tienen una aureola (famosos, estimados y admirados) sin precedentes en la historia humana.

»Así que tenemos estas dos formas de relación con uno mismo: control del yo y exploración del yo. Como ambas son esencialmente importantes, hemos llegado a pensar en nuestro "yo" y a hablar de nuestro "yo" sin reflexionar. Ambas prácticas pertenecen a la misma cultura, pero también están en profundo desacuerdo y hay en nuestra civilización una lucha constante debido a ello. Es algo que puede verse en todas partes, se mire adonde se mire.

»Se ve en el conflicto actual de Occidente entre quienes tienen un planteamiento tecnológico estricto y estrecho del mundo y de sí mismos y quienes se oponen a ellos en nombre de la salud ecológica y de la sinceridad con uno mismo, porque la actitud tecnológica de autocontrol también excluye la exploración de uno mismo.

»Se percibe en las actitudes hacia el lenguaje. Por un lado, el lenguaje se concibe como mero instrumento controlado por la mente; y, por otro, hay concepciones de lenguaje que han llevado a algunos de los descubrimientos más ricos sobre el entendimiento humano: el lenguaje como la casa del ser, el lenguaje como lo que desvela el misterio esencial del ser humano.

»Lo que une el control de uno mismo con la exploración de uno mismo es que tienen la misma fuente común: una noción del ser humano que lo considera encerrado en sí mismo. Platón no podía concebir al ser humano fuera de su relación con el cosmos, y san Agustín no podía concebir al ser humano fuera de su relación con Dios. Pero ahora tenemos una idea del ser humano según la cual uno puede creer también en Dios, puede desear también relacionarse con el cosmos, pero puede concebir al ser humano encerrado en sí mismo con estas dos aptitudes de autocontrol y autoanálisis. También ha significado que quizá el máximo valor de la vida política y moral de Occidente sea la libertad, la libertad de controlar o la libertad de entender quién es uno y ser verdaderamente uno mismo.»

Una vez más el Dalai Lama aclaró un punto clave:

—¿Existe el supuesto implícito de que el control de sí mismo entraña necesariamente un yo autónomo o existente por sí mismo, mientras que la exploración de uno mismo entraña que eso es dudoso?

Charles contestó que no era necesariamente así, que el autoanálisis también presupone un yo, pero que abre la posibilidad de que la exploración pueda llegar más lejos. El autocontrol supone que hay un medio de control y eso nunca se pone en duda. Por ejemplo, la filosofía de Descartes empieza con la certeza de que yo, yo mismo, existo. Y todo el edificio del conocimiento científico del mundo se basa en esa certidumbre.

La ciencia y el yo

Tras hacer esta magistral descripción del yo moderno, Charles retomó la exposición del tema propuesto relacionando estos conceptos del yo con la tradición científica y, en concreto, con ciertas formas de conocimiento científico que ya se habían tratado en las conferencias anteriores.

—Consideremos, por ejemplo, el tipo de psicología cognitiva que concibe el pensamiento humano según el modelo del ordenador digital. He de admitir que a algunos esta idea nos parece asombrosa y demencial, pero también de una fuerza imaginativa inmensa.

«Volviendo a Descartes, el planteamiento del yo como medio instrumental lo considera como una especie de mecanismo. La idea de que en el fondo sólo somos un mecanismo es muy propia de este campo. Al mismo tiempo, Descartes pone gran énfasis en el pensamiento claro, calculador. En otras palabras, la forma más clara de pensar sería la que siguiese ciertas normas formales y en la que pudieses estar absolutamente seguro de que cada etapa era un paso válido para poder pasar a la siguiente. Lo extraordinario de los ordenadores es que combinan este pensamiento absolutamente formal con un soporte material mecánico. Las personas que se sienten profundamente conmovidas por este aspecto de la cultura occidental están infinitamente fascinadas por los ordenadores y por eso están dispuestas a convertirlos en la base de su modelo de mente humana.

»Por otro lado, están las ciencias humanas que se derivan de la larga tradición de la exploración del yo. Uno de los cambios producidos en el lenguaje en Occidente, junto con el uso de términos como el yo, es la adquisición de un riquísimo vocabulario de exploración interior. Expresiones como "abismo interior" o "profundidades del ser" forman parte de nuestra cultura. Me gustaría saber si existe algo similar en tibetano. La idea es que cada uno de nosotros ha de realizar un estudio largo y profundo de sí mismo. Pensamos en aquello que no entendemos plenamente como en algo recóndito y consideramos ese abismo interior. Esto aflora en otro aspecto del discurso científico, del que es un ejemplo el psicoanálisis.

»Otra tendencia del conocimiento de sí mismo que pertenece a la autoexploración en Occidente hoy día es la *identidad*. Éste es otro término que se utiliza hoy en un sentido completamente nuevo. Es frecuente hablar de "descubrir la propia identidad" o decir que nuestros adolescentes tienen una crisis de identidad (que no conocen su identidad y que descubrirla les resulta doloroso y trágico). Mi identidad es quién soy yo. En cierto sentido, ésta es una forma de describirme a mí mismo como un ser espiritual, porque cuando la gente habla de lo que cree que es su identidad, en realidad están hablando desde la perspectiva de lo que entienden que es realmente importante para ellos y de lo que es vital en la existencia humana. En otras palabras, el horizonte espiritual de cada persona se considera que está determinado por quién es esa persona. Una vez más, esto indica la búsqueda de lo que es específico de cada ser humano. Precisamente en este ámbito se está llevando a cabo en Occidente la exploración de nuevas vías de conocimiento del ser humano.

»Éste es un aspecto que establece un contacto muy interesante y esclarecedor entre la perspectiva occidental y la perspectiva budista. El discurso de la identidad da paso a la posibilidad de que yo pueda redescubrir radicalmente y redefinir quién soy; que pueda descubrir que no soy en realidad quien creía que era y que eso es algo que tengo que volver a considerar y a describir. Además, es precisamente en este ámbito donde algunas filosofías occidentales han empezado a poner en tela de juicio la idea misma del yo como entidad limitada. Han planteado preguntas como: "¿Existe realmente un yo unitario?". Ésta es el área en que avanza la exploración, la frontera de la incertidumbre sobre la verdadera naturaleza del yo. Este movimiento filosófico es en parte una respuesta al concepto de autocontrol, que parece siempre muy claro respecto al yo como agente controlador y nunca pone en duda su unidad. Esta guerra cultural ha conducido a formas de conocimiento de sí mismo que ponen en tela de juicio que estemos al mando, que no haya recursos profundos en nuestro interior que escapen al yo y que, por lo tanto, la exploración de uno mismo no pueda llevar a algo muy distinto y desconcertante, a algo nuevo y extraño.»

El yo y el humanismo

La exposición había llegado a su conclusión natural y se inició un animado debate entre todos los participantes. La siguiente pregunta del Dalai

Lama era algo menos clara y un buen ejemplo de lo difícil que es saltar de una tradición a otra completamente distinta:

—¿No existe una relación especial entre este firme énfasis en el yo y el humanismo? Tengo entendido que el término *humanismo* tiene dos significados muy distintos. Por un lado, existe una idea muy positiva del humanismo como algo que ennoblece al yo, dotándolo de cierta iniciativa o poder. En consecuencia, no parece que el yo sea un instrumento de Dios ni de ningún otro agente externo. En este sentido, el humanismo parece algo positivo. Por otro lado, el humanismo en un contexto completamente distinto parece ser negativo, con su énfasis en el yo y su concepción del entorno simplemente como algo que el yo manipula y explota. Si es así, ¿cómo encajan estos dos significados de humanismo, y cuál es en realidad el sentido más usual del término?

Charles contestó:

—Uno de los significados de la palabra *humanismo* incluye esta concentración en el hombre, en el ser humano. Como dije antes, las dos formas de autocontrol y autoanálisis nos permiten trazar un círculo alrededor del ser humano y centrarnos en ese ser. Pero el humanismo es también muy variado y hay partes del mismo que se hallan en conflicto. Los dos sentidos de humanismo de los que ha oído usted hablar son las dos caras de la misma moneda en la evolución occidental. El humanismo original de afirmación apenas tenía en cuenta la relación de los seres humanos con el resto del cosmos. Y efectivamente ahora hay un humanismo depurado, entre otras cosas, el único que posee un conocimiento docto de la relación del yo con el cosmos, pero que no es el original.

El Dalai Lama indagó más:

—Cuando habla del cosmos, ¿considera a los seres humanos como parte del mismo o como algo distinto? Si consideramos el cosmos el entorno externo y a los seres humanos como agentes individuales que existen en él o incluso fuera de él, ¿no siguen siendo los seres humanos producto de los elementos naturales?

—Sí, pero según el humanismo moderno que nos situaba como usuarios en relación con instrumentos, el cosmos que nos rodea era algo que podíamos y debíamos controlar. Originalmente, Descartes y otros mantuvieron un firme dualismo que consideraba el alma humana totalmente independiente del cosmos; pero tiene usted toda la razón. Otra forma de humanismo explica a los seres humanos desde el punto de vista de estos elementos naturales, una postura de control muy arrogante y reduccionista. En realidad, yo creo que hay una gran contradicción en esta postura. Pero una postura contradictoria a veces persiste porque está profundamente arraigada en una cultura.

—Así que básicamente, tanto las personas como todo el cosmos podrían incluirse en el término *humanismo*. ¿Implica también el término la negación de la existencia de una divinidad?

—Normalmente no, pero también hay quienes utilizan el término en ese sentido —contestó Charles—. En Inglaterra existe una Sociedad Humanista cuyos miembros tienen en común simplemente que son ateos. Y por otro lado, un gran filósofo católico de este siglo escribió un libro titulado *Humanismo cristiano*.

El no-yo en Occidente

Mientras nos servían el té, el Dalai Lama prosiguió con el tema sobre la relación entre el yo y el cosmos, preguntando a todos los presentes:

—Parece que Descartes define el alma como algo independiente del cosmos en general y del cuerpo en particular. ¿Y el sentido moderno del yo? ¿Se considera el yo un agente independiente y a veces distinto del cuerpo? ¿Cuál es su relación con el cosmos en general? Ahora que el yo se ha secularizado, ¿ya no es posible seguir considerándolo algo independiente del cosmos?

Todos se remitieron a Charles:

—Lógica y metafísicamente no tiene sentido considerar el yo como una cosa independiente, pero esto es lo interesante aquí. Esta forma global de considerarnos a nosotros mismos afecta a cada individuo como científico o agente, adoptando una postura de control hacia el cuerpo y el cosmos. Existe una interpretación implícita del yo que contradice la doctrina explícita de la ciencia. Ésta es una de las grandes autocontradicciones pragmáticas de esta postura materialista y metafísica de Occidente. La doctrina científica dice que todo es puro mecanismo, incluido el yo, pero para aceptar esa doctrina hay que adoptar una actitud de agente controlador con relación al mundo. Así que este mismo agente tiene un sentimiento de poder casi angélico o incluso divino sobre el mundo. Existe una escisión de la conciencia que es muy ilógica pero muy comprensible existencialmente.

El Dalai Lama preguntó después:

—Cuando en el Occidente moderno uno piensa «yo» o «yo soy», ¿supone eso forzosamente que el «yo» así concebido haya de considerarse algo independiente o autónomo?

La respuesta de Charles tenía un matiz muy budista:

—Si se le pregunta a la gente, responde que no. Pero en su verdadera forma de vivir, la respuesta es un sí rotundo, y mucho más que en el caso de nuestros antepasados, que se consideraban más como parte de un cosmos más grande.

Intervino Joan Halifax:

—¿En la evolución del yo hubo siempre un no-yo postulado, la idea de que en realidad los seres humanos no tenían una identidad propia independiente?

Charles contestó así a esto:

—Existen esas fases en la evolución de Occidente. Por ejemplo, los aristotélicos medievales creían que la parte verdaderamente importante de nosotros, el intelecto activo, era claramente algo universal y no particularizado. El famoso filósofo islámico Averroes también lo creía, pero tuvo graves problemas con la corriente islámica principal. Precisamente por Averroes tuvo problemas el aristotelismo para entrar en el cristianismo; sólo se consiguió cuando Alberto Magno y Tomás de Aquino consiguieron reintroducir la idea de un intelecto personal.

El debate prosiguió un rato en el mismo tono, mientras todos tomábamos té. Luego llegó el momento de pasar a otra fase y sumergirnos en la primera exposición científica: la exploración del cerebro durante el sueño y durante los sueños.

2
Sueño del cerebro

El sueño según la neurología

Cambié de sitio con Charles Taylor, me senté y sonreí al Dalai Lama, que me estaba mirando con ojos penetrantes. No era la primera vez que ocupaba la primera fila, pero aún así, me sentí conmovido al mirar a los presentes, por el carácter especial de la ocasión. Tras un breve silencio, empecé:

—Su Santidad, después de esta introducción vívida y clarísima a las nociones del yo, creo que sería útil que pasáramos a analizar los aspectos neurocientíficos del sueño. Estoy de acuerdo con el profesor Taylor en que la ciencia ofrece la esperanza de que podamos explicar toda la mente como un mecanismo. Pero otra corriente científica reconoce también que existe algo que los mecanismos neurales corrientes no explican plenamente y que suele denominarse *yo* o *conciencia*. El término *conciencia* es un cajón de sastre en el que echamos todo lo que aún no entendemos, cualquier cosa que escape a la idea de la mente como un ordenador o una serie de procesos neurológicos. En el lenguaje científico, la palabra conciencia define a veces lo que es más profundo, en el sentido de una profundidad que aún no hemos alcanzado. Es importante que no olvidemos esta tensión no resuelta en el campo de la ciencia.

«¿Por qué es especialmente relevante que tengamos esto presente para comprender el aspecto neurocientífico del sueño? Toda investigación sobre el sueño aborda inevitablemente cambios radicales de la identidad, el yo, o la conciencia. Cuando uno se duerme, de pronto ya no está allí. Esto plantea automáticamente la elusiva noción del yo, de la que algunos científicos escaparían asustados, y eso sin mencionar el misterioso tema general de los sueños.

Primeras ideas

—Pasemos a los datos específicos de la neurología del sueño. Si consideramos históricamente la investigación del sueño, vemos que los principales descubrimientos han refutado plenamente la idea del sueño como estado pasivo. La neurología partió de la idea tradicional de que el sueño es como apagar las luces de la casa y que los seres humanos que se quedan solos sin nada que hacer se dormirán.

»Los avances en la investigación demostraron enseguida que el sueño es un fenómeno activo. Es un estado de conciencia con leyes propias. Sigmund Freud expuso por primera vez que el sueño es un proceso activo. Aunque inició su carrera como neurólogo, luego se desvió hacia la psicología, de lo que nos hablarán otro día. Hacia 1900, los primeros investigadores intentaron definir el sueño fisiológicamente. Hacia 1920, un científico francés llamado Henri Piéron expuso la idea moderna dominante de que el sueño tiene tres características. Primera, es una necesidad biológica periódica. Segunda, tiene su propio ritmo interno. Tercera, se caracteriza por la ausencia de actividad sensorial y motriz.

»Saltaré otros hitos diversos y pasaré a un descubrimiento sumamente importante. En 1957, un grupo de investigadores estadounidenses describieron lo que hoy se conoce como el estado del sueño con REM. REM corresponde a *rapid eye movement* o movimientos oculares rápidos. Este descubrimiento constituye el principio de la investigación general que prosigue activamente hoy.

Lo esencial del EEG

—Entre 1900 y 1957, la neurociencia había llegado a investigar en profundidad los fenómenos eléctricos del cerebro que permitieron el descubrimiento de REM. Vamos a dar ahora un rodeo en la exposición, dejando aparte un momento el sueño, para hablar del registro de la electricidad del cerebro humano por medio del electroencefalograma (EEG). Durante medio siglo, el EEG ha sido el principal método no agresivo de investigar la actividad cerebral humana. (Los nuevos métodos de imagen cerebral constituyen una importantísima alternativa y complemento; pero sigamos de momento con el EEG. Sin entender un poco los aspectos técnicos y biológicos del EEG no podremos comprender la neurobiología del cerebro.

»El EEG puede registrar el potencial eléctrico superficial solamente porque el córtex (la corteza o capa exterior del cerebro) está formado por grandes neuronas piramidales (células nerviosas), alineadas regularmente

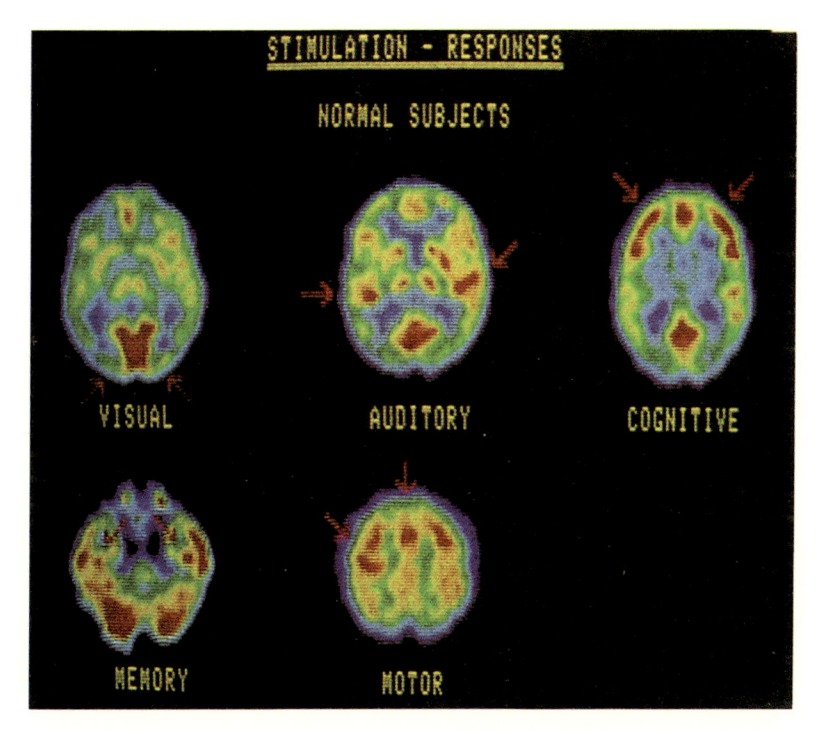

Figura 7.3

Cinco estados de activación funcional reflejados en el metabolismo cerebral de la glucosa. Los índices metabólicos más altos aparecen en rojo; los más bajos, en azul; y los valores intermedios en amarillo y verde. (Con permiso de Phelps and Mazziotta, «Positron Emission Tomography: Human Brain Function and Biochemistry», Science 228 (1985), 799. © 1995 American Association for the Advancement of Science).

Figura 7.5

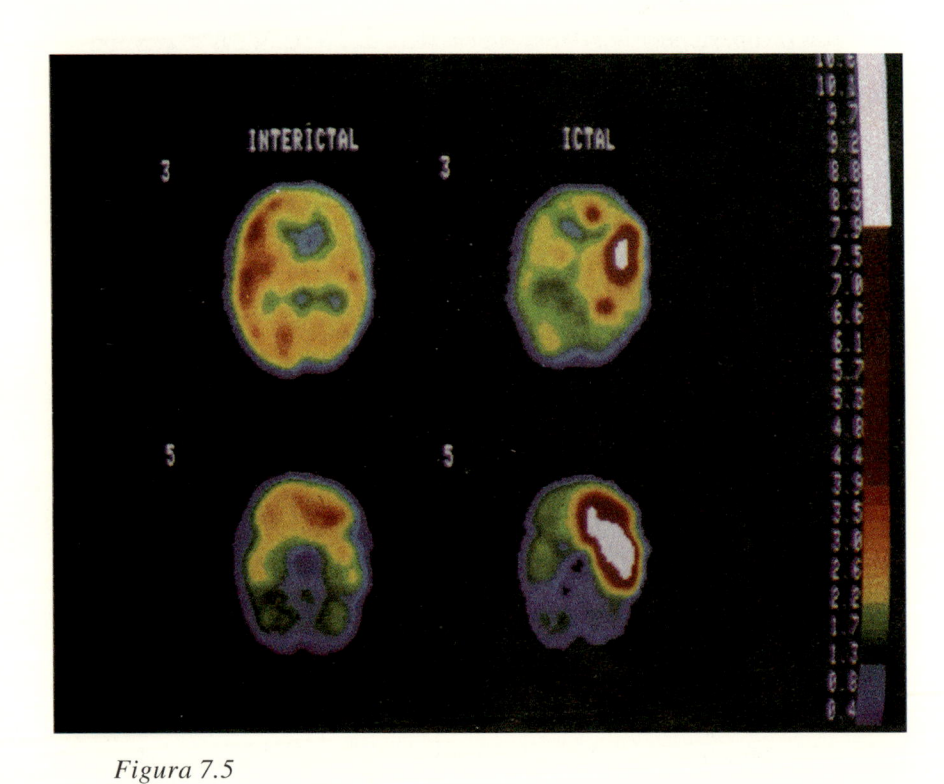

Imagen TEP de asimilación de glucosa durante el mismo ataque. (Con permiso de Engel et al., Neurology 33, 1983, 400).

unas con otras. Estas células piramidales son las principales neuronas que componen la materia gris de la superficie cerebral. Reciben las señales de otras zonas del cerebro a través de los axones de materia blanca. Los axones o cilindroejes son las fibras nerviosas que transmiten los potenciales de acción, señales eléctricas rápidas que afectan a las neuronas en sus sinapsis o conexiones. Si la actividad eléctrica de las neuronas se superpone en el tiempo, el potencial eléctrico llega a alcanzar una cuantía suficiente para que pueda leerse en la superficie, aunque débilmente (fig. 2.1). Las señales eléctricas miden unas millonésimas de voltio.

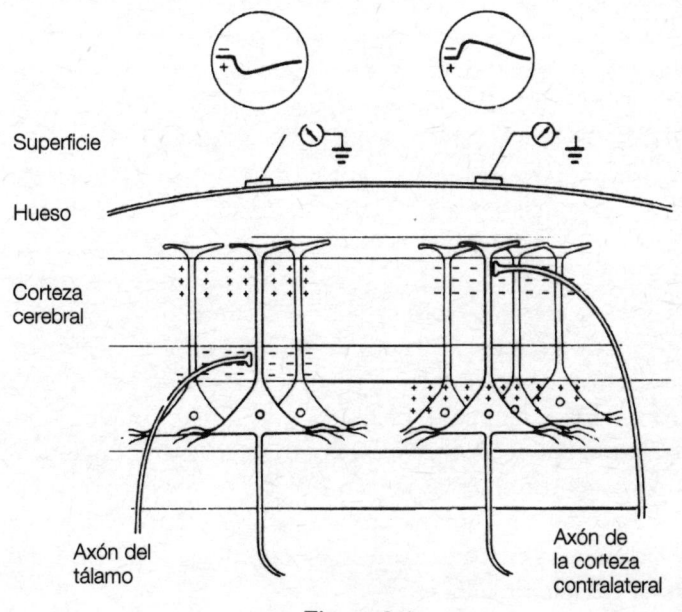

Figura 2.1

Corte transversal de una sección del cráneo y la corteza cerebral. A la izquierda del diagrama, el potencial de actividad se manifiesta como una carga negativa inducida por el axón, con la carga positiva correspondiente en la dendrita ascendente (extensiones). Un electrodo colocado en la superficie transmite una onda con una ligera desviación. Un axón ascendente distinto de otra región del cerebro produce la pauta eléctrica contraria. (De Kandel, Schwartz y Jessel, Principles of Neural Science, 3ª ed., Appleton & Lange, Norwalk, Connecticut, 1991, p. 784. *Con permiso de Appleton & Lange.)*

—¿Qué ocurre si están en actividad al mismo tiempo axones con pautas eléctricas contrarias? El resultado es un registro plano, ya que las aportaciones positivas están compensadas por las negativas. Este EEG es como la conversación de la gente en una fiesta; un EEG sincronizado es como la gente que canta en un coro. En un EEG sincronizado, muchas neuronas cambian de carga positiva a negativa al unísono y sin compensación. El resultado tiene la forma de una onda de gran amplitud generada en la superficie.

»Así que el EEG es la suma espacial de muchísimas neuronas. Esta suma indica la pauta de la actividad subyacente cerca del punto de la corteza que se registra. Así que un registro encefalográfico es una señal local. También es indirecto: muchas pautas neuronales diferentes producen registros superficiales idénticos. ¡Permítanme ahora dejar de ser abstracto y mostrarles las ondas cerebrales de nuestro colega el doctor Simpson!»

Lo habíamos acordado previamente, claro. Cuando dije esto, el doctor Greg Simpson entró en la habitación dispuesto para la prueba con un gorro de electrodos y los cables colgando. Dos amigos transportaron un electroencefalógrafo con pantalla en color y lo colocaron sobre la mesa enfrente del Dalai Lama. Greg se sentó a su lado; lo conectaron enseguida al aparato. Todo funcionó perfectamente y produjo el aplauso y el júbilo de los presentes (véase la fig. 2.2 de la lámina en color entre las pp. 16 y 17). Cuando se calmó el alboroto, me incliné hacia Su Santidad y expliqué que la pantalla mostraba tres puntos activos de registro. La instalación era bastante buena y se veían fácilmente los diferentes puntos de registro, que indicaban un EEG típico rápidamente cambiante. Pedí a George que cerrara los ojos para producir ondas de mayor amplitud en la corteza occipital o posterior, en contraste con los trazos de menor amplitud que aparecen cuando el sujeto tiene los ojos abiertos. Su Santidad estaba bastante impresionado: ¡podía saber que Greg tenía los ojos cerrados sin mirarle!

Después de asimilar toda la demostración, me preguntó:

—¿Hay alguna diferencia entre sentarse muy tranquilamente de una forma que no sea discursiva ni conceptual, y mantener la concentración en un solo punto?

No pude evitar una sonrisa.

—Acaba de formular un proyecto de investigación para los próximos diez años. No sabemos la respuesta a su pregunta, porque no ha habido mucho interés en estudiar mentes estables y disciplinadas.

Su Santidad preguntó entonces qué ocurría en el EEG durante la conversación. Le expliqué que la carga eléctrica de los músculos que se mueven al hablar produce una falsa lectura. Tras algunas otras preguntas y aclaraciones, se llevaron el aparato, que ya había cumplido su cometido; y Greg se desconectó. Volvimos a nuestros puestos y yo seguí con la exposición formal.

»Como ha visto Su Santidad, en un dispositivo tan simple como éste pueden diferenciarse como mínimo los dos estados de atención y de vigilia relajada. Utilizando más electrodos y análisis más complejos, los investigadores pueden detectar y clasificar muchas pautas cerebrales, incluidos los estados del sueño, el comportamiento del lenguaje, la lateralidad (funcionamiento del cerebro izquierdo o derecho), etcétera.

Pautas del sueño

—Los biólogos se enorgullecen de haber descubierto que los organismos animales y humanos tienen muchos ritmos intrínsecos diferentes: hormonal, circadiano, control de la temperatura, micción y muchos otros. No actúan necesariamente juntos sino autónomamente. Consideren, por ejemplo, el ritmo circadiano nocturno y diurno. Podemos estudiarlo colocando a las personas en la oscuridad absoluta en cuevas profundas durante dos o tres meses, completamente aisladas del resto del mundo. El día y la noche ya no se relacionan para ellos con la luz del sol, pero siguen durmiendo y despertando en ciclos regulados libremente, sin imperativos externos. En estas condiciones, un adulto empieza a desviarse del ritmo relacionado con el sol y se adapta a un ritmo interno propio, que varía según los sujetos. Un adulto típico tiene un ritmo de veinticinco horas.

Su Santidad preguntó:

—¿Ese cambio de ritmo se produce debido a los pensamientos, ideas y expectativas de la persona, o es de naturaleza puramente física?

Tuve que sonreír otra vez.

—Es difícil hacer el experimento con alguien sin expectativas. Los resultados son muy variables, en lo cual influye sin duda alguna el tipo de persona, pero es una dimensión dificilísima de investigar.

—¿Permanece echado todo el tiempo?

—No. Cuando está despierto puede investigar el contenido de la cueva. Puede encender una pequeña luz y realizar actividades, como por ejemplo cocinar. Se han dado casos extremos de personas que se han quedado completamente a oscuras y han permanecido sentados sin más como prisioneros en una cárcel. Todo eso indica muchísimas variaciones. Pero el adulto occidental medio tiene un patrón de veinticinco horas, con variabilidad significativa.

»Hasta hace poco, la idea predominante era que el sueño consistía simplemente en desconectar la máquina, dejar enfriar el motor, por así decirlo. La moderna investigación del sueño empezó con el descubrimiento de que el sueño tiene un ritmo intrínseco. Esto llevó a la investigación de las pautas de cada fase de este ciclo, para lo cual fue importantísimo el uso del electroencefalograma.

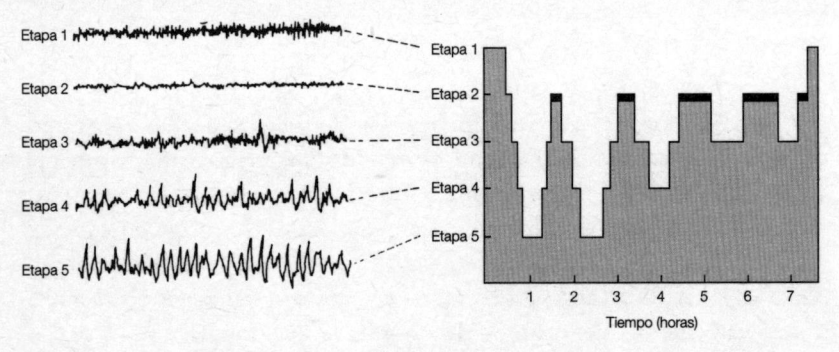

Figura 2.3

Las horas de sueño de un adulto normal, con registros de prueba de EEG y los cambios en las diversas etapas. (De Kandel, Schwartz y Jessel, Principles of Neural Science, *3ª ed., Appleton & Lange, Norwalk, Connecticut, 1991, p. 794. Con permiso de Appleton & Lange.)*

»En la encefalografía registrada en tiempos diferentes podemos ver que no todas las horas de sueño son iguales, en el sueño hay *etapas* (fig. 2.3). El electroencefalograma de una persona despierta, como el que han visto del cerebro del doctor Simpson, incluye una mezcla de ritmos de varias frecuencias. Hay algunos episodios de ondas más amplias de unos 10 hertz (1 hertz es igual a 1 ciclo por segundo). Existen las llamadas ondas cerebrales de banda alfa. Las gamas de diferentes frecuencias han recibido tradicionalmente los nombres de letras griegas; por ejemplo, en un EEG normal de un sujeto en estado de vigilia nunca vemos ondas de gran amplitud más lentas de la banda delta (unos 2-4 Hz). Cuando la persona se duerme, esta pauta cambia espectacularmente.

»En la primera etapa del sueño, la amplitud se reduce enormemente. Los ritmos dominantes son muy variados pero todavía de tipo alfa, de unos 12 a 14 hertzs. En las etapas sucesivas, la frecuencia dominante disminuye hasta unos 2 hertzs (ondas delta), mientras que la amplitud aumenta claramente hasta los picos de gran amplitud o espigas que caracterizan el sueño profundo y que esta persona alcanza más o menos a los quince minutos de quedarse dormida. Aunque esté dormida, la persona se mueve aún y cambia de postura, por lo que el tono muscular sigue activo. Hasta ahora no hay sueños. Durante todo este tiempo el sujeto permanece en estado de sueño sin REM.

»Lo que ocurre a continuación en la pauta del sueño humano es que las etapas se invierten, pasando de la etapa cuatro a la etapa tres y luego a la dos. El sujeto pasa entonces a un estado completamente distinto, al sueño con REM o sueño paradójico, en el que hay sueños. Durante las primeras dos o tres horas de la noche, predomina la pauta de entrar y salir del sueño profundo. Pero al acercarse el amanecer suelen predominar los períodos de sueño paradójico y desaparece el sueño profundo. Así que el sueño no es un estado uniforme ni sus variaciones son accidentales. Es una pauta regulada a lo largo del tiempo y que incluye diferentes estados de conciencia humana.»

Era hora de algunas aclaraciones. Su Santidad preguntó:

—¿Ocurre esto con todas las personas? ¿Cuál es el factor temporal del paso de la etapa una a la dos y a la tres y así sucesivamente?

—Sí, éste es un mecanismo humano básico. Y el tiempo de transición es muy rápido. Se puede pasar del estado de vigilia a la primera etapa del sueño en cinco minutos, y algunas personas en quince o veinte minutos. A veces, la transición de la primera etapa a la etapa de sueño con REM puede ser más rápida incluso, pero siempre se pasa por las cuatro etapas y luego a la inversa. Existe mayor variación del estado de vigilia a la primera etapa del sueño que al volver de la etapa cuatro.

—Está claro que hay variaciones en el paso del estado de vigilia al de la primera etapa del sueño, pero cuando uno está en la etapa primera y pasa a la segunda, la tercera y la cuarta, ¿se atienen todas las personas a una norma general o se dan también variaciones de unas personas a otras?

—Los tiempos de transición son variables. Pero nadie puede saltarse una etapa, eso no varía.

Características del sueño con REM

Proseguí la exposición:

—Permítanme explicar más ampliamente lo que se entiende por REM. En la figura 2.4, vemos las señales eléctricas de dos personas (A y B) registradas exactamente cuando pasaban del estado de vigilia a la primera etapa del sueño. Además de la electroencefalografía, se registran otras dos señales eléctricas externas: El EOG o electro-oculograma, que indica los movimientos oculares; y el EMG o electromiograma, que indica el nivel de control motriz de los músculos esqueléticos.

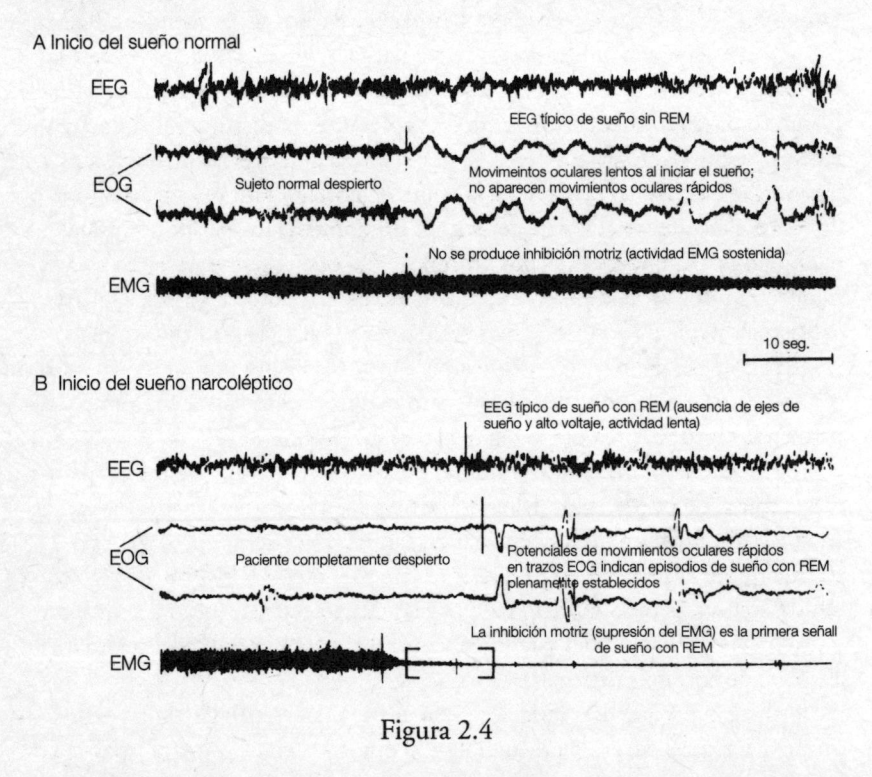

A Inicio del sueño normal

EEG

EEG típico de sueño sin REM

EOG   Sujeto normal despierto   Movimeintos oculares lentos al iniciar el sueño; no aparecen movimientos oculares rápidos

No se produce inhibición motriz (actividad EMG sostenida)
EMG

10 seg.

B Inicio del sueño narcoléptico

EEG típico de sueño con REM (ausencia de ejes de sueño y alto voltaje, actividad lenta)
EEG

EOG   Paciente completamente despierto   Potenciales de movimientos oculares rápidos en trazos EOG indican episodios de sueño con REM plenamente establecidos

La inhibición motriz (supresión del EMG) es la primera señal de sueño con REM
EMG

Figura 2.4

Señales eléctricas registradas al principio del sueño en un sujeto normal y en un sujeto con narcolepsia (De Kandel, Schwartz y Jessel, Principles of Neural Science, *3ª ed., Appleton & Lange, Norwalk, Connecticut, 1991, p. 814. Con permiso de Appleton & Lange.)*

«En la figura 2.4, el sujeto A muestra las pautas de un individuo normal. Obsérvese que el encefalograma no cambia mucho en el punto de transición. La amplitud sólo disminuye un poco. En cambio el EOG cambia radicalmente y disminuye hasta indicar los movimientos lentos del girar los globos oculares. El tono muscular cambia muy poco.

»En el ejemplo B vemos las pautas de una persona que padece narcolepsia. Los narcolépsicos no pueden controlar el deseo de dormir, ni siquiera a mitad de una conversación o en una cena. Es un estado muy embarazoso y desbaratador. En este caso, nada más iniciarse el sueño, el EOG indica las contracciones rapidísimas llamadas movimientos oculares rápidos. Desaparece el tono muscular y los músculos se quedan fláccidos, de ahí que el EMG sea plano. Sin embargo, el EEG apenas cambia, que es la razón de que los primeros investigadores lo denominaran "sueño paradójico": el EEG parece el de un individuo en estado de vigilia, pero la persona está dormida. Estas tres características de EEG similar al estado de vigilia, movimientos oculares rápidos y electromiograma plano son propias de lo que llamamos sueño con REM. Normalmente no se llega a este estado a menos que se retroceda de la etapa cuarta de sueño lento, como hemos visto. Pero los sujetos con narcolepsia entran directamente en el sueño con REM, lo que no es normal. ¡Pero aportan una excelente demostración de todas las condiciones del sueño en un registro continuo!

	Sin REM	Con REM
EOG	Movimientos oculares lentos	Movimientos oculares rápidos
EMG	actividad moderada	atonía de músculos periféricos
actividad cerebral	menor	mayor
corazón	ritmo más lento	no cambia
tensión arterial	menor	no cambia
flujo sanguíneo	no cambia	aumenta
respiración	aminora	aumenta, variable

Figura 2.5

Esquema de las diferencias entre sueño con REM y sueño sin REM.

»Para tener una idea más completa de estos diversos estados de conciencia humana, comparemos ahora el sueño con REM y el sueño sin REM con el estado de vigilia (fig. 2.5). Si examinamos características como la actividad cerebral, ritmo cardíaco, tensión arterial, flujo sanguíneo del cerebro y respiración, podemos comprobar que estos dos tipos de sueño son configuraciones completamente distintas de todo el organismo. La actividad cerebral viene indicada por la cantidad global de actividad eléctrica del cerebro. En el sueño sin REM, el cerebro permanece más silencioso. Curiosamente, en el sueño con REM, la actividad cerebral es mayor que en estado de vigilia. Esto contradice totalmente la antigua idea de que el sueño es un estado pasivo. En relación con el estado de vigilia, el ritmo cardíaco en el sueño sin REM es un poco más lento, e igual durante el sueño con REM. El flujo sanguíneo del cerebro es la cantidad total de circulación sanguínea en el cerebro, que es la medida de la cantidad de oxígeno y nutrientes necesarios. Aumenta claramente en el sueño con REM, lo cual demuestra de nuevo que éste es un proceso muy activo. Y por último, la respiración en el sueño sin REM se hace un poco más lenta, mientras que en el sueño con REM es muy variable. En resumen, aquí hay una pauta muy clara y bien determinada. En el sueño sin REM hay etapas que progresan en un continuo, pero hay un cambio radical del sueño sin REM al sueño con REM.»

Sueños y REM

—¿Por qué es tan importante el estado de sueño con REM? Las pautas cerebrales del sueño con REM indican que la persona dormida está soñando. Más del 80 % de las personas a quienes se despierta del estado de sueño con REM declara que estaba soñando, y puede explicar lo que soñaba. Pero menos del 50 % de las personas a quienes se despierta de la etapa cuarta lo hace.

—¿Quiere decir que incluso durante la etapa sin REM la persona puede estar soñando? —preguntó Su Santidad.

Yo esperaba esta pregunta.

—Sí. Depende de cómo se evalúe el informe subjetivo, pero en general se acepta que aproximadamente la mitad de las personas que despiertan del sueño sin REM informa de sueños o actividad mental. Muchas de estas personas explican que no estaban soñando exactamente, sino pensando. Hablan de algún género de experiencia o actividad mental, aunque normalmente no tiene el mismo carácter narrativo que un sueño.

—¿Existe sólo una leve relación entre el REM y los sueños? —insistió el Dalai Lama.

Procuré matizar vagamente la respuesta:

—Depende de cómo establezca uno los propios criterios. Un sujeto puede decir de la etapa cuarta: «Estaba pensando en algo» o «Estaba considerando algo»; pero del sueño sin REM pocas veces explica una historia completamente vívida como por ejemplo: «Estaba volando como un águila y veía mi casa». Lo que explican del sueño sin REM se parece más al contenido mental que a una película. Incluso en el paso del estado de vigilia al del sueño, tiene uno a veces breves imágenes instantáneas que se denominan imágenes hipnagógicas. Estos destellos súbitos de la imaginación, visuales o auditivos, también los experimentan las personas que se quedan a oscuras. Así que no es exacto decir que sólo se producen sueños en el sueño con REM, porque hay otras experiencias de ensoñación en todas las demás etapas. Pero no hay duda alguna de que los sueños vívidos y visuales, con un hilo narrativo, se producen característicamente durante el sueño con REM.

«Pasamos de un 20 a un 25 % de un ciclo circadiano completo en el sueño con REM. Así que, desde un punto de vista neurocientífico, soñamos todas las noches, aunque a menudo no estemos soñando. La secuencia típica de las pautas del sueño se produce normalmente una segunda vez durante el día. Esto se llama ciclo de sueño bifásico. A las nueve de la mañana, después de haber dormido bien toda la noche, un adulto joven normal tarda unos quince minutos en quedarse dormido otra vez. Pero todo el mundo sabe que a la hora de la siesta se queda uno dormido fácilmente. Una persona mayor suele tardar unos cinco minutos menos en quedarse dormida.

El sueño desde el punto de vista evolutivo

—Quiero exponer dos razones que explican la tremenda importancia del sueño con REM en la historia de la vida animal. Si el sueño con REM o soñar fuera algo exclusivamente humano, los animales no lo harían. Pero resulta fascinante que otros primates tengan casi el mismo patrón del sueño que los humanos. Tienen los mismos ciclos y pasan por las mismas etapas. En el caso de nuestros segundos parientes más próximos, la situación es más interesante incluso, porque casi todos los grandes mamíferos tienen sueño con REM y sin REM.

El Dalai Lama se apresuró a preguntar cuál era la excepción. Contesté que el oso hormiguero no tiene sueño con REM.

—¡Quizá se deba a la dieta! —repuso él.

—También es singular que generalmente los humanos duerman echados. Los gatos duermen ovillados. Casi todos los perros duermen estirados. A los tigres les gusta echarse en un árbol. Los elefantes duermen de pie y los hipopótamos debajo del agua. Las vacas pueden dormir con los ojos abiertos. Los delfines siguen nadando mientras duermen, ¡porque sólo duerme la mitad de su cerebro! Algunos mamíferos duermen durante períodos breves. Por ejemplo, los elefantes duermen una media de 3,2 horas al día. Las ratas duermen de dieciocho a veinte horas diarias. Se da una curiosa relación: a menor tamaño, más horas de sueño.

»Algunos animales, como las ratas, pasan muy rápidamente desde el estado de vigilia por las cuatro estapas, entran en sueño con REM rapidísimamente y sus períodos de sueño con REM son muy breves. Otros animales tienen períodos de sueño con REM muy largos. Hay bastante variación. Algunos animales, como por ejemplo los delfines, o las vacas, que duermen de pie, no pierden el tono muscular durante el sueño con REM. Así que aunque la existencia de sueño con REM y sin REM es general entre los mamíferos, la manifestación del mismo se adapta a su vida particular. Para los biólogos, esto significa que la evolución ha realizado un esfuerzo increíble para readaptar el cerebro muchas veces al sueño con REM y sin REM. El que aparezca el mismo estado básico en múltiples formas indica que hay ahí algo importantísimo, porque la evolución no ha dejado que lo pierda ningún mamífero más que el oso hormiguero.

»¿Y los demás animales, los que no son mamíferos? ¿Hasta dónde podemos llegar en la evolución y seguir encontrando pautas de sueño con REM y sin REM? Tanto las aves como los mamíferos evolucionaron de los reptiles. Las aves, que duermen casi siempre de pie, tienen sueño con REM. Algunos biólogos suponen que las aves migratorias duermen mientras vuelan durante sus largos recorridos de varios días, igual que lo hacen los delfines mientras nadan, que sueñan mientras vuelan sobre el planeta.»

Su Santidad abrió mucho los ojos y preguntó:

—¿Se ha comprobado eso?

—No, es sólo una hipótesis. Es una deducción lógica, puesto que las aves tienen ciclos de REM y algunas vuelan durante días seguidos. Al parecer, las aves han reinventado el sueño con REM independientemente, porque parece que los reptiles no lo manifiestan. Aunque no existen pruebas de REM en los reptiles dormidos, aquí las cosas se complican un poco. Utilizamos electrodos implantados en la corteza cerebral para identificar las ondas cerebrales típicas del sueño con REM, pero los reptiles, como todos los demás grupos premamíferos, no tienen la misma corteza cerebral que nosotros. Los mismos tipos de células no se alinean de la misma forma, por lo que no está totalmente claro que se dé el sueño con REM en los reptiles. Pero a partir del nivel de los reptiles, no hay duda de que todos duermen y sueñan, que tienen pautas de sueño con REM y sin REM, y de vigilia. He aquí una buena razón de la naturaleza esencial del sueño y de los sueños para el biólogo.»

¿Por qué dormimos?

El Dalai Lama pasó a la etapa lógica siguiente:
—¿Se ha identificado con exactitud qué efectos fisiológicos tiene el sueño con REM, para que sea tan vital en el curso de la evolución?
—Ésa es la pregunta clave: ¿Por qué dormimos y por qué soñamos? ¿Cuál es la finalidad del sueño y de los sueños? Es un tema bastante polémico en el campo de la neurología, pero hay básicamente dos formas de contestar a la pregunta. Según algunos, el sueño es un medio de restauración o reposición. Pero aunque esto parece intuitivamente cierto, hasta ahora nadie ha determinado qué es concretamente lo que restauramos. Gastamos un montón de energía mientras dormimos. Consumimos mucho más oxígeno durante el sueño con REM que cuando estamos despiertos, o sea que no es una simple cuestión de dejar que el motor se enfríe. Y puesto que el estado de sueño con REM es tan activo, no resulta muy evidente que nos estemos reponiendo, restaurando o remozando.
«La otra respuesta, que yo personalmente prefiero, es que el sueño con REM es una actividad cognitiva fundamental. Es el lugar donde las personas pueden dedicarse al juego imaginario, probar diferentes argumentos, aprender nuevas posibilidades; un espacio innovador donde pueden surgir nuevas pautas y asociaciones, donde puede reelaborarse todo lo experimentado. Esto se aproxima bastante a algunos puntos de vista psicoanalíticos. Soñar aporta

un espacio donde no hay que afrontar lo inmediato, sino que uno puede reimaginar, reconcebir, reconceptualizar. Es una forma de ensayo que permite plantear posibilidades nuevas. Me gustaría saber si en el budismo se consideran también así los sueños. Quizá esto no sea muy importante para animales como los reptiles y los insectos que no aprenden muy deprisa o que no cambian mucho de comportamiento, aunque debiéramos ser muy cuidadosos en esto. No podemos determinar si los insectos duermen, porque no tienen corteza cerebral.

»Otro campo experimental que parece corroborar la interpretación cognitiva es el patrón del sueño a lo largo de la vida (fig. 2.6). Los niños prematuros duermen con REM hasta el 80 % del tiempo, y los recién nacidos pasan del 50 al 60 % del tiempo en este estado. Como bien sabemos todos, los bebés duermen de quince a veinte horas diarias. El sueño con REM parece ser necesario durante el crecimiento, fisiológica y mentalmente. Yo creo que esto corrobora la importancia de las imágenes cognitivas de los sueños. Después de los sesenta y cinco años, las personas duermen y sueñan mucho menos.

»Esta idea es muy tentadora, pero no es en absoluto la explicación general unánime. Algunas personas creen que los sueños son simples descargas neuronales fortuitas sin ningún significado, o que soñar y dormir sirven para conservar la energía porque evitan el movimiento. No es una cuestión simple, porque un animal que permanece alerta y despierto también conserva la energía. El debate sobre esto sigue en pie.»

Tenía que concluir ya la exposición.

—La investigación del sueño es un campo amplio y activo y los nuevos descubrimientos aún están completando la fenomenología que hemos analizado[4]. Por ejemplo, hay resultados nuevos que demuestran claramente que diferentes grupos de neuronas del cerebro controlan el sueño con REM, el sueño sin REM y la vigilia. Las neuronas están principalmente en el tronco del encéfalo y en la corteza cerebral, que es de donde parten las órdenes de cambiar los estados de actividad muscular y ocular. Podemos manipular artificialmente los grupos que se activan en los animales. El inicio del sueño con REM, sin REM o la vigilia corresponde a un tipo diferente de sustancia transmisora, pero se trata de pautas muy complejas y no de simples cambios.

«Con un sistema cerebral tan complejo pueden salir mal muchas cosas. Hay tres clases principales de trastorno del sueño: insomnio, en el que la

A Tiempo de sueño

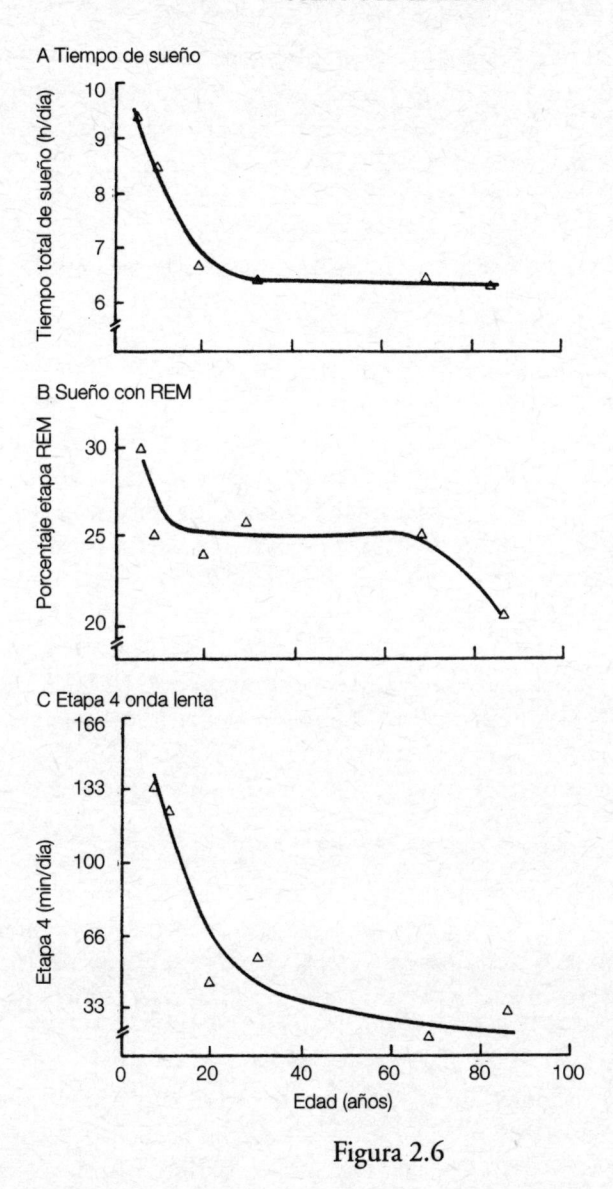

B Sueño con REM

C Etapa 4 onda lenta

Figura 2.6

El tiempo que pasa una persona dormida en general, y en estado de sueño con REM, disminuye desde el nacimiento a la vejez, según una pauta característica. (De Kandel, Schwartz y Jessel, Principles of Neural Science, *3ª ed., Appleton & Lange, Norwalk, Connecticut, 1991, p. 796. Con permiso de Appleton & Lange.)*

gente suele dormir demasiado poco y no entra fácilmente en sueño sin REM; hipersomnio, en que la gente duerme demasiado, como en la narcolepsia; y parasomnio, que es no dormir mucho ni poco, sino en pautas interrumpidas. Un ejemplo es el sonambulismo, o caminar dormido. Algunos de estos complejos trastornos del sueño son fisiológicos, mientras que otros son psicológicos. La fatiga nerviosa y la depresión influyen en el sueño. Y cuando una persona tiene problemas de sueño, se siente también mal mentalmente.»

Los sueños en la tradición tibetana

Yo había terminado la exposición. Todos hicimos un alto para tomar notas y un poco de té. Luego inicié el debate de la sesión. Para mí éste fue un momento especialmente difícil porque a la ciencia le va perfectamente una voz impersonal, que es inherente al método científico. Desde este punto de vista, los informes en primera persona y la perspicacia individual carecen de «objetividad» en el sentido clásico. Precisamente por esto algunos científicos occidentales se sienten incómodos al abordar la noción de conciencia, que es eminente e irreductiblemente primera persona. Uno de los objetivos de nuestro encuentro era analizar de forma no dogmática cómo pueden superarse con el tiempo estas reacciones occidentales con ideas nuevas o métodos nuevos que respeten tanto las observaciones científicas como las experimentales.

Los tibetanos llevan diez siglos estudiando la fenomenología de los sueños. Una de sus tradiciones más importantes empezó con el yogui indio del siglo XI Naropa y se transmitió posteriormente al Tíbet con el nombre de Seis Yogas o Doctrinas de Naropa. Una de estas doctrinas trata detalladamente de los sueños y de soñar y los practicantes y teóricos posteriores perfeccionaron esta base de conocimiento hasta convertirla en un arte refinado.

—Después de exponer a Su Santidad este breve informe sobre la fisiología del sueño, siento curiosidad por el significado del sueño y de los sueños en la tradición tibetana. ¿Existe la idea de que los diferentes niveles de conciencia sean la causa de diferentes clases de sueños? ¿Existe una respuesta a por qué soñamos?

Su Santidad respondió:

—Se dice que hay una relación entre soñar, por un lado, y los niveles ordinario y sutil del cuerpo, por otro. Pero también se dice que hay algo así como un «estado especial de sueños». En ese estado, se crea a partir de la mente y de la energía vital del cuerpo (llamada en sánscrito *prana*) «el cuerpo onírico especial». Este cuerpo onírico especial puede disociarse totalmente del cuerpo físico ordinario y viajar a otro sitio.

«La forma de desarrollar este cuerpo onírico especial es conseguir reconocer un sueño como sueño cuando se produce. Luego, se descubre que el sueño es maleable y se esfuerza uno para conseguir el control sobre él. Poco a poco, se adquiere una gran habilidad en esto, aumentando la capacidad de controlar el contenido del sueño para que corresponda a los propios deseos. Con el tiempo, es posible disociar el cuerpo onírico del cuerpo físico ordinario. En el estado normal de soñar, en cambio, los sueños se producen dentro del cuerpo. Pero como resultado de ese aprendizaje específico, el cuerpo onírico puede irse a otro sitio. Esta primera técnica se domina plenamente mediante la fuerza del deseo o aspiración.

»Hay otra técnica para conseguir el mismo resultado por medio del *prana* yoga. Estas son prácticas de meditación que utilizan las energías vitales sutiles del organismo. Para esta técnica también es necesario reconocer el estado del sueño cuando se produce.

»Al parecer, algunas personas tienen esta capacidad de forma natural, sin ninguna práctica específica. Por ejemplo, el año pasado conocí a un tibetano que vive en Nepal, que me contó una historia de su madre. Hace tiempo, su madre dijo a los que estaban con ella que iba a permanecer inmóvil durante cierto tiempo y que no la molestaran ni tocaran su cuerpo. No mencionaron si ella respiraba o no, pero durante una semana entera su cuerpo permaneció inmóvil. Cuando despertó, explicó que había visitado diversos lugares mientras su cuerpo permanecía allí inmóvil. En otras palabras, había tenido una experiencia extracorporal con su cuerpo onírico. Así que en el estado especial de soñar, parece que uno utiliza un cuerpo muy sutil que se desprende del cuerpo ordinario y que puede viajar independientemente.»

La respuesta parecía haberse alejado demasiado hacia el borde de lo experimental, utilizando conceptos extraños como «experiencia extracorporal» y «cuerpo onírico». Casi ninguno de nosotros en Occidente hemos conocido experiencias de cuerpos oníricos incorpóreos y yo temía que nos viéramos perdidos en un desencuentro intercultural. Uno de los principales objetivos de nuestras reuniones era delimitar un terreno común en el que ambas tradiciones pudieran mantenerse independientemente. Éste es uno de los desafíos más importantes de toda esta serie de encuentros, un desafío que la última interacción resumía perfectamente. Así que llevé de nuevo el coloquio a un terreno potencialmente común:

—¿Existe una diferencia entre reconocer el sueño cuando tiene lugar mientras se duerme con REM y reconocerlo cuendo se duerme sin REM?

La respuesta de Su Santidad se refirió al conjunto de enseñanzas budistas tibetanas avanzadas llamadas Vajrayâna o Vehículo del Diamante para el despertar de los seres humanos.

—Antes habló usted de las cuatro etapas del sueño sin REM que predecen al sueño con REM —dijo—. En el tantrismo búdico o Vajrayâna hay cuatro etapas en el proceso de quedarse dormido, que culminan en lo que se llama la clara luz del sueño. Desde esa clara luz del sueño, uno se eleva al estado onírico del sueño con REM.

Apareció en su rostro una expresión alegre, seguida de una amplia sonrisa contagiosa que nos hizo reír a todos.

—Ha dicho usted que las cuatro etapas del sueño se producen en un orden determinado e inalterable. Una persona que no haya practicado meditación no puede saber si las cuatro etapas descritas en el budismo Vajrayâna son inalterables. Pero una persona que conozca bien la meditación Vajrayâna puede reconocer el orden estricto de estas cuatro etapas al quedarse dormida y está bien preparada para cerciorarse de un orden análogo en el proceso de morir. Es más fácil reconocer los sueños como sueños que reconocer el proceso de dormir sin sueños como tal. Si uno puede reconocer que está soñando, entonces podrá visualizar y reducir deliberadamente el nivel mental más ordinario para regresar al sueño de la clara luz. En el nivel mental sutilísimo (la clara luz del sueño) es más fácil cerciorarse.

—Pero mientras nos quedamos dormidos —alegué yo—, los seres humanos normales sencillamente perdemos el conocimiento y no es posible cerciorarse de nada.

—Es verdad —repuso él—. Hacer esa transición sin perder el conocimiento es uno de los mayores logros de un yogui. Pero tal vez haya una diferencia entre la fisiología del sueño y la tradición tibetana. Según el budismo Vajrayâna, estas cuatro etapas se repiten en orden inverso cuando la persona que está soñando despierta. Ocurre muy rápidamente. Usted no ha mencionado nada de eso en la investigación neurocientífica del sueño. Ha mencionado que del estado REM se pasa a un estado de vigilia, pero ¿qué hay acerca de repetir el ciclo de las diversas etapas intermedias?

Esa era una observación interesante sobre los datos que yo había expuesto. Levanté de nuevo el gráfico que mostraba la secuencia de las etapas del sueño (fig. 2.3).

—Uno pasa directamente del estado REM al de vigilia. REM es lo más próximo a despertar que conocemos por experiencia. Durante el ciclo del sueño, uno no pasa al sueño lento y profundo en la última parte de la noche. Permanece en un estado de sueño poco profundo y sencillamente se pasa del sueño con REM a la etapa dos, luego se vuelve al sueño con REM y se retrocede de nuevo a la etapa dos. Desde el punto de vista científico, para llegar a la etapa cuatro hay que pasar por las etapas tres y dos. Para llegar a la etapa tres, hay que pasar por las etapas dos y uno, pero se puede pasar fácilmente de REM a la etapa uno y de la etapa uno a REM.

—Quizá la idea expuesta en la fisiología del sueño se parezca más a una idea anterior que sostuvieron los pensadores tibetanos de una escuela más antigua —dijo el Dalai Lama, recordándonos que el budismo, como casi todas las tradiciones vigentes, ha evolucionado mucho desde sus orígenes—. Las cuatro etapas culminan en la clara luz y luego están las primeras tres etapas a la inversa, regresando de la clara luz al estado de soñar. En los textos más recientes, esta idea parece cambiar, sobre todo en lo relativo al estado intermedio de *bardo* y la tradición de los Seis Yogas de Naropa, cuyos orígenes se remontan a Marpa.

Naropa, famoso seguidor del tantrismo que vivió en la India en el siglo XI, fue el maestro de Marpa, un tibetano que viajó dos veces a la India para recibir las enseñanzas que llevó luego a su patria. Marpa se convirtió luego en el principal fundador de la estirpe de la Nueva Traducción del budismo tibetano, que ha generado desde entonces muchas escuelas diferentes, algunas de las cuales aún existen. Estas diferencias en el seno del budismo me recordaron el mundo científico, en el que también coexisten diferentes puntos de vista durante largos períodos de tiempo.

—Por otra parte —dijo Su Santidad—, el budismo tibetano considera que el sueño es una forma de nutrición, como los alimentos, que restaura y refresca el organismo. Otro tipo de nutrición es *samadhi* o la concentración meditativa. Si se avanza lo suficiente en la práctica de la concentración meditativa, entonces esto mismo sustenta o nutre el organismo. Aunque el sueño sea una fuente de sustento para el cuerpo, no está claro de qué le sirve al individuo soñar, aparte de su utilidad en la práctica de la meditación. En el budismo, se considera que el origen de los sueños es una interrelación entre diversos grados de sutileza de los cuerpos (el nivel ordinario, el nivel sutil y el nivel muy sutil). Pero si me pregunta por qué soñamos, cuál es el beneficio, no hallaremos respuesta en el budismo.

Volvió entonces a una cuestión que había despertado su curiosidad:

—Nosotros hacemos una distinción entre el sueño con REM y la cuarta etapa del sueño sin REM. Mientras uno duerme con REM, ¿continúa simultáneamente el estado de conciencia de la cuarta etapa de sueño sin REM, o queda interrumpida?

—Son estados diferentes —contesté yo—. Cuando estoy en REM, tengo un modo de conciencia. Cuando mi cerebro-mente cambia, tengo otro. No necesito afirmar que continúe el otro. Prefiero pensar que son propiedades emergentes de la configuración del cuerpo y del cerebro.

—¿Tiene que ir precedido necesariamente el sueño con REM del sueño sin REM? —insistió él—. Según el budismo tibetano, hallarse en el estado de dormir presupone que el factor mental del sueño se ha manifestado y la persona puede dormir y tener o no tener sueños. Pero si el sujeto sueña, el factor mental de dormir ha de estar presente. El factor mental de dormir es la base de los sueños, igual que del dormir sin sueños. En un texto, un maestro tibetano hace la afirmación casi contradictoria de que en el sueño profundo no se duerme, porque no hay conocimiento o conciencia. Así que dormir, como uno de los factores mentales, no está presente en el sueño profundo.

Me miró esperando la respuesta.

—Los neurólogos dirían que quizá haya que definir dos factores mentales: sueño con REM y sueño sin REM. Pero si llamamos soñar a las imágenes mentales o visuales espontáneas, entonces se sueña en los tres estados: de vigilia, de sueño con REM y de sueño sin REM. Podemos estar despiertos y alucinar. Podemos tener imágenes hipnagógicas cuando nos estamos quedando dormidos; podemos tener sueños con contenido mental mientras nos encontramos en estado de sueño sin REM; y podemos tener sueños clásicos durante el sueño con REM. Pero si definimos los sueños estrictamente como vívidos, con historia, con hilo argumental, entonces es más un fenómeno con REM.

Su Santidad cabeceó como si reflexionara sobre esta sugerencia en cuanto a que la ciencia y la teoría budista sobre el funcionamiento de la mente (Abhidharma) pueden modificarse mutuamente.

Disolución en el sueño y la muerte

Peter Engel deseaba analizar el sueño, los sueños y la muerte desde un punto de vista más general y aludió al libro de Lati Ronbochay y Jeffrey Hopkins, *Death, Intermediate State, and Rebirth in Tibetan Buddhism* (Rider, Londres, 1979). Como preparación para el encuentro yo había hecho circular una serie de lecturas, publicadas algunas por los participantes en el encuentro, algunas de fuentes tibetanas e incluso otras sobre los temas que nos interesaban. El libro de Lati Ronbochay y Hopkins analiza la polémica idea de las experiencias del estado intermedio que sigue a la muerte y precede al renacimiento, que en tibetano se denomina *bardo*.

Pete empezó en su tono discreto:

—El libro analiza las etapas de la muerte que se repiten luego a la inversa en el estado de *bardo* durante la transición hacia el renacimiento. Dice que dormir es en esencia un ensayo para este proceso de morir y a mí me han impresionado las similitudes entre el sueño y la muerte. Expone también otras dos condiciones en las que se producen los mismos cambios: el estado de meditación y el orgasmo. Me gustaría saber más sobre esto, porque neurológicamente el estado de meditación y el estado del sueño son completamente distintos, ¡y estoy perdido ya cuando incluyen el orgasmo! Me sorprende el hecho de que haya etapas comparables en las observaciones científicas del sueño, pero ¿cuáles son las etapas del estado de meditación que pueden ser similares al sueño desde el punto de vista budista y cómo encaja en esto el orgasmo?

—Las experiencias que tiene uno mientras se queda dormido y mientras muere se deben a la disolución de diversos elementos —contestó el Dalai Lama—. Este proceso de disolución tiene lugar de diferentes formas. Por ejemplo, puede producirse también como resultado de formas de meditación específicas que emplean la imaginación. La disolución o abandono de los elementos corresponde a los niveles sutiles de la conciencia. Siempre que se produce esta disolución, hay un elemento común: las diferencias en la sutileza de conciencia se producen debido a cambios de las energías vitales.

El Dalai Lama explicó a continuación los métodos que hay detrás de estos conceptos:

—Estos cambios de las energías vitales pueden ocurrir de tres formas: Una es un proceso fisiológico puramente natural, debido a la disolución de los diferentes elementos, es decir, la tierra (solidez), el agua (fluidez), el fuego (calor) y el aire (motilidad). Se produce de forma natural en el sueño y en el proceso de la muerte, y no es intencional. Se produce un cambio análogo en las energías vitales como resultado de la meditación que emplea la fuerza de concentración y de imaginación. Este cambio de las energías vitales provoca a su vez el paso de la conciencia ordinaria a la conciencia sutil. La tercera forma es el coito. Sin embargo, el cambio de energías y el cambio de conciencia ordinaria a sutil no se produce en el coito ordinario, sino sólo mediante una práctica especial en la que tanto los hombres como las mujeres controlan el flujo regenerativo del coito.

Pete insistió:

—¿En estas prácticas, es igual o es diferente el resultado final (la disolución de tierra, agua, fuego y aire)?

—No es exactamente igual —dijo el Dalai Lama—. Hay muchos niveles de sutileza distintos en la experiencia de la clara luz. Por ejemplo, la clara luz del sueño no es tan profunda como la clara luz de la muerte. El budismo Vajrayâna habla de cinco clases primarias de energía vital y cinco secundarias, además de los aspectos ordinario y sutil de esos dos grupos de cinco. Las formas más ordinarias de estas diversas energías se disuelven o desaparecen en la luz clara del sueño, pero las formas sutiles no. Como muestra de ello, la persona sigue respirando por la nariz.

Como íbamos a dedicar los dos últimos días del encuentro a la muerte, me preocupaba que el debate se estuviera adelantando demasiado y pedí a Pete que se centrara en el sueño y en los sueños. Accedió:

—Ahora me interesan más las similitudes entre sueño y meditación. Si es posible mediante la práctica, aunque muy difícil, pasar por las etapas del sueño y llegar a la luz clara del sueño intencionadamente, ¿en qué diferiría eso de la meditación?

Su Santidad contestó:

—Hay que tener muy en cuenta que existen muchas formas de meditación. Estos temas ni siquiera se analizan en las tres clases inferiores del

tantrismo búdico, sólo en el yoga tantra supremo. El yoga de los sueños es en sí mismo una disciplina.
Sentí curiosidad y pregunté:
—¿Puede uno realmente practicarla sin la base que la precede?
—Sí, es posible hacerlo sin mucha preparación. Podrían practicarlo los no budistas igual que los budistas. Si un budista practica el yoga de los sueños, aporta al mismo una motivación y un propósito especiales. En el contexto budista, la práctica se centra en la comprensión del vacío. Pero podrían realizar la misma práctica los no budistas.

¿Existen correlativos de la mente sutil?

Planteé una pregunta que había permanecido en lo más recóndito de mi mente, y que probablemente correspondiera a lo que estaban pensando muchos de los presentes.
—Supongamos que alguien ha practicado hasta el punto de poder pasar por las etapas del sueño conscientemente y permanecer en la clara luz de forma regular. Si hiciéramos a esa persona las mismas pruebas que he explicado, ¿cree que se producirían cambios externos? ¿Serían diferentes algunas de las señales por las que reconocemos el sueño con REM y sin REM? ¿Aparecerían cambios en la etapa cuatro?
En su respuesta a ésta y a otras preguntas, Su Santidad utilizó repetidamente el término *prana*. Como indicó nuestro intérprete Alan Wallace, es mejor traducirlo como «energía vital» que como «energía sutil». El primer término puede evocar erróneamente el *vis vita* y *élan vital* de la Europa medieval y renacentista, pero aun así sigue siendo más preciso que «sutil». Además, hay tres niveles de *prana* (ordinario, sutil y muy sutil), lo cual complica las cosas todavía más. Y, por último, el *prana* se limita por naturaleza a los organismos vivos, así que «vital» parece muy apropiado.
—Es difícil saber si pueden encontrarse efectos externos del estado de clara luz. Esperaríamos escasa alteración de las energías vitales del organismo mientras una persona permanece en la clara luz del sueño en la cuarta etapa del sueño sin REM. Creo que el término clara luz del sueño se deriva de la práctica contemplativa. En el yoga del sueño y en otras prácticas que emplean estados de conciencia muy sutiles para conseguir la percepción en el vacío, hay experiencias de claridad y de luminosidad.

Charles Taylor intervino:

—¿O sea que este adiestramiento culmina con la capacidad de permanecer en el *bardo* sin verse arrastrado a las diferentes etapas? ¿O lo he entendido todo mal?

Su Santidad sonrió como siempre.

—Tiene que relacionar esto con un panorama más amplio del camino budista. Hablamos de las diferentes encarnaciones de un buda, incluido el Sambhogakâya, el cuerpo muy sutil de un ser despierto, y el Dharmakâya, la mente iluminada de un ser despierto. La práctica de desarrollar el cuerpo onírico especial se centra básicamente en conseguir el Sambhogakâya, mientras que el propósito esencial de verificar la clara luz es conseguir el Dharmakâya. El Sambhogakâya es un cuerpo ilusorio o forma física en que se aparece un buda a los demás, mientras que el Dharmakâya es autorreferencial, sólo directamente accesible a un buda. Así que la práctica del yoga de los sueños se relaciona con el Sambhogakâya y la práctica de la clara luz del sueño se relaciona con el Dharmakâya.

Alan dejó su papel de traductor y preguntó:

—¿Difiere el sueño con REM de una persona que conozca el lenguaje del de otra que no lo conozca, un adulto incluso? ¿Funciona la mente de distinta forma si no aparecen los conceptos basados en el lenguaje?

—Sería muy difícil comprobarlo. Si alguien no conoce el lenguaje no se le puede preguntar —dije yo, y todos nos reímos—. Aquí es donde tropezamos con las limitaciones del método general. Pero los bebés y los otros mamíferos tienen pautas similares.

Su Santidad continuó:

—Una de las cinco clases primarias de energía vital se denomina energía penetrante. No sé si la fuerza de esta energía aumentará en todo el cuerpo durante el sueño con REM y disminuirá durante el sueño sin REM. Es muy posible que tenga que ver con la conceptualización.

—Energía penetrante no es un concepto conocido en el mundo científico —comenté yo—, pero el flujo cardíaco y el flujo sanguíneo del cerebro que aumentan durante el sueño con REM podrían ser indicios de energía penetrante.

Su Santidad propuso a continuación un experimento muy interesante:

—¿Han hecho alguna vez electroencefalografías a una persona agonizante que estuviera dormida? Por ejemplo, ¿saben cuánto tiempo permanece en el estado de sueño con REM una persona que haya iniciado el proceso de la muerte?

—Un criterio para declarar a alguien muerto es que todo el EEG empieza a aplanarse y desaparece —dije yo—. No hay más oscilaciones, así que no hay forma de diferenciar REM y no REM.

—Cuando la actividad cerebral concluye —insistió Su Santidad— se plantea la cuestión de si aún hay energía general o no. Parece haber tres criterios para determinar la muerte: los latidos del corazón, la respiración y la actividad cerebral. ¿Cuántos minutos sigue funcionando el cerebro después de que el corazón haya dejado de latir?

Todos coincidimos en que sólo unos minutos.

—¿Puede producirse REM durante esos pocos minutos? —preguntó el Dalai Lama.

—Creo que eso nunca se ha observado ni comprobado —repuso Pete—. En ese punto, los ojos se quedan fijos o en blanco, las pupilas se dilatan y cesa la actividad cerebral. El tiempo que transcurre desde que el corazón deja de latir hasta que la persona muere puede dilatarse enfriando el cuerpo. Las personas que han caído en aguas muy frías pueden ser reanimadas después de quince o veinte minutos, aunque den un EEG plano y no respiren ni tengan latidos cardiacos. También los narcóticos pueden producir este EEG plano aunque el paciente no esté muerto.

Era evidente que nos estábamos acercando al límite de lo que se podía abordar sobre el tema. Pero las preguntas sin aclarar eran muy interesantes. Añadí:

—Hay que tener en cuenta que las mediciones del EEG son muy generales. No es contradictorio suponer que hay mucha más actividad lingüística, asociativa y semántica en los humanos durante el sueño con REM. En los animales que no tienen sueño con REM, podría darse un tipo diferente de actividad cognitiva, pero eso no se ve en el EEG, que es una medida muy general. Cuando alguien se está muriendo y el EEG se aplana, eso no significa que todo haya dejado de funcionar. Podrían seguir pasando muchísimas cosas. Lo mismo es aplicable a las preguntas anteriores sobre la diferencia entre un individuo normal en la etapa cuatro y alguien que puede permanecer consciente en la clara luz del sueño. Quizá los registros del EEG no indiquen una diferencia pero podrían hacerlo en el futuro métodos más perfeccionados.

Intención y esfuerzo en la práctica

En ese punto, Jayne Gackenbach llevó la conversación a un tema que estaba directamente relacionado con su trabajo.

—¿Es el propósito de reconocer el sueño para controlarlo luego lo que se abandona en determinado momento?

—No estoy seguro de que se pierda el control —repuso Su Santidad—. Evidentemente, para mantener la práctica del yoga de los sueños se necesita un cierto grado de esfuerzo e intención y hay que mantener esa intención. A medida que uno se familiariza más con la práctica va siendo necesario menos esfuerzo, porque se domina la técnica. Pero hay fases de la meditación, tanto de la budista como de la no budista, en las que el esfuerzo se suspende por completo. Un ejemplo es el de la práctica del Dzogchen o Gran Perfección. Entraña un tipo muy especial de suspensión del esfuerzo. Hay otra práctica común a budistas y no budistas en que uno simplemente se mantiene en la ecuanimidad. Pero eso es distinto de la suspensión del esfuerzo en la práctica Dzogchen.

—¿Es esa permanencia en la ecuanimidad el objetivo del esfuerzo? ¿O el control del sueño lleva finalmente a la serenidad y el sueño simplemente aparece? —insistió Jayne.

—Esta práctica de liberarse del esfuerzo con la ecuanimidad es un ejercicio distinto. Estamos hablando de dos formas de práctica distinta. En la primera, uno tiene que reconocer que está soñando y luego controlar el sueño. Se hace con un propósito concreto, que es generar el cuerpo onírico sutil que puede separarse del cuerpo ordinario. En el segundo caso, se estimula la capacidad de experimentar la clara luz del sueño y para eso no es necesario el control. Son dos prácticas verdaderamente muy distintas y se utilizan para propósitos diferentes. El propósito de la práctica de aplicar esfuerzo para reconocer el sueño y transformar y controlar intencionadamente sus contenidos es adquirir el cuerpo onírico especial. El cuerpo onírico puede utilizarse entonces para una amplia variedad de propósitos. Esta práctica es análoga a reconocer el estado intermedio (*bardo*) como estado intermedio. Lo más difícil de esta práctica es mantener el reconocimiento del estado intermedio y no dejar que te desorienten las diversas representaciones. Eso es lo más difícil. Por otro lado, la práctica que lleva a la clara luz del sueño es una preparación para reconocer la clara luz de la muerte.

Sueño, orgasmo y muerte

Joyce McDougall añadió una interesante observación de su profesión:

—El psicoanálisis puede dar una explicación de la relación entre el sueño y el orgasmo, que pueden asociarse a su vez imaginativamente con la idea de la muerte. Las personas que padecen insomnio y las que no pueden alcanzar el orgasmo pueden descubrir en el curso del análisis que su incapacidad para quedarse dormidas o para fundirse con alguien a quien aman en una unión erótica se debe al terror a perder el sentido del yo. También es interesante que en Francia llamen al orgasmo *la petite mort*, la pequeña muerte. En la mitología griega, sueño y muerte son hermanos, Morfeo y Tánatos. Para sumirse en el sueño hay que prescindir de la idea personal del yo y disolverse en la fusión primordial con el mundo, o con la madre o el útero. Perder el yo cotidiano se experimenta como una pérdida en vez de como un enriquecimiento. Esto puede aplicarse también a las personas que no pueden disfrutar del orgasmo. Se relaciona con lo que decía el profesor Taylor. La voluntad de perder nuestra noción del yo que nos permite sumirnos en el sueño o la fusión orgásmica puede permitirnos también no tener miedo a morir. Podría decirse que el sueño y el orgasmo son formas sublimadas del morir.

Su Santidad dijo entonces sonriendo que en el Tíbet la mejor solución para quienes sienten esos temores era ordenarse. Luego añadió, en un tono más serio:

—En la literatura budista tibetana se dice que uno experimenta un atisbo de clara luz en diversas ocasiones, entre ellas al estornudar, al desmayarse, al morir, en el coito y en el sueño. Normalmente, nuestro sentido del yo o ego es muy fuerte y tendemos a relacionarnos con el mundo con esa subjetividad. Pero en estas ocasiones particulares, ese fuerte sentido del yo permanece ligeramente relajado.

Joyce continuó:

—¿Existe relación entre la dificultad de desprenderse del yo en el mundo completamente despierto y el no querer o no ser capaz de desprenderse de la imagen del cuerpo ordinario y permitir que llegue la imagen del cuerpo más espiritual? ¿Lo impediría el aferramiento a la imagen del cuerpo ordinario?

Su Santidad contestó:

—Yo creo que podría haber alguna relación, sí; porque nuestro sentido del yo se relaciona estrechamente con nuestra existencia física. En realidad, hay dos sentidos del yo, uno ordinario y uno sutil. El primero depende de este cuerpo físico ordinario. Pero cuando uno experimenta el sentido sutil del yo, el cuerpo ordinario es irrelevante y desaparece el temor a perder la identidad.

Conocimiento y discontinuidades

Joan Halifax señaló en este punto que la existencia de diferentes estados entraña la transición entre ellos:

—Parece que todos estos estados suponen un cese momentáneo o un eclipse del conocimiento, por lo que realmente parece que muere algo, ya se trate del nivel ordinario o del nivel sutil del cuerpo, se produce una interrupción de continuidad, un vacío tras el cual se reinicia la continuidad. ¿No es cierto que un aspecto de la práctica consiste en mantener la continuidad al margen del nivel ordinario e incluso del sutil, en un nivel que carece de condición? Mantener la continuidad de algo que es nada. —Todos reímos con sus esfuerzos por exponerlo claramente—. No tenemos palabras para ello en nuestro idioma.

Su Santidad contestó:

—Hay estados de meditación en los que uno simplemente tiene noción del vacío y en ese momento no tiene ni siquiera un sentido sutil del yo. Pero el que no se tenga sentido del yo en ese momento, no significa que no exista el yo entonces. El término tibetano para la conciencia es *shes pa*, que significa literalmente «conocimiento» o «conciencia». La etimología implica conocimiento de algo y esto define la conciencia como el nivel ordinario. Pero en los niveles más sutiles puede no haber un objeto de conocimiento. Es análogo al estado paradójico de «pensamiento irreflexivo». Éste es un estado conceptual de conocimiento libre de determinados tipos de pensamiento o determinados niveles de pensamiento; pero «irreflexivo» aquí no significa completamente carente de pensamiento.

—¿Quiere decir falta de cognición? —aventuré yo.

Su Santidad hizo una pausa y preguntó a su vez:

—¿Puede diferenciar usted, Francisco, pensamiento, conciencia y cognición?

—*Cognición* alude a la capacidad de verificación y discernimiento.

Uno puede tener esa capacidad sin tener forzosamente un *pensamiento*, que posee siempre un contenido semántico particular. Conciencia tiene múltiples significados; uno de ellos es conocimiento, pero también podría abarcar niveles más sutiles. Tanto *conciencia* como *conocimiento*, al contrario que *pensamiento* y *pensar* parecen ser extensibles a los niveles más sutiles de discernimiento, tales como pensamiento no intencional o pensamiento sin objetivo. En la ciencia cognitiva la gente huye del uso de *conciencia* y prefiere hablar de *conocimiento* y *cognición* mientras haya un contenido de lo que se conoce.

Charles hizo una interpretación más estricta:

—A mi modo de ver, cognición y conocimiento tienen el sentido de que hay algo, algún contenido, que percibes o entiendes. En cambio yo puedo ser consciente de algo sin saberlo. Cognición es algo que se consigue. Por eso nos resulta difícil entender la idea de cognición sin que haya un objeto cognoscible.

—Es un estado que no tiene contenido ni objeto proposicional —explicó Su Santidad.

Charles no se desalentó:

—Es difícil pensar en ello como si no tuviera un objetivo, aunque puedo entender que pueda existir un estado paradójico que nos veríamos obligados a llamar «conocimiento de nada». Quizá cometamos un error al intentar mirar más allá de los estados humanos corrientes, porque las palabras se concibieron para los estados humanos corrientes en que no hay conciencia sin contenido ni conocimiento sin contenido.

Yo sólo podía indicar que eso no debía impedirnos postular que existan tales capacidades humanas. Charles admitió:

—En todas las tradiciones tenemos que retorcer, empujar y estirar el lenguaje común para captar los estados que no son comunes.

Su Santidad asintió:

—En el budismo pasa igual. Se debe sólo a la naturaleza del lenguaje.

La jornada había terminado. Eran las cinco. Su Santidad nos dio las gracias y se retiró con un saludo. Era hora de volver a nuestra casa y seguir atando informalmente los muchos cabos que habíamos descubierto.

3
Los sueños y el inconsciente

El psicoanálisis en la cultura occidental

Tanto los defensores como los detractores de la tradición psicoanalítica tienen que reconocer que Freud y sus seguidores han transformado nuestro conocimiento de lo que es la mente, de lo que es ser una persona y de la intervención terapéutica. Hoy existen múltiples teorías psicológicas y enfoques clínicos, unos bastante complejos y otros más superficiales. En los Estados Unidos, la afición a la variedad y la búsqueda de ella han sido mucho mayores que en Europa y en Sudamérica, donde la teoría y la práctica psicológicas siguen siendo en buena medida psicoanalíticas.

Mi responsabilidad como organizador del encuentro consistía en asegurarme de que el Dalai Lama y los tibetanos dispusiesen de una buena descripción de las ideas occidentales sobre las zonas oscuras del ego. El psicoanálisis ha hecho de dominio público por lo menos dos ideas claves para este encuentro: la noción del inconsciente humano y sus profundidades y el papel fundamental de los sueños en el estudio de la psique humana. Es cierto que el psicoanálisis no forma parte de la corriente científica general, ni lo pretende. Pero nació de la neurología y de la psiquiatría y desempeña un papel importante como base de muchos centros de tratamiento en todo el mundo occidental. Además, la aparición de las ciencias cognitivas ha contribuido mucho a renovar los vínculos entre la teoría y la práctica psicoanalíticas y la ciencia.[5]

Al pensar en alguien que representara esta tradición con experiencia y autoridad, surgió de forma natural el nombre de Joyce McDougall. McDougall nació en Nueva Zelanda, donde se doctoró en pedagogía; luego inició su formación psicoanalítica en Londres y estudió varios años en la Clínica Hampstead de psicoterapia infantil, cuyo espíritu impulsor era Anna Freud. El trabajo llevó a su esposo a Francia, y ella siguió su preparación de psicoanálisis de adultos en París, donde se ha dedicado a la teoría y la enseñanza de esta disciplina durante veinticinco años. Sus libros son un ejemplo de lucidez y objetividad, cualidades que no siempre se encuentran en el psicoanálisis. En una obra reciente, entrelaza muchos cabos de la práctica analítica en lo que ella denomina «teatros del cuerpo y de la mente».[6]

Joyce ocupó el asiento de los ponentes durante el segundo día de nuestra reunión. Era la primera de las dos ocasiones en este encuentro que pasábamos de la ciencia cerebral rigurosa a un campo en que la experiencia humana y su drama eran esenciales.

Freud y Compañía

Joyce empezó diciendo:

—Es un honor y un placer intentar comunicar algo de la ciencia y el arte del psicoanálisis.

La yuxtaposición de arte y ciencia era precisamente lo que necesitábamos.

—Sigmund Freud fue el fundador de esta ciencia y de su arte terapéutico. A finales del siglo pasado, un siglo de conservadurismo, de clases dominantes que no deseaban cuestionar los valores establecidos, Freud, que aprendía a ser médico en el ambiente dominado por la ciencia de finales del siglo XIX en Viena, intentaba cuestionarlo todo. Preguntaba siempre «por qué». «¿Por qué enferma la gente? ¿Por qué se cura la gente? ¿Por qué hay guerras? ¿Por qué fracasa tan a menudo la civilización? ¿Por qué se persigue a los judíos?»[7]

Joyce pasó a indicar que el psicoanálisis es un fruto de la civilización occidental y que ha ejercido una enorme influencia en el mundo occidental, sobre todo en las profesiones de la salud mental. Después de Freud, todas las profesiones médicas empezaron a pensar que la enfermedad física se relacionaba con la mente. Freud se planteó siempre como uno de sus objetivos desentrañar los vínculos entre psique y soma. Sabía muy bien que todo estado físico tiene un efecto en las imágenes mentales y que nada ocurre en la mente o la psique que no afecte también al cuerpo. Consideraba cuerpo y psique íntimamente relacionados, aunque regidos por diferentes reglas de funcionamiento. Las reglas del funcionamiento psíquico no eran las de los sistemas biológicos, pero interactuaban y se influían mutuamente sin cesar.

—La influencia de Freud en el mundo occidental ha desbordado ampliamente el campo de la salud mental. Ha dejado una huella profunda en las profesiones pedagógicas y ha tenido considerables repercusiones en muchos campos de la creatividad. Artistas y filósofos en concreto se inspiraron muchísimo en las teorías y los descubrimientos freudianos.

Joyce hizo una pausa y luego añadió, a modo de reflexión:

—Quizá Freud no haya influido mucho en la música. Declaró que era incapaz de apreciar los encantos de la música y lamentó que éste fuera un mundo cerrado para él. Sin embargo, le interesaban profundamente las palabras y el lenguaje. Consideraba importantísimo encontrar términos para definir los fenómenos humanos que no habían sido designados aún. Podría decirse que Freud veneraba las palabras. Si bien es cierto que la humanidad está hecha de palabras y esclavizada por las palabras, mucho de lo que es vital para la existencia humana es también infraverbal. En cierto sentido, las palabras representan al padre, el mundo exterior. Tanto en la Biblia hebrea como en la cristiana podemos leer: «Al principio fue la palabra». ¿Podría ser ésta la herencia de una religión paternalista? En cualquier caso, me gustaría indicar que en el principio fue la voz, e incluso en el mundo intrauterino el bebé ya oye sonido y ritmo (¿tal vez el principio de la música?).

Topografía de la mente

Joyce nos introdujo a continuación en uno de los términos teóricos fundamentales de Freud.

—Freud estaba buscando un término que expresara la fuerza vital que es innata en todos los seres humanos, una fuerza que da significado a la vida y los impulsa a buscar y a tocar a otros seres humanos; una fuerza que halla su expresión en el amor, la sexualidad, el sentimiento religioso y todas las formas de creatividad. Él consideraba esta fuerza un torrente de energía y la llamó *libido*. Pero también llegó a creer, como resultado de sus años de observación clínica y de sus reflexiones sobre el mundo circundante, que en el ser humano hay otra fuerza igualmente poderosa que busca la muerte (la autodestrucción y/o la destrucción de otros) y que existía un eterno conflicto entre la fuerza de la vida y la fuerza de la muerte (*mortido*) en la psique humana. Pero llegó a considerar que los impulsos de la muerte se originaban en la libido. En otras palabras, que esta poderosa fuente de vida podía utilizarse para bien o para mal: del lado de la vida o del lado de la destrucción y la muerte.

Freud utilizó unos veinticinco modelos de mente diferentes. Joyce no iba a intentar explicarlos todos durante su exposición sino que se centraría más bien en algunos importantes, como la teoría de los instintos de la vida y de la muerte y el modelo freudiano de cómo se almacenan los recuerdos y de qué forma se estructura el conocimiento en la psique.

—Freud consideró que la estructura psíquica estaba formada por tres capas. Denominó *consciente* al nivel superior o cortical. A continuación estaba el conocimiento del que no somos conscientes en todo momento pero que puede recordarse siempre: denominó a esto *preconsciente*. La tercera capa, la más grande y más misteriosa, es el *inconsciente*, lo que no conocemos ni podemos encontrar en nuestra vida consciente de vigilia y que sin embargo ejerce una inmensa influencia en nuestro comportamiento durante toda la vida.

«La mente inconsciente está constantemente activa en nuestro mundo psíquico interior, y nos impulsa a encontrar soluciones a los impulsos instintivos (que suelen chocar con las demandas del mundo exterior). La mente inconsciente, según diría Freud, es toda la humanidad, todo lo que hemos heredado de siglos de humanidad. Él llamó a esto herencia *filogenética*, como opuesto a nuestra herencia *ontogenética*, que se compone de todo lo que experimenta una persona desde el momento del nacimiento. (La investigación psicoanalítica moderna va más allá y demuestra la importancia de los acontecimientos en la memoria fetal.) Así, los recuerdos de la primera infancia e incluso los del útero materno, junto con las fuerzas vitales de la libido y la mortido, están todos contenidos en la mente inconsciente.»

Los sueños y el inconsciente

Después de la introducción de estas ideas básicas del psicoanálisis, Joyce pasó rápidamente al tema que nos ocupaba: los sueños.

—Este modelo topográfico de la mente es importante para comprender las teorías freudianas sobre cómo y por qué soñamos, cómo y por qué dormimos, o no podemos dormir.

«El primer enigma que abordó Freud fue nuestro sentido temporal. El tiempo mientras estamos durmiendo es muy distinto del tiempo cuando estamos despiertos. El inconsciente, según Freud, es atemporal, y precisamente cuando estamos dormidos y soñamos es cuando el inconsciente encuentra su expresión más directa: un vasto "todo y nada" que sólo con gran dificultad podemos alcanzar cuando estamos despiertos. Cuando alguien nos habla de un sueño, siempre dice: "he tenido un sueño". Nunca dice: "Estoy soñando". Solamente en este sentido, el sueño es siempre "atemporal". Podríamos tener incluso lo que parece ser un sueño repetitivo, pero que nunca es idéntico al sueño anterior, igual que un suceso que ocurre más de una vez no es nunca exactamente el mismo suceso. Así que podríamos decir que cada sueño, lo recordemos o no, es un suceso importante.

«Sólo dos de los veintitrés libros de la obra publicada de Freud tratan los fenómenos del sueño y de los sueños, y su texto más importante sobre este tema, *La interpretación de los sueños*, estaba básicamente acabado en 1896. Pero Freud siguió trabajando en las ideas innovadoras que contenía este libro durante unos treinta años. Él mismo consideraba *La interpretación de los sueños* su aportación más importante al conocimiento de la psique humana. En realidad, desarrolló toda su teoría de la mente partiendo de su estudio de los sueños. En un análisis del funcionamiento psíquico afirma que una persona que está soñando no está realmente «dormida», aunque esté durmiendo. Aunque esto parezca extraño a quienes no están familiarizados con la investigación neurobiológica de las pautas del sueño, Freud ya percibía que el estado mental de dormir no era el mismo que el de soñar. Estaba creando conceptos para lo que los neurobiólogos descubrirían medio siglo después acerca del sueño con REM y sin REM. Tenía otra hipótesis, la de que cuando estamos dormidos o soñando nuestro organismo está como "paralizado" y que por lo tanto los sueños sustituyen a la acción. Consideraba esto un aspecto importante de su estudio de la razón de que soñemos.»

El Dalai Lama había seguido la exposición atentamente y por primera vez necesitaba algunas aclaraciones. Como siempre, su pregunta señalaba un punto especialmente escurridizo.

—Si los sueños sustituyen a la acción, ¿cómo lo hacen? ¿Ocurre simplemente una cosa mientras la otra no ocurre? ¿Por qué ha empleado la palabra *sustituir*?

—Cuando estamos soñando en vez de hacer otra cosa —repuso Joyce—, vivimos en un estado diferente, en el que no utilizamos la acción externa, es decir, actos físicos motivados. Cuando soñamos, aunque no nos movemos físicamente ni reaccionamos a los acontecimientos del mundo exterior, hay una gran actividad. Se desarrolla un proceso muy especial en la mente. Freud creía que esto se relaciona estrechamente con el organismo. En realidad Freud no pudo explicar por qué no soñamos continuamente.

—¿O sea que en cierto sentido el cuerpo tiene que realizar determinadas acciones para soñar? —insistió el Dalai Lama.

—Sí, efectivamente. Freud postuló que todos los pensamientos y las imágenes oníricas que invaden la mente tratan de mensajes del organismo. A partir de ahí, desarrolló la idea de que los sueños siempre están relacionados con los deseos (suele derivarse de los impulsos físicos instintivos) y que los sueños son una forma de satisfacer los deseos. ¿Pero cuáles eran estos deseos? Según Freud, esto empieza con el simple deseo de dormir y por lo tanto con la necesidad de liberarse del mundo exterior. Postuló después un deseo de permanecer dormido, de modo que cuando los pensamientos y los deseos que llegan de la mente inconsciente causan conflicto, elaboramos los sueños para seguir durmiendo.

Como casi ninguno de los presentes estábamos familiarizados con los detalles clínicos freudianos, el modelo propuesto aguzó el interés del Dalai Lama, que preguntó:

—¿El inconsciente, el preconsciente y el consciente, dan todos ellos impulso a los sueños? Por otro lado, también ha dicho usted que el cuerpo envía mensajes a la mente durante el sueño. ¿Cómo se interrelacionan éstos? ¿Quiere decir que todos proceden del cuerpo?

—Esto se relaciona con el núcleo dinámico de lo que el inconsciente, tal como lo concebía Freud, tiene como objetivo —aclaró Joyce. Y añadió que en realidad el cuerpo influye decisivamente en el inconsciente—. Freud llamaba a los impulsos instintivos «mensajeros del cuerpo a la mente», como por ejemplo «necesito amor», «tengo hambre», «tengo miedo», etcétera. En este sentido, es difícil distinguir lo que procede del cuerpo de lo que se origina en la mente inconsciente. Si los mensajes del inconsciente y el preconsciente amenazan con despertar a la persona, entonces una de las funciones primarias de soñar era impedirlo. Este concepto lo llevó a llamar a los sueños «guardianes del sueño».

Se hizo un momento de silencio en la estancia mientras considerábamos la belleza de esta frase. El Dalai Lama siguió haciendo preguntas, con su habitual rigor en la búsqueda de distinciones precisas:

—Cuando dice usted que el preconsciente también estimula los sueños, ¿lo sitúa también en el cuerpo?

—En el cuerpo y en la mente —continuó Joyce—. Aunque el preconsciente contiene los recuerdos que podemos recordar, estos adquieren más importancia cuando se unen a las demandas físicas de la libido. Nuestra mente consciente se ve bombardeada a diario por miles de percepciones del mundo exterior, así como por pensamientos y sentimientos fugaces (más de los que podemos atender o de lo contrario no seríamos capaces de ocuparnos de los asuntos de la vida). Así que los dejamos en esa parte de la mente que contiene la memoria reciente y formarán a menudo el núcleo de un sueño aquella misma noche. Las percepciones registradas durante el día pero a las que no prestamos atención, son las que más probablemente se utilizarán como accesorios de los sueños cuando están relacionadas con sensaciones físicas o con emociones fuertes (las emociones son un fenómeno físico y mental a la vez). Freud llamaba a estos acontecimientos «residuos diurnos». Así que tanto los mensajes de origen físico como los de origen psíquico se utilizan para formar imágenes que formarán la trama de la historia que es el sueño. Para responder a la pregunta de Su Santidad, podríamos decir que el inconsciente puede hacer que la mente que duerme preste atención al cuerpo mediante el preconsciente.

«Freud afirmó que nunca podemos conocer lo inconsciente directamente y que podemos llegar a conocer más eso que es incognoscible mediante los sueños, así como en determinados estados de enfermedad psíquica. La gente que padece psicosis también utiliza parte de la mente inconsciente para crear alucinaciones y delirios. Y yo añadiría que las personas que enferman físicamente por razones psicológicas también utilizan formas inconscientes de dejar que hable el cuerpo. Además, los artistas creativos (pintores, escritores, músicos, innovadores científicos, etcétera) también transforman y crean con mensajes de sus mentes inconscientes. En cuanto a los sueños, el inconsciente utiliza lo preconsciente ampliamente mediante el vínculo de las palabras.

»Y se plantea entonces el complicado asunto de lo que Freud denominó el carácter aparentemente absurdo y contradictorio de los sueños. Se refería al proceso de recoger todos los mensajes, los residuos diurnos y otros factores con los que se urdirá una historia como trama del sueño. Freud destacó que era un trabajo duro producir el sorprendente fenómeno que llamamos un sueño.»

Narcisismo

—Otra parte importante de la teoría de los sueños trata de cómo se duerme un individuo. La libido puede orientarse hacia los demás o hacia el cuidado del propio yo y del propio cuerpo. Freud llamaba a esta última inversión de energía libidinal «libido narcisista». Puede ser un fenómeno sano, pero también puede ser patológico.

En respuesta a una pregunta de Su Santidad, Joyce pasó a explicar:

—El término *narcisismo* se ha tomado del mito griego de un muchacho llamado Narciso que se enamoró de su propia imagen y pasó tanto tiempo contemplando su reflejo en un estanque que murió a la orilla del mismo. Según el mito, el narcisismo total equivaldría a la muerte. Pero si queremos quedarnos dormidos tenemos que parecernos un poco a Narciso. Nos liberamos del apego al mundo exterior, a todas las personas que nos interesan, a todas las cosas que han ocurrido durante el día; podríamos decir que las devolvemos a nuestra mente-cuerpo. Este desapego del mundo exterior indica que la libido ha de ser ahora absolutamente narcisista, ha de estar centrada completamente en la persona con la exclusión de todas las demás ocupaciones físicas y mentales, si queremos dormirnos. Según Freud, había una regresión a un estado de «narcisismo primario», que él comparaba con el estado mental del bebé en el útero materno. Él no se proponía elaborar una teoría *biológica* acerca del sueño, sino una teoría *psicológica* que demostrara la importancia de los instintos (que unen cuerpo y mente) en el estado del sueño.

Estas últimas observaciones intrigaban al filósofo budista.

—¿No es la tendencia narcisista en el punto del sueño completamente distinta de la libido narcisista que entraña el ensimismamiento? Lo segundo es absolutamente intencional, mientras que el abandono narcisista en el proceso del sueño es puramente natural, sin intención.

—Sí, profundamente natural y heredado a lo largo de los siglos. No es intencional en el mismo sentido en que podría considerarse intencional estar absorto en sí mismo de forma narcisista cuando se está despierto

—contestó Joyce sin vacilar—. Al quedarnos dormidos, volvemos a un estado narcisista arcaico o fetal y parece que nos sentimos muy felices de estar allí; pero cuando empezamos a soñar, algo nos obliga a salir de ese estado. Hoy diríamos que un estado neural REM muestra la forma de funcionamiento en que más fácilmente pueden producirse los sueños, pero Freud sostenía que los mensajes inconscientes y preconscientes crean conflictos y que nos vemos obligados a soñar para no despertarnos.

Los sueños: el camino real hacia el inconsciente

—Otro punto importante relacionado con la noción de que la elaboración de los sueños es un proceso muy activo y más difícil que la actividad diurna, es la insistencia de Freud en que la psique intenta organizarlo todo en una historia o en una serie unificada de imágenes elegidas para representar acontecimientos complejos. Esta historia puede abarcar toda la vida de la persona; pueden inspirarla los pensamientos y sentimientos del estado de vigilia, etc. A veces, parece que los sueños son un intento de hallar solución a todas las situaciones conflictivas cotidianas de la vida de una persona. Así que un sueño es una historia disfrazada, y puede incluir uno o todos estos elementos.

«Analizaré ahora el método de Freud para llegar al significado oculto de los sueños. El estudio de pacientes en estado de hipnosis fue el origen de ideas fundamentales sobre los procesos inconscientes. Descubrió mediante hipnosis que la mente inconsciente contiene muchos recuerdos que habían sido rechazados, empujados más allá de lo preconsciente: a menudo acontecimientos, pensamientos y fantasías que no deseábamos recordar. En estado de hipnosis, igual que en los sueños, estos pensamientos pueden salir de nuevo a la luz. (Aunque la investigación moderna demuestra que los sucesos recordados en estado de hipnosis pueden responder a la sugestión más que a la realidad, esto no invalida la mayor parte de las interpretaciones teóricas de Freud extraídas de este campo.)»

—¿Podría dar un ejemplo de una experiencia que desee olvidar y que por eso la rechaza? —preguntó Su Santidad.

—Sí. Recuerdo a uno de mis pacientes que, por envidia, había sido muy grosero con un amigo y no quería recordarlo. Aquella noche, y a partir de estos elementos preconscientes, llegó a recordar otros actos crueles y envidiosos de su lejano pasado, cosas olvidadas que surgieron de su inconsciente más profundo. Había olvidado que por envidia había tirado una vez del triciclo y herido gravemente a su hermano pequeño (a quien en realidad quería muchísimo). El suceso se había convertido en un recuerdo inconsciente. Pero aquella noche, este hombre no soñó que agredía a su colega con palabras ofensivas ni que era cruel con su hermano pequeño, sino que un tigre furioso perseguía a un pobre perrito. En el sueño intenta luchar con el tigre y proteger al animalillo, pero el tigre es cada vez más fuerte y al final el hombre despierta aterrado. El significado está oculto pero se aclara más cuando el paciente empieza a hacer asociaciones libres en la sesión de psicoanálisis, en torno a las diferentes partes del sueño.

«El sueño que un paciente relata en una sesión de psicoanálisis es lo que Freud denominaba sueño *manifiesto*, lo que es evidente en la superficie; pero su principal interés radicaba en el contenido onírico *latente*, es decir, el significado oculto bajo las imágenes en que los diferentes temas que luchan por la representación intentan hallar expresión.

»Aunque Freud llamaba a los sueños camino real hacia el inconsciente, insistió en que sólo podemos rozar la superficie de la mente inconsciente. No conoceremos nunca la mayor parte de sus contenidos. Sin embargo, creía que el análisis de los sueños era un método mucho más seguro que la hipnosis para conocernos. En estado de hipnosis, las personas pueden recordar cosas que han olvidado hace mucho tiempo, pero cuando despiertan y les dices, por ejemplo, que tiraron a su hermano pequeño del triciclo cuando sólo tenía dos años, podrían contestar: "¿Ah sí? ¡Qué curioso!". Y no recordarlo o no creerlo. Freud llegó a la conclusión de que el simple hecho de hacer algo consciente porque aflora durante la hipnosis no constituía auténtico conocimiento en el sentido de aportar convicción al paciente. El verdadero conocimiento del yo y de todo lo que uno no desea saber de sí mismo, se consigue mejor mediante la experiencia de analizar los sueños. Todas las asociaciones que llegan a la mente, sean aceptables o inaceptables, sean recientes o lejanas en la vida del individuo, unidas a las reflexiones del paciente sobre sí mismo, contribuyen al descubrimiento de las dimensiones inconscientes del yo oculto.

»Freud dedicó también muchos años a estudiar sus propios sueños. Muchos de ellos figuran en sus libros. Intentó aclarar a través de sus sueños algunas de sus fobias, así como los sentimientos de envidia y de cólera que no deseaba reconocer hasta que un sueño le hizo darse cuenta. Insistió en que los psicoanalistas tienen que seguir analizando los propios sueños para poder averiguar muchas verdades desagradables sobre sí mismos, que podrían impedirles realizar bien su trabajo si no se analizaran. En cuanto a la importancia de analizar todos los elementos de los sueños de un paciente, a veces durante muchas sesiones, pronto llegó a la conclusión de que no era necesario. Los pacientes deben prestar atención a sus sueños y asociarse con ellos si querían hacerlo.

El Dalai Lama soltó una carcajada, se palmeó la rodilla y bromeó:

—Creo que sería demasiado trabajo. Si uno tuviera que analizar todos los sueños que tiene no le quedaría tiempo para soñar.

Todos nos reímos y Joyce añadió, sonriendo:

—Efectivamente, es muchísimo trabajo. Los psicoanalistas nunca cejan en esa tarea de intentar acercarse más a su propia verdad psíquica. Pero no dejan de soñar.

Mientras ella decía esto, todos nos dimos cuenta de que Su Santidad se había concentrado en otra cosa; ¡estaba utilizando el programa de la conferencia para ayudar a un insecto a buscar un lugar más seguro que el centro de la mesita de café!

Joyce prosiguió:

—El método que utilizó Freud para llegar a la verdad subyacente oculta en los sueños consistía en tomar diferentes partes del sueño y animar a su paciente a utilizar la *asociación libre* (decir lo que le viene a la cabeza espontáneamente) de cualquiera de los elementos del sueño. La idea general era que pasaba a un estado de no integración, de apertura, de eliminación del control, en el que ya no te aferras al pensamiento cortical, sino que dejas que las ideas, percepciones, recuerdos e imágenes surjan libremente aunque parezcan incoherentes, desconectadas o inaceptables. Consideraba este método útil para que sus pacientes descubrieran cómo funciona la mente, cómo emergían sus verdades inconscientes profundas mediante el uso de vínculos verbales preconscientes para crear el tema del sueño. Luego, era probable que se sintieran impulsados a aplicar el razonamiento consciente para revelar el significado oculto de su sueño.

«Para ilustrar esta idea de vincular los recuerdos inconscientes a un recuerdo de algo que ocurrió el día anterior, volvamos al paciente que soñó con el tigre. Después de contar el sueño, dijo de pronto:

"—No sé por qué, pero eso me recuerda que ayer tuve una discusión muy violenta con uno de mis compañeros. Después lo lamenté. En realidad es un colega joven y me aprecia, ¡pero a veces dice unas estupideces! No debería haber sido tan grosero [...] Estoy pensando en mi hermano pequeño que tenía dieciocho meses menos que yo. La verdad es que le quería muchísimo y lo pasábamos muy bien. ¡Santo cielo! Acabo de recordar que un día... él iba por el camino en su triciclo y le di un empujón y le tiré... se despellejó las rodillas y se hizo un corte enorme en la barbilla por el que sangraba y empezó a llorar. ¡Qué espanto! ¿Por qué le haría eso?"

»Entonces le pregunté si cuando había nacido su hermano se había sentido desgraciado porque ya no sería hijo único y me contestó:

"—¡Pues claro! Tenía que compartirlo *todo* con él. Pero le quería tanto que no me importaba.

"—¿Le quería tanto que no le importó tirarle del triciclo?

"—Bueno, supongo que estaba enfadado con mi madre. Siempre estaba ocupada y luego se quedó embarazada de mi hermana... ¡No sé por qué tuvo que tener tres hijos!"

»Eso se llama asociación libre. Como pueden ver, el único lugar en que podríamos permitirnos hablar de esa forma descontrolada es el psicoanálisis. ¡Si lo hiciéramos en todas partes pronto nos quedaríamos sin amigos!»

Todos nos reímos de la idea de vivir en libre asociación, molestando a todo el mundo con nuestra ambivalencia consciente o inconsciente.

Joyce prosiguió:

—La libre asociación te lleva a expresar sentimientos e ideas que nunca desearías contarle a nadie, ni siquiera a ti mismo. Así que llegas a un cierto nivel de verdad acerca de tu propio yo y tu forma de relacionarte con otros y con la vida en general.

Me di cuenta de que el Dalai Lama sentía curiosidad por estas ideas. Preguntó:

—¿Existen en la neurología correlatos de los tres estados: consciente, preconsciente e inconsciente?

Joyce contestó sin vacilar, con una sonrisa:

—Yo diría que absolutamente ninguno.

En mi calidad de coordinador, me correspondía situar las cosas en contexto.

—La idea de inconsciente carece de sentido en neurología, claro.

Algunas personas dirían que se relaciona con el tronco del encéfalo, la parte del cerebro que compartimos con los vertebrados más antiguos, los reptiles, y que podría tener algo que ver con el instinto. Pero es una comparación muy vaga, porque el inconsciente también es bastante inteligente. En realidad la relación no se acepta actualmente. Es como si el psicoanálisis y la neurociencia fueran dos corrientes independientes en la cultura occidental.

Joyce añadió que sin embargo hay algo en común. Los neurobiólogos sostienen una serie de teorías acerca de las causas y los psicoanalistas tienen otras teorías de la causalidad, pero unas y otras se complementan entre sí.

—Nadie puede afirmar que tiene la clave única o absoluta de la verdad.

Luego pasó de la teoría a la experiencia clínica.

—Espero haber dejado claro que la mente inconsciente, la preconsciente y la consciente siempre están vinculadas e interactúan entre sí, no sólo en los sueños sino también en la vida despierta. La gente se sorprendió cuando Freud declaró: «No somos dueños de nuestra propia casa. Creemos que sabemos por qué hacemos lo que hacemos, creemos que sabemos quiénes somos y lo que sentimos, pero en realidad no sabemos mucho, sólo vemos la punta del iceberg». La gente censuró a Freud por proclamar que los seres humanos no eran esencialmente «buenos», que los impulsos de ira, cólera asesina y odio (sin mencionar los deseos sexuales) son muy fuertes desde el principio en los niños pequeños. La cultura decimonónica consideraba a los niños inocentes (pura luz), como si estuvieran exentos de los impulsos que, aunque tienen que ser controlados, son vitales para los seres humanos: amor, odio y deseos relacionados con el incesto y la muerte. Ésta fue una noticia espantosa, pero Freud siguió adelante valerosamente, a pesar de las críticas, ataques y persecuciones en muchos sentidos.

«Yo creo que, aparte de su brillante mente inquisitiva, su determinación de continuar a pesar del ataque público quizá fuera también una forma de afrontar su propio sufrimiento. En sus primeros años habían muerto su padre y algunos de sus mejores amigos. Luego mataron a su hermanastro, a quien quería muchísimo, y a su hija Sophie en la Primera Guerra Mundial. Después se frustraron sus esperanzas de convertirse en un gran neurólogo. Posteriormente, su discípulo preferido, Carl Jung, a quien quería como a un hijo, le dejó después de años de leal colaboración. Unos años más tarde llegaron el Holocausto y el régimen hitleriano. La familia de Freud se vio amenazada de muerte. Pero Freud siguió tenazmente con su importante obra. Le salvaron del Holocausto y lo llevaron a Londres, donde vivió hasta que murió de un cáncer muy doloroso, en 1937. Yo creo que además de su interés científico por los sueños, la verdad que descubrió a través de la investigación de los sueños le consoló y le ayudó a mantener su vitalidad y su humanismo a pesar de todas estas tragedias.»

La historia de Marie-Josée

Reinaba en la habitación una atmósfera de reflexión serena sobre las muchas ideas evocadas. Pero todos nos sentíamos un poco perdidos en estos destellos de las luchas personales de Freud. Así que fue muy oportuno que Joyce expusiera a continuación un ejemplo ilustrativo del psicoanálisis en la práctica real.

—He pensado que podría interesarles el sueño de una de mis pacientes y cómo su sueño provocó un sueño mío. Lo he elegido para ilustrar las ideas de Freud sobre el sueño y los sueños y también para aclarar el proceso psicoanalítico. Me limitaré a hablar sólo de la pequeña parte del psicoanálisis de esta paciente que se relaciona con nuestro tema. «Marie-Josée», el nombre que utilizaremos para respetar su intimidad, tenía treinta y cinco años la primera vez que acudió a mi consulta porque, según me dijo, tenía problemas para dormir. Por las noches sentía miedo y no podía conciliar el sueño sin fuertes dosis de somníferos; pero esto sólo le ocurría cuando estaba sola. Su marido, a quien amaba tiernamente, viajaba mucho, por lo que se quedaba sola con frecuencia. Iba a dormir a casa de sus padres muchas veces. Pero creía que esto no era correcto a su edad. También padecía agorafobia y claustrofobia, así que tenía que evitar tanto los espacios muy abiertos como los muy cerrados. Le gustaban mucho los conciertos, pero tenía que conseguir siempre un asiento cerca de la salida por si se sentía «encerrada». Cuando iba a la peluquería, tenía que aparcar el coche donde pudiera verlo y tener la llave a mano, para poder volver a casa en él enseguida si se asustaba de pronto. Estos síntomas le causaban un gran sufrimiento psíquico y quería saber por qué le pasaba esto y qué significaba. En nuestra segunda entrevista preliminar, después de explicarme más detalles de su historia familiar, mencionó de pasada:

»—Hay otro pequeño problema, aunque en realidad no es un problema. —«¿Será éste el problema?», me pregunté yo. Tenía que orinar muchas veces al día. Había consultado a dos urólogos, que le dijeron que no tenía ningún problema físico. Añadió: —No es ningún problema psicológico. Es sólo que tengo la vejiga mucho más pequeña que las demás mujeres.

»Cuando se fue, escribí en mis notas: "¿Cree que tiene la vejiga de una niña y no la de una mujer adulta?"

»Durante los dos primeros años de psicoanálisis, casi nunca se refería a su problema urinario. Mencionaba, por ejemplo, que había tenido que renunciar a ir a ver una ópera maravillosa por miedo a no conseguir el asiento de pasillo para poder ir al servicio varias veces durante la función. Lo consideraba un problema insoluble, mientras que el insomnio podía arreglarse. Así que me habló mucho de su insomnio y poco a poco conseguí que me dijera en qué pensaba cuando no podía conciliar el sueño. Me dijo que le asustaba que entrara un hombre por la ventana e intentara violarla. Ella se resistiría, por supuesto, y él la mataría. Le pregunté quién creía que podía ser aquel hombre, pero no supo contestar, ni explicar por qué debería estar allí siempre que ella estaba sola.

»—Es uno de tus personajes —le dije yo—. Lo has inventado y lo has colocado al otro lado de la ventana.

»No quiso aceptarlo y dijo que esas cosas ocurrían continuamente y que ya me llevaría recortes de prensa que hablaban de mujeres que habían sido agredidas por hombres, aunque nunca encontró uno en el que un hombre hubiera entrado en la habitación de una mujer por la ventana para violarla y matarla.

»Finalmente, para conseguir que analizara su invención fóbica, le conté un chiste de una mujer que sueña que se le acerca un hombre alto y apuesto. La mujer grita: «¿Qué me va a hacer?» Y el hombre contesta: "Todavía no lo sé, señora. ¡Es su sueño!" Consiguió reírse por primera vez de su asesino violador y exclamó:

»—¡Santo cielo! ¡Es mi historia!

»La fantasía fue convirtiéndose poco a poco en una fantasía erótica con el paso del tiempo: «Me quedé dormida pensando que el asesino entraba por la ventana y me besaba y me hacía el amor». (¡La erotización es una forma muy eficaz de superar muchas experiencias y fantasías aterradoras!) Con el tiempo, Marie-Josée dejó los somníferos, pero tenía que masturbarse para quedarse dormida. Le molestaba el hecho de que creía que tenía que hacerlo tanto si quería como si no.

«El otro tema importante era su madre. "Me telefonea continuamente, siempre para invitarme a conciertos, siempre intentando llevarme otra vez a casa. Es horroroso, ¡nunca me dejará en paz!", se lamentaba Marie-Josée. Hablamos mucho de esto y yo tenía la impresión de que su marido cuidaba de ella un poco como una madre. Tenía otra preocupación recurrente que no consideraba un problema: no quería tener hijos. Ella misma seguía siendo una niña en algunos sentidos y a mí me parecía que pensaba que sólo podía haber una madre, la suya. Ella tenía que seguir siendo una niñita con la vejiga de una niña pequeña.

»Un día se enfadó mucho conmigo.

»—Supongo que está muy satisfecha de que ahora pueda dormir bien, pero mis problemas diurnos siguen siendo tan graves como siempre y mi madre me molesta lo mismo —me dijo.

»—Quizá me considere una mala madre porque no la he ayudado a solucionar sus problemas —le dije yo.

»—Sí —dijo ella—. No me está ayudando lo suficiente.

»Le pedí que me hablara más sobre lo que sentía y me dijo:

»—Ayer fui a ver a Suzanne, una amiga mayor de mi madre a quien quiero muchísimo. No había sitio para aparcar, así que *tuve* que intentar llevar el coche hasta cerca de su casa, porque me aterraba cruzar el bulevar desierto, que era la única forma de llegar a su calle. Di vueltas durante media hora buscando un sitio para aparcar. ¿Lo ve? ¡Estoy tan enferma como siempre! Luego tuve que calcular cómo llegar a casa de mi amiga, porque es una calle de dirección única. Así que se me ocurrió una gran idea. Crucé el bulevar y luego di marcha atrás por la calle de dirección única y aparqué delante mismo de la casa de Suzanne. Ella me dijo: «Llegas bastante tarde. Creía que ya no vendrías.» Y me sentí muy avergonzada porque no podía explicarle por qué.

»Me explicó un sueño que había tenido aquella noche:

»—Estaba en un océano tormentoso y tenía mucho miedo. Las olas eran cada vez más grandes, sin embargo yo miraba a mi alrededor y pensaba que el panorama era muy bello; pero al mismo tiempo estaba aterrada. Pensaba que iba a morir y me dije: tengo que encontrar algo a lo que agarrarme o me ahogaré. Entonces vi uno de esos postes a los que atan los botes, no sé como se llaman. Estiré las manos para agarrarlo y era de piedra.

»*Pierre* significa «piedra» en francés y su padre se llamaba José-Pierre. Así que yo pensé: «¿Se estará aferrando a su padre?». Ella prosiguió:

»—Me desperté aterrada. Creo que esto tiene algo que ver con mi madre.

»Bien, en francés *la mere* es «madre» y *la mer* «el mar», por lo que mediante los vínculos verbales la madre podría estar representada en un sueño por la imagen del mar. Marie-Josée hizo las mismas asociaciones, porque añadió:

»—No hay nada nuevo en este sueño. Es un sueño sobre mi agobiante madre. Estoy siempre aterrada por culpa de ella, por lo agobiante y obsesiva que es.

»—¿Qué es ese poste cuyo nombre no puedes recordar? —pregunté yo.

»Surgió entonces súbitamente la memoria preconsciente:

»—Lo sé, se llama *une bitte à amarrer*. —En francés *bitte* es un poste al que se amarran los botes (bita de amarre), pero *bite*, que se pronuncia igual, es un término vulgar para pene. La *bitte à amarrer*, que mantiene los botes bien atados y a salvo en un mar embravecido también podría representar a su padre, simbolizado por su órgano sexual y representado por su nombre (como si ella se estuviera aferrando a un símbolo paterno para protegerse de su madre agobiante). Sus siguientes asociaciones sin embargo me sorprendieron:

»—Estoy pensando en mi padre y en un día que le vi en el cuarto de baño —siguió diciendo—. Le vi el pene y supe que no debía verlo. Estaba muy excitada y me daba miedo que mi madre se enfadara conmigo.» «Así que ahora está empezando a pensar que el sueño representa que su madre está enfadada con ella por su excitación sexual infantil cuando vio el pene de su padre», pensé yo.

»Una de las paradojas del inconsciente es que todo lo que crees que te hacen a ti, crees también que se lo haces tú a otra persona. Lo importante es la *conexión* entre dos personas. Así que podríamos preguntarnos si el sueño indica que Marie-Josée desea ahogar a su madre. (En realidad, ella es la que sueña, ella ha inventado el sueño con el tema violento.) Entonces empecé a pensar en su problema urinario. Los niños pequeños tienen muchas fantasías relacionadas con sus secreciones corporales y suelen pensar que es así como sus padres tienen relaciones sexuales: que intercambian la saliva, las heces o la orina. Así que empecé a preguntarme si no habría alguna relación entre la frecuencia urinaria de Marie-Josée y sus fantasías infantiles. Los niños también tienen dos actitudes contradictorias con los productos de su organismo: una es que son un regalo, una forma de amor. Por otro lado, también los imaginan como algo malo y pernicioso. La buena orina es dar algo a la madre; la mala orina es castigarla (¿ahogarla, quizá, en un mar tempestuoso?). Estos eran mis pensamientos: quizá cada vez que orina expulse a su madre de sí misma o la ahogue en orina; pero no dije nada porque ella no había establecido ninguna asociación que me permitiera hacer estas interpretaciones.

»La sesión terminó así y me sentí disgustada. Escribí en las notas que no habíamos llegado a nada nuevo. Ella seguía indignada con su madre agobiante y aún anhelaba la presencia protectora y alentadora de su padre. Habíamos trabajado en estos temas muchas veces, así que ¿qué era lo que yo no oía? Aunque no lo comprendí en seguida, había pasado por alto el dato de aquella amiga mayor, una figura materna: que no era una madre furiosa y aterradora sino una madre amada; y además, para llegar hasta ella había tenido que quebrantar la ley y circular marcha atrás por una calle de dirección única. Aquella noche fui yo quien tuvo un sueño utilizando estos residuos diurnos. Y este sueño me produjo una impresión tan extraña que me desperté en plena noche y no pude volver a dormirme. Me desconcertaba tanto que al fin lo escribí.

»Tengo que ver a alguien en una zona de París que no conozco bien, pero que tiene fama de ser un sitio peligroso. Todos se interponen en mi camino y yo grito: "¡Por favor, que tengo una cita!". Se abre una puerta y una mujer oriental de aire exótico dice: "Pasa". Lleva un vestido de seda tornasolada. La miro y me dice: "Has llegado bastante tarde, sabes". Me siento turbada porque me disgusta mucho llegar tarde, así que tiendo la mano y acaricio su precioso vestido de seda, esperando que me perdone. Y entonces comprendo de pronto que la mujer no me perdonará hasta que no haga todo lo que quiere. Creo que va a acariciarme y a abrazarme. Voy a tener algún tipo de relación erótica con ella y estoy convencida de que no puedo hacer nada para impedirlo; simplemente tengo que dejar que aquella criatura exótica haga lo que quiera conmigo. Me siento tan aterrada que me despierto. El tema del sueño es claramente homosexual, y, por lo que podía recordar, nunca había tenido un sueño así. Se me ocurrió que mis dos psicoanalistas, hombres los dos, nunca habían interpretado los anhelos homoeróticos (¿tal vez porque eran tan absolutamente inconscientes que no les di las claves?).

»Incapaz de comprender por qué había elaborado este sueño, empecé a hacer asociaciones libres. Pensé inmediatamente en la sesión de Marie-Josée, a través del vínculo verbal de las palabras de la amiga de su madre: "Llegas bastante tarde, sabes". Este fragmento de mi mente preconsciente debía haber activado ideas inconscientes bastante oscuras. ¿Cuál era el vínculo entre mi sueño y la visita de Marie-Josée a su amada amiga mayor? Entonces recordé que sólo pudo llegar hasta allí por un camino prohibido. La amiga era una figura materna, por supuesto, y todo el mundo sabe que está prohibido tener una relación sexual con la propia madre. ¿Pero quién era la hermosa joven oriental de mi sueño? Irrumpió en mi mente otro recuerdo preconsciente: unos seis o siete años antes había tratado sólo durante unas semanas a una mujer china que buscaba ayuda debido a varias relaciones conflictivas con mujeres, compañeras y amigas. Recordé que su padre tenía tres esposas: la esposa principal, una segunda esposa y la tercera, que era la madre de ella. La primera esposa era "la que lo dirigía todo"; y ella se quejaba de que su propia madre era "más una hermana que una madre" para ella. Se contaban secretos y hablaban del padre y de la primera esposa como niñas jugando.

»Esto es todo lo que recordaba de los problemas de aquella paciente. Había comprendido su tristeza por no tener una "madre real" y haber tenido que aceptar en su lugar una especie de madre-hermana. ¿Por qué no se me había ocurrido que podía ser bastante agradable tener una madre que fuera también hermana, con quien poder jugar y cuchichear secretos? Era un vínculo materno filial bastante especial. Por alguna razón, seguí intentando recordar el nombre de aquella paciente y de pronto me vino a la memoria: Lili. Entonces se hizo la luz. ¡Mi madre se llamaba Lillian! Aquella hermosa oriental era sin duda la representación onírica de mi madre. ¿Habría deseado yo en secreto una "madre-hermana"? Se me ocurrió entonces que en muchos sentidos mi madre era todo lo contrario que la de Marie-Josée y de pronto comprendí que podría estar *celosa* de su relación. ¿Por qué no tenía yo una madre como la suya, que me telefoneara continuamente, que me pidiera que fuera a casa el fin de semana, que me invitara a conciertos? Estaba dando rienda suelta a mis asociaciones. Mi madre había sido siempre una persona muy activa. Jugaba al croquet y al golf, tomaba lecciones de canto, disfrutaba haciendo comidas para toda la familia, nos hacía vestidos preciosos a mi hermana y a mí, y trabajaba devotamente para la iglesia a la que pertenecía. Mi madre siempre estaba ocupada y nunca se aferraba a nosotras. Podíamos visitar a nuestras amigas, ir al cine, hacer deporte, etcétera. Mi hermana y yo nos considerábamos afortunadas por tener tanta libertad, en comparación con muchas de nuestras amigas. Entonces surgió otro recuerdo súbito: tendría yo unos seis años y mi padre y mi madre fueron a darnos el beso de buenas noches porque se iban a un concierto. Mi madre llevaba un vestido precioso de seda tornasolada color albaricoque. La misma seda que el traje de la señora del sueño. Mi madre no parecía en absoluto una oriental exótica, pero estoy segura de que a los seis años a mí me parecía bellísima. Me hubiera gustado acariciar su vestido de seda color albaricoque y, aunque siempre creí que deseaba ir adonde fuera con mi padre, ahora creo que también deseaba que mi madre me hubiera elegido a mí en vez de a él. Yo también tendría un vestidito de seda como el de ella e iríamos juntas al concierto y dejaríamos a mi padre.

»Con estas nuevas ideas, yo estaba deseando que llegara la nueva sesión de Marie-Josée. Cuando llegó, me dijo:

»—Mi madre ha vuelto a telefonearme. Quiere que vaya a un concierto.

»—Te quejas mucho de tu madre, pero siempre insistes en lo mucho que desea que estés con ella —dije yo—. ¿Acaso intentas demostrarme que, a pesar de que te fastidia, su afecto te complace mucho también?

»Guardó silencio sorprendida; luego contestó:

»—Sí... y creo que nunca le he dicho que yo la telefoneo a ella tan a menudo como ella a mí.

»Entonces se echó a llorar y añadió:

»—Mi madre me telefoneó hace unos días y me dijo que mi padre y ella van a irse de vacaciones una semana. Me dijo que esperaba que no me sintiera sola ni necesitara estar con ellos. Querían irse solos y, por una vez, ¡no tener que preocuparse continuamente de cómo me las arreglaría yo sola en París!

»Le pregunté si creía que su madre no debía irse.

»—Sí, debe irse, pero es verdad, también yo querría estar con ella más de lo que he admitido.

»Así que mi sueño estaba empezando a ayudarme a saber lo que ni ella ni yo habíamos querido saber: lo mucho que deseaba una relación estrecha con su madre.

»En las semanas siguientes continuamos explorando el anhelo homosexual inconsciente del yo infantil de Marie-Josée y las muchas fantasías enterradas que sólo habían hallado expresión en sus síntomas fóbicos. Sus fobias agudas a los espacios vacíos y a los espacios cerrados fueron disminuyendo paulatinamente. Se sentía feliz cuando su marido estaba en casa, pero también era feliz con los propios pensamientos cuando él estaba de viaje. Los síntomas de orinar continuamente continuaron, sin embargo, y yo intentaba ahora captar su significado en su vida de fantasía inconsciente profunda.»

Advertí que el Dalai Lama escuchaba atentamente la historia de este caso, siguiéndolo con una mezcla de la atención y el asombro de quien no está acostumbrado a pensar en la mente como objeto psicológico y mucho menos a enfrentarse a la enfermedad neurótica común en la vida urbana moderna. Dijo, en tono reflexivo:

—¿A qué achaca usted el hecho de que su agorafobia y su claustrofobia desaparecieran?

Joyce respondió sonriendo:

—A muchas razones, pero quizá la más importante fuera que ya no consideraba a su madre totalmente mala ni temía que su madre la matara porque de pequeña su padre le había parecido sexualmente excitante. Ahora comprendía que amaba a su madre tanto como a su padre. Así que su terror fóbico a que un hombre entrara por la ventana (que simbolizaba entrar en su propio cuerpo) para matarla se convirtió en un hombre que la amaba: su padre, a quien amaba. Pero ella creía que esto estaba prohibido, así que conseguimos atar cabos y llegamos a la conclusión de que los espacios vacíos o cerrados habían simbolizado inconscientemente a la madre agobiante, así como un espacio en que su madre furiosa aparecería en cualquier momento para castigarla. Estas fantasías inconscientes se convirtieron en pensamientos conscientes que luego mi paciente consideró absurdos, con lo que perdieron el poder sobre su mente. También comprendió que aunque su madre era muy absorbente, también era muy cariñosa y solícita con su única hija; y también que no estaba prohibido amar al padre. Aunque Marie-Josée seguiría irritándose con su madre, sabía que también la amaba y que los sentimientos contradictorios hacia una misma persona son algo completamente normal. También sabía ya que los niños pequeños aman y desean al padre y a la madre. Y que estos causan «deseos edípicos» y «anhelos homosexuales primarios». Aunque aún no habíamos tratado sus sentimientos eróticos infantiles por su madre, su relación con ella y con los demás se había hecho mucho más fácil. Ya no necesitaba protegerse de las fantasías aterradoras que eran la causa inconsciente de sus síntomas fóbicos agudos.

«Ocurren muchas cosas durante el proceso psicoanalítico, además de la interpretación de los sueños. Algunas ni siquiera se llegan a formular. Para empezar, la relación psicoanalítica tiene el aspecto único de que dos personas trabajan en ella conjuntamente para entender a una de ellas, utilizando cada una su mente y todo cuanto sabe de su propia verdad para ayudar a entender la verdad de la otra persona. Esto es en sí mismo una relación curativa. Pero Marie-Josée todavía tenía los síntomas de orinar frecuentemente. Yo suponía que aún había algo que no habíamos podido expresar con palabras, relacionado quizá con sus fantasías masturbatorias, que se habían hecho compulsivas para dormir. Se me ocurrió entonces que nunca le había pedido que explorara su vida de fantasías autoeróticas. Cuando se quejó una vez más del carácter compulsivo de su masturbación nocturna, le indiqué que esto había sustituido al antiguo terror al asesino-violador que se había convertido en una figura erótica. Quizá sus fantasías nos ayudaran a entender lo que había tras el sentimiento compulsivo. Me contestó sin vacilar:

»—Bueno, en mis fantasías hay hombres y mujeres y todos me aman y me acarician. —Entonces se interrumpió y dijo: —Pero hay algo que no quiero contarle. Es una estupidez; tengo un aparatito para limpiarme los dientes con un chorro de agua. Y lo utilizo para excitarme sexualmente.

»Le pedí que me contara más cosas del aparato y me dijo que se lo había regalado su madre pero que nunca lo había usado para lavarse los dientes.

»—¿Quizá en su fantasía es usted una niña pequeña que hace el amor con su madre? —le pregunté.

»Me contestó que nunca lo había pensado, pero que parecía muy verídico. Entonces recordó que de pequeña se orinaba en la cama. Esto liberó muchos recuerdos preconscientes de la infancia: que su madre la despertaba y la llevaba al cuarto de baño y luego la llevaba otra vez a la cama. Éste era un recuerdo muy tierno. De pronto, Marie-Josée exclamó:

»—¡Ya lo sé! Es sólo esta niña pequeña que hay en mí que no quería aceptar lo mucho que amaba a su madre. Ahora comprendo lo que intentaba demostrarme: que necesitaba tener fantasías eróticas con mi madre cuando era pequeña, para poder ser una mujer como ella.

»Sus síntomas de orinar con frecuencia durante todo el día fueron desapareciendo poco a poco, aunque volvían a veces cuando las circunstancias externas la angustiaban o la irritaban.

»Todo esto duró unos cinco años de duro trabajo. Su vida sexual se hizo más satisfactoria y por primera vez empezó a pensar que le gustaría tener un hijo. También empezó a viajar con su marido, porque ya no le asustaban los espacios abiertos y había superado el miedo a volar sobre el mar. Yo creía que estaba haciéndose mujer en todos los sentidos. Ya no pensaba que sólo pudiera existir una madre y ya no era una niña asustada con sexo y vejiga de niña pequeña. Todas estas ideas figuraban ya en el núcleo del sueño de la tormenta marina. Pero había sido necesario mucho trabajo psicoanalítico para descubrir la verdad de que el océano portador de muerte era también una tormenta de amor, amor hacia su padre unido al deseo de una relación infantil estrecha con su madre para hacerse también ella mujer y madre. El mar turbulento de su mundo interior fue haciéndose lentamente un "océano de sabiduría".»

Después de Freud

La recuperación de Marie-Josée constituía una historia interesante, y tras una pausa Joyce se dispuso a concluir su exposición.

—Freud murió hace cincuenta y siete años y mucha gente ha proseguido sus investigaciones sobre los sueños y el sueño. Algunos investigadores han ampliado sus principales teorías; otros las criticaron cuando los nuevos descubrimientos clínicos plantearon nuevos interrogantes. Con relación a las teorías freudianas de los sueños, uno de sus primeros y más importantes críticos fue Géza Roheim, un psicoanalista que también era antropólogo. Utilizó su conocimiento psicoanalítico para comprender mejor la sociedad primitiva y la antropología. Después de investigar con los aborígenes australianos, insistió en que los psicoanalistas debían aprender más de la antropología y en que la antropología y el psicoanálisis podían enriquecerse recíprocamente. En su último libro, *The Gates of the*

Dream, explicaba como había llegado a entender que las mismas visiones se producen en los sueños de toda la humanidad, «los eternos del sueño», que reaparecen no sólo en Occidente sino en todas las civilizaciones.[8] Llegó a la conclusión de que la clave para entender otra cultura era comprender sus sueños.

»Siguiendo la idea de Freud de que en los sueños volvemos al sentimiento primero de unidad con el cuerpo materno, Roheim añadía que esto era también un deseo de muerte. Además de esta idea de la lucha eterna entre los instintos de muerte y de vida, Freud había añadido otra dimensión: que detrás del deseo de vivir también hay un deseo de *muerte del deseo* (deseo de volver a un estado inorgánico de ser, que Freud denominó *principio de nirvana*). Roheim consideró que este deseo de nada era una fuerza impulsora hacia el sueño profundo que representa el anhelo de fundirse con la madre. Pero hay otra fuerza, según Roheim: el cuerpo se despierta con su inconsciente y su preconsciente empujando hacia la vida. Creía que esto representaba al padre; y el cuerpo, lejos de estar "paralizado", se convertía en falo. Así que él creía que en el acto de soñar hay un conflicto constante entre el anhelo de fundirse con la madre y el anhelo de identificarse con el padre como símbolo fálico poderoso. Dedujo que estas dos fuerzas opuestas chocaban y que ésa era la causa de los sueños. También postuló que soñar proporcionaba a ambos sexos una fuente vital de energía masculina y femenina, al servicio de la vida. La investigación de Roheim lo llevó después a rechazar la idea de Freud de que los sueños sólo se componían de imágenes visuales y a criticarle por abordar el sueño como si fuera un texto: un texto que requería conocimientos especiales para descifrarlo.

»Es cierto que cuando un paciente habla de su sueño lo que hace es explicar algo así como un texto reconstruido, algo que ocurrió en otro estado mental y en otro marco temporal. Ya no contiene todos los elementos vitales que se experimentaron y que constituyen la vida onírica. En consecuencia, en el proceso analítico uno busca interpretar el significado oculto, pero la interpretación no es el sueño. Ha habido una serie de autores que han criticado el planteamiento hermenéutico de Freud. Sin embargo, el propio Freud fue el primero en indicar que *los sueños no se hicieron para ser interpertados*.

»Otros escritores psicoanalíticos han postulado que los sueños recrean los impulsos de muerte y de vida y que el proceso mismo de soñar crea la libido y no, como afirmaba Freud, que el sueño sea meramente un vehículo de expresión de la libido.

»Luego está también el curioso tema de las personas que parecen incapaces de soñar. Creen que sólo duermen y despiertan sin experiencia de haber entrado en otro mundo que une tiempo y atemporalidad. Hemos aprendido mucho sobre la incapacidad de soñar de un psicoanalista que también era pediatra, llamado D. W. Winnicott.[9] Winnicott se pasó la vida estudiando a los niños y el aspecto infantil de los adultos. Observó que los niños muy pequeños pueden dormirse pacíficamente siempre y cuando tengan con ellos lo que él denominaba *objeto de transición*: un osito de peluche, un juguete especial o un trozo de tela de su madre; este objeto precioso les permite pasar de un mundo a otro. Cuando los niños empiezan a hablar normalmente, ya no necesitan su objeto de transición. Cuando saben decir "mamá" y pueden pensar en la presencia tranquilizadora de ella, entonces el lenguaje sustituye al objeto. Winnicott creía que el objeto de transición era la primera forma de crear un *espacio* entre uno mismo y el Otro. Afirmaba que éste es el espacio en el que cobran vida la creatividad, el arte, la religión y todos los elementos culturales. Éstos se vinculan a su vez con lo que Winnicott llamaba el *verdadero yo*: una dimensión del yo que hace que los individuos se sientan renovados, vivos, en estrecho contacto con la realidad interior propia y la de otras personas. Propuso además la idea de que si no hay espacio de transición (puesto que dicho espacio entraña la capacidad de distinguir entre yo y no-yo), entonces esta carencia puede tener una serie de consecuencias, entre ellas la de inhibir *la capacidad de crear los sueños*. Aunque todos tenemos un verdadero yo, algunos individuos que han sufrido mucho en la infancia lo tienen oculto bajo un falso yo. En cuanto a esto, Winnicott criticaba a los psicoanalistas que interpretan continuamente los sueños diciendo: "Esto significa esto y aquello significa aquello", porque el paciente corre el riesgo de dar al psicoanalista lo que cree que él quiere y esto crea un falso yo aún más denso, en el que el paciente no puede liberar el pensamiento racional porque tiene miedo al vacío. Winnicott consideraba la nada un espacio creativo en el que uno es receptivo a las cosas nuevas que aparecen en la propia mente, a una nueva luz sobre el sentido de uno mismo y del mundo.

»Es hora de que acabe. Podríamos resumir lo expuesto diciendo que los sueños son la forma más íntima de relacionarnos con nosotros mismos. En nuestros sueños volvemos a nuestros primeros objetos de amor y a nuestros conflictos más antiguos y más difíciles de expresar. Como psicoanalistas, pasamos mucho tiempo observando e intentando entender los relatos que los pacientes hacen de sus sueños. Así que tenemos que recordarnos continuamente que estamos manejando algo que es infinitamente precioso para quien sueña. No deberíamos olvidar nunca los versos del poeta irlandés W. B. Yeats: «Pisa con cuidado porque caminas sobre mis sueños.»

¿Existe la idea del inconsciente en la doctrina budista?

Había terminado el tiempo de presentación y Su Santidad agradeció su intervención a Joyce con una sonrisa. Ella pasó a plantear sin dilación un tema que sin duda consideraba candente, como muchos de nosotros:

—Me gustaría preguntar a Su Santidad si en la filosofía tibetana existe alguna idea que corresponda al concepto freudiano de inconsciente.

El Dalai Lama contestó con presteza:

—Ante todo, en el budismo tibetano puede hablarse de estados de conciencia manifiesta y latente. Además de eso, puede hablarse de tendencias o impresiones latentes (sánscr. *vâsanâ*; tib. *bag chags*, que se pronuncia *bakchak*). Éstas se almacenan en la mente como resultado de la conducta y las experiencias anteriores. En la categoría de estados de conciencia latentes, hay estados que pueden ser provocados por las condiciones y otros que no. Por último, las escrituras budistas dicen que durante el día uno acumula algunas de estas tendencias latentes mediante las experiencias y el comportamiento y que estas impresiones, que se almacenan en un continuo mental, pueden manifestarse en los sueños. Esto establece una relación entre la experiencia diurna y los sueños. Hay determinadas clases de tendencias latentes que pueden manifestarse de diferentes formas, por ejemplo, influyendo en nuestra conducta, pero que no pueden recordarse conscientemente.

«No obstante, hay opiniones divergentes en el budismo tibetano y algunas escuelas sostienen que estos tipos de tendencias latentes pueden recordarse. Esta cuestión se plantea especialmente en relación con el tema de los obstáculos mentales (sánscr. *âvarana*; tib. *sgrib pa*), específicamente los obstáculos en la vía del conocimiento (sánscr. *jñeyâvarana*; tib. *shes bya'i sgrib pa*). Hay dos categorías de obstáculos: obstáculos aflictivos (sánscr. *klesâvarana*; tib. *nyon mongs pa'i sgrib pa*) y obstáculos cognitivos. Los obstáculos aflictivos incluyen aflicciones mentales (sánscr. *klesa*; tib. *nyon mongs*) como confusión, cólera, apego y otros parecidos. La inteligencia afligida también entra en esta categoría, porque la inteligencia misma no está siempre sana. Puede no estarlo; puede estar afligida.

»En cuanto a los obstáculos para el conocimiento, una escuela de pensamiento sostiene que estos obstáculos nunca se manifiestan en la conciencia; permanecen siempre como propensiones latentes. Hasta en el seno de la escuela filosófica Prâsangika Madhyamaka hay dos posturas. Una sostiene que los obstáculos para llegar al conocimiento nunca se manifiestan en la conciencia; permanecen siempre como propensiones latentes. Sin embargo, hay una opinión divergente que sostiene que puede haber ciertas formas de obstáculos para llegar al conocimiento que son estados conscientes manifiestos.

»En un texto Madhyamaka se establece una distinción entre recuerdo y determinados tipos de activación de estas propensiones. Un recuerdo es en cierto sentido como una representación del acto perceptivo que has realizado; también hay una activación de estas tendencias que no es un recuerdo. En este texto se da el ejemplo de ver a una mujer atractiva mientras uno está despierto y sentirse atraído por ella, pero sin prestarle mucha atención. Luego la mujer aparece en un sueño. Este recuerdo se contrasta con la clase normal de sueños, porque lo genera directamente el estímulo de las propensiones latentes. El estímulo de las tendencias latentes hace que luego se manifiesten en los sueños, y ése es un proceso completamente distinto al del recuerdo normal. Hay otro caso también que afecta a las propensiones: uno participa en determinado tipo de acción, sea sana o malsana, y mediante ese proceso las propensiones se acumulan en el continuo mental hasta el momento en que se realizan. Hasta que eso ocurre, son algo que no puede recordarse.»

Joyce expresó lo que pensábamos todos cuando dijo:

—Es tan complicado como la teoría de Freud de lo que desencadena los recuerdos y los sueños. Me interesa mucho lo que dice de estas impresiones que el niño lleva consigo. La idea de una impresión transmitida a través de los siglos fascinaba a Freud; él lo llamó nuestra herencia filogenética. En la investigación de la memoria fetal se observan impresiones de la época en que el bebé está en el útero materno. ¿Se parecen en algo a lo que ustedes llaman *bakchak*, Santidad?

—Es muy interesante —repuso Su Santidad—. A primera vista parece que la idea de la herencia filogenética es muy distinta del budismo, en el que se considera que estas propensiones vienen de vidas anteriores, llevadas de una existencia a la siguiente por el continuo mental. Sin embargo, en uno de los tratados del famoso filósofo budista indio Bhavaviveka, éste menciona que las terneras y muchos otros mamíferos saben instintivamente dónde tienen que ir a mamar y que ese conocimiento procede de las propensiones arrastradas de vidas anteriores. La teoría budista de las propensiones latentes habla de esto sobre todo desde el punto de vista de la actividad mental como algo diferenciado de la constitución fisiológica del ser. Sin embargo, hay muchos instintos e impulsos en nosotros que son en algún sentido biológicos y muy específicos de la clase de cuerpo que tenemos.

»Por ejemplo, el budismo clasifica a los seres sensibles en diferentes mundos de existencia; nuestra existencia humana se incluye en el *mundo del deseo*. En este mundo, la constitución física de los seres vivos es tal que el deseo y el apego son los impulsos dominantes. Así que éstos pueden considerarse en cierto sentido como de naturaleza biológica. Hay otras propensiones que también se relacionan con la propia constitución física. Por ejemplo, dicen que el cuarto Dalai Lama pertenecía a una estirpe de grandes maestros tántricos que habían tenido visiones y otras experiencias místicas. Y él tuvo muchas experiencias extraordinarias. Esto quizá se debiera en parte a la herencia genética de sus antepasados más que a su propio progreso espiritual. La práctica tántrica muy profunda no sólo transforma la mente sino también el cuerpo, a un nivel sutilísimo. Imaginemos que este rasgo se transmite de padre a hijo. Es muy posible que si tus padres y antepasados hubieran modificado los canales sutiles, los centros y las energías vitales de sus cuerpos, tu propio cuerpo estuviera también algo modificado debido a los logros de tus antepasados.

»Además, el budismo considera que el medio *exterior* es, en cierto modo, producto del *karma* colectivo. Por lo tanto, la existencia de una flor, por ejemplo, está relacionada con las fuerzas kármicas de los seres que viven en el entorno de la flor. Pero en cuanto a la razón de que determinados tipos de flores necesiten más agua y otras menos; de por qué algunos tipos de flores crecen en un lugar concreto; y por qué determinados tipos de flores tienen distintos colores, etcétera... todo eso no puede explicarse con la teoría kármica. Hay que explicarlo ante todo basándose en las leyes naturales y en la biología. Del mismo modo, la propensión de un animal a comer carne o a comer plantas, se relaciona sólo indirectamente con el karma, y se debe directamente a la constitución física. Recuerden la consideración de Bhâvaviveka sobre las terneras que saben dónde buscar la leche. Ese comportamiento, que consideramos instintivo, en realidad no se debe al karma. Pero eso no aporta una explicación completa. Puede haber otras influencias además del karma.»

Sobre la compleja herencia de las tendencias mentales

—Esto se aproxima mucho a ciertas interpretaciones psicoanalíticas así como al interés creciente por la herencia transgeneracional del individuo —repuso Joyce—. En el curso de un psicoanálisis prolongado, las personas descubren el conocimiento que han asimilado inconscientemente sobre sus abuelos y bisabuelos (muchas veces conocimiento de sucesos de los que nadie les ha hablado nunca). Se ha investigado bastante en este campo en relación con los problemas psíquicos de los hijos de supervivientes del Holocausto. Los hijos o los nietos de los supervivientes revelan en sus relatos, dibujos y sueños, que conocen las experiencias traumáticas de sus abuelos, a las que no han tenido acceso verbal. ¿Podrían parecerse estas impresiones psicológicas, transmitidas por la genealogía del sujeto, a las impresiones *bakchak* del karma desde hace generaciones? Claro que también hay que tener en cuenta la genética puramente biológica que hace que uno se parezca a los padres, pero a menudo también a un antepasado anterior.

Me preocupaba que los conceptos no científicos de tiempo y herencia estuvieran enredándose con el uso científico. Así que aventuré:

—Está sugiriendo que los psicoanalistas creen que la madre transmite influencias al bebé involuntariamente. A mi entender, Su Santidad se refiere a que en el flujo mental del individuo va algo que no llega a través del contacto con los progenitores. ¿Aceptarían los psicoanalistas la idea de que algo no proceda de la educación de los muy jóvenes, ni de la genética, sino de una corriente mental a largo plazo?

Joyce contestó:

—En realidad eso se aproxima bastante a la definición de lo inconsciente de Carl Jung, pero no es una teoría freudiana clásica. Sin embargo, puede relacionarse con lo que Freud denominaba lo *incognoscible* de la mente humana, eso que nunca conoceremos pero que pertenece a toda la humanidad.

—¿Podría hacer una definición precisa de lo incognoscible? —preguntó el Dalai Lama, que procuraba aclarar siempre los términos. Ésta es una característica de sus enseñanzas, que se parece a la de un filósofo analítico occidental en la búsqueda de la precisión terminológica.

—Permítanme usar la metáfora de Freud respecto a lo incognoscible en el proceso de los sueños. Cuando el paciente está intentando comprender y reconstruir, mediante los sueños, asociaciones y recuerdos, es como si tirara del hilo de un ovillo de lana. Puede devanar mucho de él, pero en el centro hay un nudo en el que nunca podrá mirar y que mantiene unido todo el ovillo. Llamó a esto lo incognoscible y lo consideraba indefinible.

No podíamos pasar por alto que esto no era una definición y que reflejaba el estilo metafórico y casi literario del trabajo psicoanalítico.

Su Santidad insistió:

—Ha dicho usted que por un lado existe la herencia filogenética, que tiene una base puramente fisiológica, y me gustaría aclarar si existe también una base mental. ¿Quiere decir que el niño recibe también una herencia de los flujos de conciencia de sus dos padres?

Joyce lo confirmó:

—De ambos padres, y están también los otros dos aspectos de los linajes que son completamente distintos: uno puramente físico y el otro mental.

Tras sopesar esta respuesta bastante sorprendente, el Dalai Lama continuó:

—Podríamos establecer una distinción entre el nivel mental *más ordinario* y la mente *sutil*. Desde el punto de vista de la mente grosera, podría haber una conexión de los padres con el niño si, por ejemplo, uno o ambos padres sintieran cólera o apego tan intensos como para que se produjeran cambios fisiológicos en sus cuerpos debido a las tendencias mentales. En este caso, la mente influye en el cuerpo. Después engendran un hijo, cuyo cuerpo está influido por los cuerpos de los padres. El cuerpo del niño, engendrado por los cuerpos de los padres, podría influir entonces en el estado mental del niño de forma que él sintiera también cólera o apego muy fuertes. En este caso, tendríamos que el nivel mental ordinario, ya sea cólera o apego, pasa de una generación a otra. Es una posibilidad. No es sólo una mera relación de mente a mente, sino una secuencia de mente a cuerpo y de cuerpo a mente.

—Desde el punto de vista biológico —insistí yo una vez más—, la única herencia posible consiste en un organismo fisiológico y morfológico. La idea de que podemos heredar lo que han aprendido nuestros padres se llama lamarckismo, y es una teoría que la biología clásica considera falsa. En realidad, sólo puedo heredar de mis padres cosas como la constitución y los rasgos físicos; todo lo demás lo aprendo de pequeño en la relación con mis padres. Biológicamente, es un error denominar a esto *herencia*. El término *herencia* se reserva para el linaje parental estructural, que sólo es una predisposición hacia las impresiones que adquirimos como aprendizaje temprano en nuestra relación con nuestros padres. En biología ésta es la diferencia entre filogenia (la herencia genética) y ontogenia, que es lo que aprendo desde que empiezo a vivir. Parece que en el budismo la noción de flujo mental no es filogenética ni ontogenética, sino que representa un tipo diferente de linaje porque procede de una corriente mental transindividual. Esto no tiene mucho sentido en la ciencia actual. Yo sólo me preguntaba si se acepta en psicoanálisis esta tercera categoría que no es ni aprendizaje ni herencia fisiológica.

—En la medida en que se cree que los rasgos de carácter son hereditarios, como ser violento y demás, ¿podría explicarlos el biólogo desde un punto de vista puramente biológico? —preguntó el Dalai Lama.

—Es un asunto espinoso conocido como debate naturaleza-educación. Casi todos los biólogos dirían que pueden heredarse ciertas tendencias de temperamento, por ejemplo, que el verdadero temperamento de una persona dependerá en gran medida del medio en que haya crecido. No puede reducirse a factores puramente genéticos o de aprendizaje, sino que intervienen ambos.

Su Santidad prosiguió:

—Sólo para matizar un punto aquí: ¿Rechaza la biología la posibilidad de que una persona pueda tener una propensión a la cólera que pueda ejercer influencia en su cuerpo; y que si luego esa persona tiene un hijo, el cuerpo del hijo se vea también influido; y, por último, la constitución física del niño haría que éste tuviera un carácter colérico?

Yo indiqué que no sería difícil reformularlo desde un punto de vista biológico. Podríamos decir, por ejemplo, que la gran tensión o la depresión de una madre embarazada influiría fisiológicamente en el entorno del feto hasta el punto de que el niño o la niña no sería el mismo individuo que si su madre hubiera sido normal. Pero los biólogos lo llamarían ontogenia.

La investigación se estaba haciendo lo bastante específica para que otros aportaran su punto de vista. Pete Engel continuó con la perspectiva biológica:

—Todo el debate sobre lo que es genético y lo que es ambiental ha cambiado mucho en los últimos años gracias al estudio de gemelos separados. Hoy existe la creencia de que hay mucho más de lo que consideramos como «el yo» que es heredado y mucho menos que es ambiental de lo que que se creía anteriormente en la ciencia occidental. Se han realizado estudios con gemelos idénticos separados al nacer por diversas razones, que pueden haber crecido en países diferentes, con padres distintos, sin saber que tenían un hermano gemelo. Cuando los compararon, en la mayoría de los casos se observaron en ellos muchas más similitudes que diferencias y muchas más de las que se esperaban. Por ejemplo, se dieron casos en que usaban la misma indumentaria o llevaban el mismo corte de pelo, tenían la misma profesión o se habían casado con personas que se llamaban igual.

Su Santidad observó que conocía estos estudios, pero que las similitudes no se daban siempre. Sin duda los estudios tenían que ver con el asunto, pero no demostraban que una persona pudiera heredar características que habían adquirido sus padres.

La psicoanalista se reincorporó al debate:

—No estoy segura —dijo Joyce—. Heredamos de forma preverbal muchos rasgos de carácter y tendencias que han marcado nuestra historia familiar concreta y formas de reaccionar. Los actuales investigadores psicoanalíticos afirman que todos los niños nacen con lo que ellos llaman un yo esencial, que puede incluir características que no pertenecen a los padres. No son simples pantallas en blanco con una herencia genética en las que los padres van a escribir las primeras estructuras de sus mentes. Ya tienen mentes propias. Aparte de las impresiones fetales, parece proceder de muchas generaciones atrás pero no de una corriente mental de conocimiento que nada tiene que ver ni con las generaciones ni con la ontogenia. Pero algunas escuelas de pensamiento analítico estarían dispuestas a aceptar el concepto de la «tercera categoría» de conocimiento innato, sobre todo las de inspiración junguiana.

La «conciencia fundamental» y el insconsciente

La discusión sobre la herencia parecía haberse prolongado suficiente y me interesaba volver a los paralelismos existentes en la teoría budista con el inconsciente. Todos los que conozcan el compendio de las teorías budistas llamado Abhidharma estarán familiarizados con la noción de la *âlayavijñâna*, que suele traducirse como conciencia depósito o conciencia fundamental, un fondo existencial del que parecen surgir todas las manifestaciones de la experiencia cotidiana y a la que puede llegarse mediante la introspección directa durante la meditación. Yo quería saber si la *âlayavijñâna* podía relacionarse con el inconsciente.

La respuesta de Su Santidad fue fascinante:

—La misma existencia de esta conciencia fundamental se refuta en el sistema Prâsangika, que es considerado generalmente por los tibetanos como el supremo sistema filosófico del budismo. En resumen, esta conciencia fundamental o conciencia depósito se cree que es el receptáculo de todas las impresiones o *bakchak*, los hábitos y propensiones latentes que uno ha acumulado en ésta y en las existencias anteriores. Se dice que esta conciencia es moralmente neutra, ni virtuosa ni no virtuosa, y que es siempre la base de las propensiones latentes. Y por último, no es indagatoria; es decir, puede tener objetos como sus contenidos pero no los verifica ni los percibe. Pueden aparecer en ella fenómenos, pero no los verifica. Pero la principal diferencia entre esta conciencia fundamental y el inconsciente psicoanalítico es que la *âlayavijñâna* se manifiesta en la conciencia. Está siempre presente y se manifiesta en el sentido de que es la base o núcleo de la identidad de la persona. El inconsciente psicoanalítico, en cambio, es algo que no puedes verificar con la conciencia despierta ordinaria. Sólo puedes acceder a él mediante los sueños, la hipnosis y cosas por el estilo. Lo inconsciente está oculto y lo que se manifiesta no es el propio inconsciente sino más bien las impresiones o tendencias latentes que se almacenan en él. Por otro lado, lo que se almacena en la conciencia fundamental puede hacerse consciente y la conciencia fundamental propiamente dicha está siempre presente.

—¿Así que esa es la principal diferencia entre el inconsciente freudiano y la *âlayavijñâna*, que la conciencia fundamental puede manifestarse sin disfraz, sin pasar por un sueño? —pregunté yo.

—Sí, es más como la propia conciencia, porque funciona siempre como verdadera conciencia.

—Desde un punto de vista psicoanalítico, la primera realidad externa de un bebé es el inconsciente biparental. ¿Podría incluir esto su *âlayavijñâna*? ¿O la del bebé? —preguntó Joyce.

—La conciencia fundamental se considera un continuo sin principio, un flujo de conciencia que se lleva a través de sucesivas existencias. En el budismo se acepta generalmente la reencarnación y, según la escuela budista Yogâcâra, la conciencia fundamental responde de la transición de una existencia a otra. Además, es la base en la que se llevan las impresiones mentales, en el recién nacido y en ambos padres por separado.

Yogâcâra era una importante escuela de budismo Mahâyâna que floreció en la India a principios del siglo IV d. C. Se llamaba también doctrina de «sólo pensamiento». Sus defensores eran idealistas que sostenían que no existía ninguna realidad fuera de la conciencia y que elaboraron la teoría de la *âlayavijñâna* para explicar la aparente coherencia de los fenómenos. Es interesante observar que en el budismo, lo mismo que en la psicología o la biología, hay muchas corrientes opuestas. El Dalai Lama aclaró su postura:

—En lo que se refiere a mi propia opinión, yo rechazo completamente la existencia de la conciencia fundamental. La razón de que la escuela Yogâcâra sintiera la necesidad de postular esta categoría de conciencia no fue que tuviera firmes bases deductivas o evidencias empíricas que indicaran su existencia. Más bien lo hizo por desesperación, porque eran filósofos que creían que los fenómenos tenían que existir sustancialmente. Necesitaban creer que se podía hallar el yo mediante el análisis crítico. El yo no puede postularse desde el punto de vista de este continuo del cuerpo, porque el cuerpo cesa en el momento de la muerte; y esta escuela defiende la idea del renacimiento. Así que al postular el yo necesitaban algo que continuara después de la muerte y esto tiene que ser mental. Si hubiera que postular cualquier otro tipo de conciencia mental como el yo, entonces podía ser sano o malsano; y podía cambiar en diversas etapas. Además, también existen experiencias en las que el individuo permanece en un estado no conceptual, en el que todos los estados de conciencia que son sanos o malsanos dejan de existir. Pero algo tiene que continuar. Por todas estas razones, la escuela Yogâcâra postuló la existencia de una categoría adicional de conciencia que se denominó conciencia fundamental. Se dio este paso sobre una base puramente racional. Se vieron obligados a formular esta conciencia debido a sus presupuestos racionales, más que por la investigación empírica o la comprobación.

Las impresiones y el «yo simple»

—Para ver cómo encajan en este marco las impresiones o *backchak* de la corriente mental es preciso analizar otras escuelas de budismo. — Su Santidad se refería a las escuelas de pensamiento que precedieron a la escuela Prâsangika Madhyamaka, que es la más avanzada filosóficamente en opinión de la orden monástica Gelugpa, a la que pertenece el Dalai Lama. (La orden Gelugpa fue fundada por el reformador Tsongkhapa en el siglo XV, y se ha convertido con los años en una de las principales, siendo sus dirigentes espirituales visibles los Dalai Lamas.) La escuela Prâsangika es el fruto de la segunda oleada de la evolución del budismo conocida como Madhyamaka, dirigida por el gran filósofo Nâgârjuna (hacia el siglo II d. C.). Una escuela temprana de especial interés histórico es la Svâtantrika Madhyamaka (importante en el siglo V d. C.), basada en los escritos del maestro indio Bhâvaviveka—. La escuela Svâtantrika dice que no es necesario postular una conciencia fundamental. El continuo de la conciencia mental actúa como receptáculo de estas impresiones. Aquí es donde lo deja Bhâvaviveka. Sin embargo, esta postura es también problemática, porque hay un estado específico a lo largo del camino de la iluminación llamado *estado ininterrumpido en el camino de ver*. En este estado, uno pasa a un conocimiento absolutamente no conceptual y trascendente de la realidad última; se dice que este estado se halla completamente libre de cualquier conciencia contaminada. Siendo así, este conocimiento trascendente no es un receptáculo adecuado de las diversas impresiones sanas y malsanas. Pero no está claro que Bhâvaviveka se planteara alguna vez esa pregunta o respondiera a ella.

«Volvamos ahora a la perspectiva que adopta la Prâsangika Madhyamaka, que es crítica con todas las ideas anteriores, incluidas las de Bhâvaviveka. En respuesta al problema anteriormente mencionado, la escuela Prâsangika dice que no necesitas postular siquiera el continuo de conciencia mental como receptáculo de impresiones latentes. En realidad todos estos problemas surgen debido a una suposición fundamentalista subyacente de que ha de haber algo hallable mediante análisis, algo que *es* el yo. Se proponen diferentes ideas: la conciencia fundamental y el continuo de la conciencia mental, pero todos pretenden en vano hallar algo que sea esencial, algo que sea identificable mediante el análisis. Y ése es el error fundamental. Si se elimina ese error, como dicen los prâsangikas, entonces no hay nada que pueda hallarse mediante análisis que sea el yo. Se renuncia definitivamente a esa tarea y se postula el yo como algo que existe puramente por designación convencional.

»Volvemos entonces al problema del receptáculo de estas impresiones mentales. Los prâsangikas afirman también que si uno participa en determinada acción, acumula determinadas impresiones mentales que, digamos que de momento, se almacenan en la corriente de conciencia mental. No es necesario que haya un continuo interno sustancial que actúe como receptáculo de estas impresiones por siempre jamás. No es necesario creer en un continuo sustancial de algo que sea real o intrínsecamente el verdadero receptáculo de todas las impresiones. No lo es, porque tanto el continuo mental como las impresiones almacenadas existen sólo convencionalmente, no sustancialmente. No hay que preocuparse, por esta razón, del caso del estado no conceptual de meditación. Según el punto de vista prâsangika, las impresiones se almacenan en el yo simple. ¿Pero cuál es la naturaleza de este yo? ¿Dónde se encuentra? En realidad no hay nada que encontrar; es simplemente algo que se designa de distintas formas. Volviendo a la situación problemática del estado de conciencia no conceptual de la realidad última, en ese tiempo, ¿dónde se situaban estas impresiones? En el yo simple, porque aún hay ahí una persona, puramente como convención. Así que la persona es el receptáculo, pero no es un receptáculo que pueda hallarse mediante análisis, como suponen estas otras escuelas.

»Se puede hablar del "yo" concebido a partir de los agregados ordinarios (componentes psicofísicos) o los agregados sutiles. Se puede concebir también el "yo" partiendo de la conciencia grosera o de la conciencia sutil. Una forma de enfocar este planteamiento, que el yo simple es el receptáculo de las impresiones mentales, es considerarlo desde un punto de vista convencional. Cuando una persona ha hecho una acción que deja ciertas impresiones, tendrá luego una cierta propensión debido a esa experiencia.

Y eso es todo. No es necesario postular que exista una base sustancial que sea receptáculo de esa propensión. Ése es el punto de vista de la escuela Prâsangika Madhyamaka.»

Más sobre identidades simples

Esta explicación detallada y sutil sobre la identidad en la tradición budista no podía dejar de provocar las preguntas de nuestro filósofo occidental residente. Charles Taylor se esforzó por exponer su idea del debate hasta el momento:

—Quizá puedan ayudar las analogías con la filosofía occidental. Hume hizo una famosa declaración sobre el yo: «Miro dentro de mí mismo e intento encontrar un objeto especial que sea el yo»; y no consiguió encontrarlo. Yo creo que en parte usted dice que él seguía una vía equivocada intentando encontrar un elemento particular que pudiera diferenciarse mediante el análisis. Pero podría tener uno otra idea del yo como algo que se presenta como un yo sin ningún elemento continuo. La analogía occidental es la de un barco: si se cambia un tablón de él cada año, al cabo de los años se podría decir perfectamente que se trata del mismo barco, aunque todas las piezas de madera sean diferentes. Se puede dar una explicación causal de por qué este barco es una corriente única, continua y causal. Yo creía que había una comparación similar de la continuidad a lo largo de las vidas para explicar la idea budista de cómo puede operar una impresión a través de las vidas en esta entidad continua. Es una entidad continua porque tiene una historia causal continua. Yo creía que iba a ser ésa la respuesta, pero en cambio...

—¿Cuál es su opinión sobre el estatus ontológico de las proposiciones universales en comparación con las proposiciones particulares? —le preguntó el Dalai Lama—. Como bien sabe, los *universales* y los *particulares* son términos sumamente densos en la filosofía occidental y también están definidos con gran precisión en la filosofía budista. Cuando utilizo estos términos como traducciones del tibetano, no está garantizado ni mucho menos que sus significados correspondan a los términos filosóficos occidentales. Por ejemplo, en el caso del barco, considerémoslo primero desde el punto de vista de su temporalidad y especificidades. En este sentido, el barco del primer año no es el barco del segundo año y así sucesivamente;

sin embargo, al cabo de treinta años todavía puede hablar del barco como de una generalidad (sánscr. *sâmânya*; tib. *spyi*). ¿Aceptaría que dijéramos que esta generalidad del barco es un universal?

Charles manifestó que estaba de acuerdo en que lo era. Su Santidad continuó:

—Durante todo el tiempo hay ejemplos temporales específicos del barco: el barco de hoy, A; el barco de mañana, B; y el barco de pasado mañana, C; y A no es B y B no es C, y así sucesivamente. Al mismo tiempo, hay siempre un barco y ese es el universal del barco. Puede decirse que el barco del primer año es el barco, que el barco del segundo año es el barco y así sucesivamente, identificando los casos temporales específicos con lo universal. Pero si lo que pregunta es si este barco es el barco del primer año, la respuesta es no. Así que no se puede identificar lo universal como un ejemplo temporal específico.

«Pasemos ahora a otro sistema filosófico budista, el sistema Sautrântika. Según él, la persona o yo no es un fenómeno físico ni un fenómeno mental y es sin embargo un fenómeno inestable sujeto a cambio. Los fenómenos físicos se consideran independientes; es decir, existen sustancialmente. Según este sistema, puede señalarlos uno realmente como algo real y sustancialmente presente. Se dice que esto es aplicable al cuerpo y también a los fenómenos no físicos, como los procesos mentales. La mente está realmente presente, es sustancialmente existente. Según este sistema y a diferencia de los dos expuestos anteriormente, el yo existe, pero no existe sustancialmente. Siendo así, habría cierta diferencia en la continuidad del yo, comparada con la continuidad del barco, que es un fenómeno puramente físico. En la teoría budista de los ejemplos universales y específicos, podemos hablar de "yo" de joven, de "yo" de persona madura y de "yo" de anciano. O, poniéndome yo mismo de ejemplo, yo soy un ser humano, soy monje, soy tibetano. Todos ellos son ejemplos específicos de "mí mismo", pero también existe el universal del "yo". Los yoes específicos y el yo universal no son idénticos. Son distintos; pero se dice que son de la misma naturaleza. Es posible considerar el yo como un universal y luego examinar sus ejemplos específicos, pero eso no significa que los ejemplos específicos y el universal tengan naturalezas diferentes.»

—Sí, sólo son diferentes descripciones —convino Charles. Pero no estaba totalmente satisfecho respecto a la cuestión inicial y continuó:

—¿Puedo volver al asunto que me preocupa? Supongamos que tengo una impresión o *bakchak* de algún tipo. Por ejemplo, me enfurezco y usted diría que muchas vidas antes hice algo que provocó esto de ahora. Así que está haciendo una atribución causal, estableciendo una relación causal entre algo que ocurrió hace una serie de vidas y mi *bakchak* hoy. ¿Qué clase de continuidad ha de existir entre el suceso anterior y yo mismo ahora para hacer esa atribución causal?

Me complació que planteara tan claramente esta pregunta clave.

Mente ordinaria y mente sutil

Según la respuesta, en el budismo tibetano hay dos puntos de vista sobre esto: el sûtra y el tantra. El primero corresponde a las enseñanzas de Buda y se considera la base común de todas las escuelas budistas del mundo. En cambio el tantra es un conjunto más secreto y esotérico de enseñanzas que corresponden a estirpes de yoguis y místicos del Tíbet y anteriormente de la India. Casi todos los tibetanos consideran superior la perspectiva tántrica.

—He hablado de la perspectiva de la escuela Prâsangika Madhyamaka, que aún está en el nivel de sûtra y que no postula la mente sutil y la clara luz, por lo que tenemos que explicar esta continuidad del yo, o persona, sin recurrir a los conceptos de cuerpo sutil y mente sutil. Desde el punto de vista Prâsangika Madhyamaka, la continuidad de la *persona* se mantiene de forma análoga a su ejemplo del barco. Una persona puede tener identidades específicas, tales como «soy monje», «soy yogui» y así sucesivamente, mientras la «persona» universal sigue siendo aplicable a todas las identidades. La validez de la continuidad de la persona se explica convencionalmente: desde un punto de vista convencional, usted puede decir que yo tuve una experiencia previa en un momento particular que ha dado por resultado mi comportamiento actual. Es decir, puede sostener que esta persona, «Yo», que experimenta ahora la consecuencia, es «la misma» que la persona que tuvo la experiencia anterior.

«El tantrismo o Vajrayâna es perfectamente compatible con la idea prâsangika, pero postula también algo más, a saber, un continuo de una mente muy sutil y un continuo de una energía muy sutil que es de la misma naturaleza que la mente sutil.»

Esta noción fundamental de la mente muy sutil o clara luz volvería a aparecer en numerosas ocasiones durante los días siguientes. Tuvimos entonces el primer anticipo de este concepto multifacético.

—Este doble continuo no se rompe nunca y no tiene principio ni fin; y es la base sutil de la designación del yo. Así que el yo puede designarse a partir de los agregados ordinarios mentales o físicos y también partiendo de estos fenómenos muy sutiles. Hay algunas ocasiones en las que se manifiestan la energía vital muy sutil y la mente pero no los agregados ordinarios; y en esas ocasiones, el yo se designa sobre la base de esos fenómenos sutiles. Así que siempre hay una base de designación del yo, sea grosera o sutil. Por esta razón, tiene uno continuidad, incluso antes de llegar a la iluminación y liberarse del ciclo de las existencias, al menos según el nivel sûtra de interpretación. Maitreya expone en un texto la analogía de ríos que llegan de direcciones completamente distintas y que se funden en un solo océano en el que no hay identidades diferenciadas. Sin embargo, esa no es la posición que adopta el Vajrayâna y yo discutiría la afirmación de que se mantiene el continuo incluso en estado de iluminación.

Se volvió entonces a Charles con una mirada fija.

—Volvamos a la cuestión que planteaba usted, profesor Taylor. ¿Podemos preguntarnos si el continuo de la mente-energía muy sutil existe también de forma puramente convencional o tiene algún género de existencia sustancial distinta a todo lo demás? De hecho, su existencia es puramente convencional, y esto es importantísimo. Ahora usted podría preguntar qué es lo que designa el yo a partir de esta mente-energía muy sutil. ¿Se designa él mismo? No. Cuando la mente-energía muy sutil se manifiesta, no es conceptual. No es el tipo de conocimiento que percibe un objeto o que designa conceptualmente cualquier otra cosa. Se describe técnicamente como un estado no conceptual. Cuando esta mente-energía muy sutil se manifiesta, uno no tiene sentido de un yo, y *ese* es el punto principal. Cuando hablamos de designar un yo sobre la base de la mente-energía muy sutil, lo hacemos desde una perspectiva de tercera persona, no desde la de primera persona. ¡No podemos confundirlas! Por ejemplo, cuando la mente-energía se manifiesta, su objeto no es la clara luz. No percibe nada como un objeto. Ella misma es la clara luz. Así también, cuando uno permanece en equilibrio meditativo, experimentando la realidad última, no es consciente de que está en equilibrio meditativo. Pero si es muy experto en ese discernimiento meditativo profundo, después de esa experiencia podrá volver sobre ella y pensar: «En aquel momento experimenté la clara luz». Ésta es ya en cierto modo una perspectiva de tercera persona. Es el punto de vista del extraño que considera su propia experiencia de equilibrio meditativo en un tiempo anterior. Pero desde luego no piensa absolutamente nada mientras permanece en ese mismo estado. No permanece pensando desde el punto de vista de la existencia, la no-existencia ni ninguna otra categoría conceptual.

«Esta mente-energía muy sutil se considera sutil en relación con los fenómenos ordinarios, pero eso no significa que pueda hallarse mediante análisis ni que tenga algún género de existencia sustancial intrínseca. No la tiene. Uno podría preguntar si el continuo de la conciencia grosera, con sus diversos procesos mentales, es distinto del continuo de la mente-energía muy sutil. ¿Son de distinta naturaleza? La respuesta es no; no son continuos distintos de diferente naturaleza. Antes bien, hay un continuo ininterrumpido de la mente-energía muy sutil, del que surgen los estados mentales más ordinarios.»

Designación convencional

Charles intentó aclarar de nuevo las cosas y pidió al Dalai Lama que definiera el término *convencional* en el sentido en que lo estaba empleando. Su Santidad explicó esta importante noción detalladamente.

—Ante todo, puede designar simplemente la experiencia humana ordinaria en que la gente de forma casi espontánea, sin ninguna formación especial ni conocimientos filosóficos, formula comentarios como, por ejemplo, «yo acudí aquí, yo hice esto, yo soy eso, yo estoy gordo, yo estoy flaco», etcétera. Las diversas formas de hablar normalmente de nosotros mismos en primera persona y utilizando con frecuencia la palabra yo. En este contexto, yo podría afirmar que existo por la única razón de que estoy hablando.

«Sin embargo, uno puede no estar satisfecho con eso, sino preguntarse cuál es realmente la naturaleza de este "yo" y empezar a buscarla. Si pudiera hallarse algo mediante ese tipo de análisis (si uno pudiera encontrar el "yo" cuando deja aparte el uso convencional y se pregunta qué es realmente), eso sería algo con una forma de existencia no meramente convencional. El sistema Prâsangika Madhyamaka rechaza la existencia de un "yo" que pueda hallarse mediante análisis. Retrocedamos y veamos cómo hablamos normal o convencionalmente del yo. Decimos: "Yo soy alto. Yo soy esto. Yo soy eso. Yo hice esto. Yo hice aquello". Y nos damos por satisfechos, dejándolo en ese nivel. En ese sentido convencional, yo existo, de acuerdo con la forma en que hablamos normalmente. El yo existe cuando lo designamos convencionalmente, sólo cuando hablamos normalmente de él. Existe de esta forma si no investigamos su naturaleza verdadera. Dejando a un lado la cuestión de cómo existe realmente, si uno sólo presta atención al uso ordinario y convencional del término "yo", entonces las declaraciones como "yo soy alto" y demás, indudablemente son ciertas. Una forma de plantearse esto es considerar el alcance del análisis. Cuando hablamos de la naturaleza convencional de la realidad en el sentido budista, aceptamos en cierto modo los límites de la validez del discurso cotidiano. Por ejemplo, en el momento en que traspasamos el uso convencional del término "yo" y empezamos a preguntarnos sobre el verdadero referente de esta designación (preguntando, por ejemplo, qué es exactamente lo que continúa), nos alejamos de los límites del discurso cotidiano. Si uno puede encontrar ese referente verdadero de "yo", entonces, según la perspectiva Madhyamaka, el yo mismo sería al final algo existente. Pero como no es así, la existencia sólo puede entenderse dentro del marco del convencionalismo. Ésa es una forma de considerarlo.

»Ahora bien, si eso fuera así, significaría absurdamente que podemos decir que todo lo que se designa existe. Pero el que algo pueda existir por designación, no significa que exista todo lo que se pueda designar. En otras palabras, no es verdad que cualquier cosa que uno invente o conciba exista simplemente porque se ha designado o concebido. Pero lo que existe, existe por la fuerza de la designación conceptual y/o verbal. Cuando hablamos de la existencia de objetos cotidianos, empleamos dos criterios conjuntos: un criterio es que la designación es una convención generalmente aceptada; forma parte del discurso diario. Pero esto no entraña que la verdad venga determinada por decisión de la mayoría. No es más cierta una cosa porque crea en ella más gente, ni menos cierta porque sólo crea en ella una minoría. Así que para que un objeto cotidiano se considere existente no sólo tiene que ser aceptado en el discurso diario; también es necesario que no haya en la experiencia común hechos que sean incompatibles con la existencia de ese objeto. Estos son los dos criterios sobre la existencia de los objetos cotidianos.

»Cuando hablamos de temas filosóficos, tenemos que añadir ya otro criterio: ese análisis elemental, que investiga la verdadera naturaleza del objeto en cuestión, no debe negarlo. Consideremos, por ejemplo, si existe o no la conciencia fundamental (*âlayavijñâna*) analizada antes. ¿Cómo determinamos si la afirmación de que tal cosa existe es verdadera o falsa? La escuela filosófica que postula la existencia de esta conciencia no lo hace basándose en el supuesto de que ha de haber algo esencial que es la verdadera persona. Esto es una especie de compromiso ontológico con la idea de que, cuando buscas la naturaleza última de una realidad, el análisis no debe negar la existencia de un objeto si existe esencialmente. Pero, por el contrario, cuando buscas la naturaleza última de la conciencia fundamental, resulta ser inhallable.»

Charles insistió:

—¿Hay cosas que no existen convencionalmente sino esencialmente? ¿Hay alguna forma de describir qué podría ser un elemento así?

—Hay dos formas de entender el término *elementalmente existente* en la escuela Madhyamaka. En un caso, se refiere a cierto tipo de análisis que investiga el carácter más profundo de realidad. Tomamos un objeto como, por ejemplo, este micrófono. Investigas el carácter de la realidad de este micrófono y lo que encuentras es su falta de identidad. No hay esencia, ningún referente verdadero, y llegamos a comprenderlo mediante lo que llamamos análisis elemental. Desde ese punto de vista, la no-identidad de este objeto es elemental. Pero esta ausencia de identidad no se denominaría «elementalmente existente». Aunque la falta de identidad pueda considerarse elemental no es elementalmente existente. Porque si la tomas como objeto de análisis ulterior y buscas su verdadera naturaleza, lo que encuentras es la falta de identidad de la falta de identidad. Y esto sigue *ad infinitum*. Por tanto, incluso la falta de identidad existe sólo convencionalmente.

«Pero en realidad hay dos formas de postular la no-existencia. Una es determinar que una designación postulada es contraria a una convención válida según el uso normal del lenguaje. Por ejemplo, si hubiera que decir que aquí hay un elefante, sin duda hay muchas pruebas contrarias al empleo del término. Ésa es una forma de determinar que aquí no hay un elefante. Otra forma de postular la no-existencia de algo es por medio del análisis elemental.

»Además, hay tres formas de negar algo. La primera es por mera convención. Por ejemplo, alguien puede afirmar que esta persona es John y otro puede rebatir esa afirmación diciendo que es Alan. En este caso, el factor decisivo es la convención popular. La segunda forma de negar la existencia de algo es mediante deducción lógica; y la tercera, la percepción directa. También hay una cuarta forma que requiere seguridad en una autoridad superior, lo cual requiere a su vez confianza. Por ejemplo, alguien podría afirmar que yo nací en el año 1945. Pero yo puedo rebatirlo diciendo que nací en 1935, y aquí la autoridad que invoco es el testimonio que he oído a otros. Yo no lo sé por mí mismo, pero me lo han dicho otros que pueden hablar de esto con autoridad. Buena parte del conocimiento científico es aceptado por los no científicos de esta forma, basándose en el testimonio o la autoridad. No sabemos si son ciertas muchas afirmaciones científicas porque no las hemos comprobado, pero aceptamos la autoridad y el testimonio de las personas en quienes confiamos. Por ejemplo, yo acepto la afirmación mencionada antes acerca del sueño con REM, basada en su testimonio.»

El psicoanálisis como ciencia

En este punto, la precisión filosófica estaba empezando a perder a algunos participantes, aunque la cuestión fundamental era claramente ir más allá de las respuestas simplistas acerca de lo que entiende el budismo, y Occidente en realidad, por yo, identidad y continuidad.

Charles se daba cuenta de esto y dijo con una sonrisa:

—Quizá debiéramos intentar volver al psicoanálisis. Lamento que estos temas nos hayan desviado un poco. Quiero comentar el carácter del psicoanálisis en relación con la agenda de ayer, porque es algo que se cuestiona en Occidente. Algunos dicen que el psicoanálisis no es una ciencia de la misma forma que lo es la neurofisiología, porque un criterio de la ciencia natural estricta es que tiene que identificar su tema de una forma que sea independiente de nuestra vida moral, espiritual o emotiva. El lenguaje con que describe la gente sus aspiraciones morales es muy variado y siempre discutible. Las ciencias naturales de Occidente tuvieron éxito porque los científicos encontraron otra forma de identificar y definir cosas que evitó estas diferencias. El psicoanálisis es una ciencia que utiliza estos términos para tratar nuestra vida moral, espiritual o emocional: los sentimientos de las personas, su sentido del yo, etcétera. El resultado es que mucha gente en Occidente considera el psicoanálisis como una ciencia interpretativa o hermenéutica. En esta clase de ciencia se acepta cierto grado de polémica que nunca se cerrará del todo. Ahora aparecen nuevas teorías que echan a un lado las anteriores. Podríamos decir que Freud inventó su propia metodología cuando hablaba del instinto vital y del instinto de muerte; otro hablará del principio paterno y del principio materno. Son mitologías rivales y no está muy claro cómo pueden ser útiles las diferentes mitologías para ayudar a curar a alguien. Pero los psicoanalistas de las diferentes escuelas tienen cierto éxito curando a sus pacientes, aunque no entendamos del todo cómo ayuda a las personas el ver sus vidas desde este punto de vista.

«Un segundo punto es que todas las interpretaciones diferentes corresponden a una perspectiva occidental. Freud y todos sus seguidores creen que exploran el abismo interior. En otras tradiciones, los sueños podían interpretarse con fines adivinatorios, para saber lo que iba a ocurrir en el futuro. Esto no sería interpretar un sueño para ver el interior sino más bien para ver algo fuera de quien sueña. Teniendo todo esto en cuenta, ¿cree que los descubrimientos del psicoanálisis serían válidos en otras culturas? Por ejemplo, ¿existen los sueños proféticos en la cultura tibetana?»

Su Santidad respondió:

—Desde una perspectiva budista, no cabe esperar que haya una metodología para investigar la mente similar a la que emplea usted para analizar los fenómenos físicos medibles, en que puede buscar uniformidad y leyes universales y deducir de ellas principios científicos. En el caso de la mente, las variables son tantas que incluso excluyendo el fenómeno del renacimiento, sólo en esta vida, hay muchos factores que causan la diversidad de las actitudes mentales, inclinaciones, deseos, intereses, etcétera. Las variables son mucho más complejas, tanto que no se puede esperar encontrar uniformidad y leyes similares a las de los fenómenos físicos. Debido a las enormes complejidades de la mente humana, y debido a la gran variabilidad de un individuo a otro, lo único que podemos hacer es describir los sucesos mentales una vez que han ocurrido. Resulta sumamente difícil hacer afirmaciones universales que sean siempre verdaderas para todos en todos los tiempos.

Joyce intervino:

—En otras palabras, todos estamos trabajando con diferentes teorías y tal vez creándolas. Pero una teoría es, por definición, meramente una serie de postulados que nunca se han demostrado y que quizá no puedan demostrarse nunca. (¡Si estos postulados pudieran demostrarse serían leyes!) En este sentido, el psicoanálisis es una ciencia antropológica cuyas teorías no se pueden demostrar. Es una serie coherente de teorías apoyadas por la observación clínica, y por lo tanto en continua evolución.

Parecía el momento apropiado para poner fin a la sesión, pues ya era mediodía. El Dalai Lama saludó a todos cordialmente y se retiró. Todo quedó en silencio, sólo se oían los pájaros en el patio.

4

Sueños lúcidos

Jayne Gackenbach es psicóloga, se dedica a la investigación social y forma parte de un pequeño grupo de científicos de todo el mundo que estudian desde hace quince años el sueño y los estados de conciencia.[10] Ocupó el asiento de los ponentes al iniciar la sesión aquella mañana; el día era asombrosamente claro y soleado.

—Mi tarea aquí es explicar los estudios que se han realizado sobre sueños lúcidos, aunque después hablaré también de lo que yo llamo «sueños de testigo». Un «sueño lúcido» es un sueño en el que quien sueña es activamente consciente del hecho de que está soñando. En un sueño de este género, en que este conocimiento está separado del contenido del sueño, uno puede incluso empezar a manipular la historia y los personajes para crear la situación deseada. Por ejemplo, en una situación onírica desagradable, el soñador puede pensar: «No tengo por qué soportar esto». Y entonces modifica el sueño o se desinteresa. El «sueño de testigo» es un sueño en el que el sujeto experimenta una conciencia interior pacífica y sosegada, un estado de vigilancia, completamente al margen del sueño.

«Los colegas que llevan a cabo esta investigación se han concentrado sobre todo en la función introspectiva del sueño lúcido. En los sueños lúcidos, sobre todo los de los niños pequeños, quien sueña no suele aparecer en el sueño. Es muy importante el hecho de que la lucidez puede surgir en cualquier sueño y que esa aparición es la introspección.»

Evidencia de lucidez

—Existen relatos de sueños lúcidos en muchas culturas, y en Europa se remontan a los períodos más antiguos de la historia registrada.[11] Pero no me propongo hacer ahora un largo análisis histórico, sino explicar la categoría de lucidez en la ciencia hoy.

«La ratificación científica consensual de la lucidez no se produjo en realidad hasta mediados de la década de 1970, cuando Keith Hearn y Allen Worseley en Inglaterra, y Stephen LaBerge en Stanford, descubrieron simultáneamente una forma de verificar la lucidez utilizando la electroencefalografía.[12] Estos investigadores realizaron el mismo experimento independientemente: pedían a los sujetos que indicaran cuando entraban en el sueño moviendo los ojos. Supusieron que el mover los ojos en el sueño probablemente se reflejaría en el movimiento de los ojos físicos de los sujetos, lo cual, como ya saben, puede observarse externamente. Lo bueno de la idea es sin duda que durante el sueño todos los demás movimientos musculares quedan bloqueados.

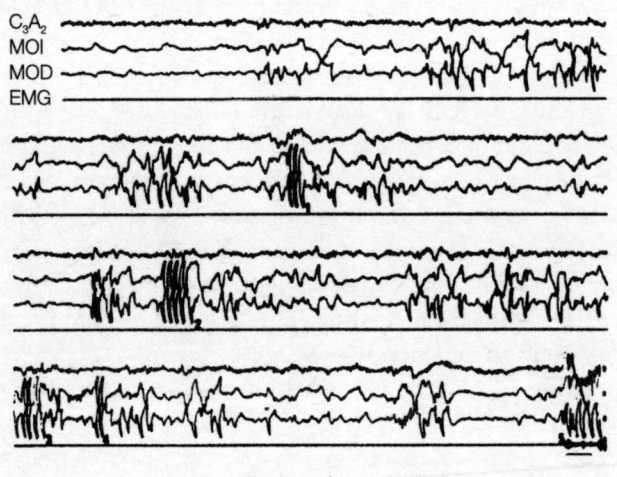

Figura 4.1

Sueño lúcido de un sueño iniciado típico. Aparecen cuatro canales de datos fisiológicos (EEG central [C_3A_2], movimientos oculares de izquierda y derecha [MOI y MOD] y tono muscular de la barbilla [EMG] de los últimos ocho minutos de un período de sueño con REM de treinta minutos. (Con permiso de Gackenbach y LaBerge, eds., Conscious Mind, Sleeping Brain, Plenum Publications, *Nueva York, 1988, pp. 135-152.)*

»Se dispuso el experimento de forma que el sujeto accediera a dar una secuencia muy específica o improbable de movimientos oculares tales como izquierda, derecha; izquierda, derecha. En la figura 4.1 puede verse la prueba de uno de dichos sujetos en los últimos ocho minutos de un período de sueño con REM de treinta minutos. La línea superior corresponde al EEG; la segunda, al movimiento ocular izquierdo; la tercera, al movimiento ocular derecho; y la última, al tono muscular. La línea del tono muscular es plana porque el sujeto está en un período de REM. Al pasar a la lucidez, el sujeto emitió las señales de movimientos oculares previamente acordadas. La primera señal establecida «izquierda, derecha, izquierda, derecha» es circular (1). Se había acordado así para indicar el inicio de la lucidez. A los noventa segundos, el sujeto comprendió que todavía estaba soñando y volvió a hacer señales con tres pares de movimientos oculares. Luego recordó que la señal tenía que ser sólo una serie de dos, así que repitió correctamente la señal con dos pares (4). Por último, al despertar cien segundos después, volvió a hacer la secuencia de señales «izquierda, derecha» cuatro veces correctamente (5). El tono muscular aumenta al despertar.»

Se hizo evidente que el experimento complacía a Su Santidad, que procedió a cuestionarlo minuciosamente.

—¿Podía controlar la persona que dio estas señales su sueño? ¿Qué edad tenía?

Jayne contestó que el sujeto no podía controlar sus sueños. Se llamaba Daryl y tenía veintitantos años en la época en que se había realizado el experimento.

—Cuando Daryl estaba dando la señal y reconociendo el sueño como un sueño, ¿si usted le hubiera hablado, podría haberla oído?

Jayne explicó que en REM era muy difícil conseguir eso, pero que existía un caso registrado en que se había hecho. Su Santidad añadió:

—En la práctica tibetana del yoga de los sueños, se utiliza un método para instruir suavemente a la persona que duerme. En cuanto hay indicios de que está soñando, se le dice: «Ahora estás soñando».

Pasó a otros detalles:

—Durante el estado de REM, los músculos se paralizan. En ese caso, ¿cómo explica el fenómeno de eyaculación mientras el sujeto está soñando, es decir, en sueños en los que alguien mantiene una relación sexual y tiene realmente un orgasmo?

Pete explicó que eso era un reflejo. Los músculos del pene que intervienen no son músculos del esqueleto, que son los que se paralizan durante REM.

—Aunque queda mucho por saber acerca de estos experimentos y de otros que se han realizado,[13] prefiero pasar a otros estudios sociales y psicológicos, porque estos estudios eléctricos no son mi especialidad —dijo Jayne, y cambió la diapositiva—. Sin embargo, parece que sitúan la lucidez en la esfera de los fenómenos válidos para la investigación del sueño, y eso es importantísimo.

¿Es muy común la lucidez?

—En los Estados Unidos —prosiguió Jayne—, sólo aproximadamente un 58 % de la gente ha tenido un sueño lúcido una vez en la vida. Quizá el 21 % tenga un sueño lúcido una o más veces en un mes. En otras palabras, la lucidez aún es poco frecuente. Sin embargo, en otra muestra de personas que habían hecho meditación budista o trascendental, la media alcanza uno o más sueños lúcidos por semana. No me refiero a personas que practicasen específicamente el yoga de los sueños, sino meditación en general.

Su Santidad añadió en este punto una reflexión:

—Tal vez eso pueda considerarse indicio de que esas personas poseen un grado de atención superior. Es evidente que en el estado onírico existe una forma de conciencia en que uno puede entregarse a determinadas prácticas espirituales. Por ejemplo, con el yoga de la divinidad, una práctica vajrayânica, se podría cultivar la compasión o la percepción. No obstante, existe una duda en cuanto a si esta compasión es en realidad significativamente distinta de la compasión en el estado de vigilia. Si se determinara en las encefalografías la experiencia de la compasión mientras el sujeto sueña y mientras está despierto, ¿habría alguna diferencia en las pautas?

—Creo que ese experimento no se ha realizado, Santidad —aventuré yo—. Recuerde que las pruebas electroencefalográficas son muy generales. Estudiándolas no es posible determinar si la persona está llena de compasión o completamente inconsciente. Es probable que si se llevara a cabo ese experimento no apreciáramos gran diferencia entre el estado de sueño con REM y el estado de vigilia en las pautas de actividad relacionadas con el tono emocional.

Características de los soñadores lúcidos

—Lo que a nosotros nos interesaba era comparar lo que ocurre en un sueño normal con lo que ocurre en un sueño lúcido —prosiguió Jayne—.

¿Son iguales ambos estados, con la única diferencia de que el sujeto sabe que está soñando, o son diferentes? Depende de a quién se le haga la pregunta. Si se pregunta a quien sueña si un sueño lúcido es igual que uno no lúcido, afirmará que los sueños lúcidos son muy distintos: más excitantes y más vívidos. En cambio si se pide a los especialistas que lean las transcripciones de los sueños lúcidos y de los sueños no lúcidos, dirán que apenas hay diferencias entre ambos. En los análisis estadísticos comprobamos que en los sueños lúcidos hay más movimiento corporal y más ruido. Estos dos datos unidos nos llevan a analizar la idea de equilibrio. El equilibrio físico parece muy importante en los sueños lúcidos, no sólo mientras el sujeto sueña sino también cuando está despierto. El equilibrio físico es importante, como cuando se vuela en un sueño, pero también lo es el equilibrio emocional: quiero hacer algo en el sueño, pero tengo que recordar que estoy soñando, así que tengo que manejar dos pensamientos. Pensamos que esto podría relacionarse con el sistema vestibular del equilibrio corporal que está unido a la producción de los movimientos oculares en el sueño. Curiosamente, descubrimos que había menos elementos oníricos en los sueños lúcidos que en los sueños no lúcidos. Todo esto nos llevó a plantearnos la posible existencia de predisposiciones cognitivas psicológicas para los sueños lúcidos. Y comprobamos que sí, sobre todo en el campo de las habilidades espaciales como el equilibrio físico.

Su Santidad comentó que los meditadores que poseen un grado de atención superior a la media parecen ser también más propensos a experiencias de sueños lúcidos:

—Quizá los meditadores tengan habilidades especiales, porque reflexionan mucho sobre sus energías físicas y sobre los estados físicos y mentales. Quizá eso haga que estén más en armonía con sus estados físicos.

¿Diría usted también que la habilidad de las personas para aprender a soñar lúcidamente está relacionada con su nivel de inteligencia?

—Hay poquísimas pruebas de ello, pero en general es menos importante que el sentido de orientación física en el espacio. Algunas personas se pierden completamente en el bosque, o en las calles de una ciudad desconocida. Otras se orientan en seguida, no por lo que ven, sino porque poseen un sentido de la orientación física. Es mucho más probable que tengan sueños lúcidos las personas que poseen ese don innato. Por cierto que parece ser que la orientación física también aumenta con la meditación. Otro factor es el de las habilidades espaciales complejas, tales como solucionar tests de laberinto. Los soñadores lúcidos pueden hacer bien estas cosas. Y por último, tienen más imágenes de vigilia en el umbral del sueño y también ensueñan más.

«Los rasgos de la personalidad son una tercera dimensión, mucho menos influyente que la destreza espacial. Las personas que tienen sueños lúcidos suelen tender a un temperamento andrógino y estar dispuestos a correr riesgos internos, como probar una droga nueva o un tamborileo chamánico. Prestan mucha atención al conocimiento de sí mismos.»

Inducción de sueños lúcidos

—¿Cómo se puede aumentar la lucidez? Pueden hacerse cosas antes de ir a dormir, como por ejemplo estimular la voluntad de lucidez. Otra posibilidad es la meditación; algunas personas se despiertan a unos tres cuartos del camino de su ciclo de sueño, aproximadamente a las cuatro de la mañana, meditan y vuelven a dormirse. Parece que eso ayuda.

—Muchas personas confunden el sueño con la meditación, aunque no de forma totalmente intencionada —terció irónicamente Su Santidad, y todos reímos con él.

Jayne continuó:

—Por cierto, hay más mujeres que hombres que declaran haber tenido sueños lúcidos, pero eso es porque recuerdan más sueños que los hombres. Si uno recuerda sus sueños, es también más probable que recuerde un sueño lúcido. Aproximadamente un tercio de los sueños lúcidos empiezan como pesadillas. Otro tercio empieza reconociendo incoherencias grotescas, como por ejemplo: «Eso es extrañísimo, mi madre no tiene la cara roja. Tiene que ser un sueño». Resulta que las siestas son momentos realmente buenos para tener sueños lúcidos, también.

—Parece muy verosímil —comentó Su Santidad—, porque ese estado de sueño es muy sutil. La persona está dormida, pero no profundamente; la atención es más fuerte. Es mucho más fácil captar los sueños, también, si uno duerme incorporado en vez de echado. Habría que dormir con la columna vertebral erguida, si pudiera hacerse.

En este momento y según lo acordado, tomó la palabra Bob Livingstone, que asistía a la conferencia como observador, para ofrecer a Su Santidad un regalo de Stephen LaBerge, el investigador que había dirigido los famosos experimentos de los sueños lúcidos. Era un aparato que ayudaba a tener sueños lúcidos y a recordar mejor los sueños. Bob explicó que era un instrumento de ejercicios: una máscara que se coloca en la cara para dormir, con una pequeña luz mediante la que el aparato puede comunicarse con la persona dormida. La máscara va conectada a un pequeño ordenador. Los sensores captan cuándo se encuentra en estado de sueño con REM el sujeto y el ordenador transmite entonces una señal suave. Con un poco de práctica, el usuario puede darse cuenta de que el aparato acaba de indicar el comienzo del sueño con REM y es probable que se produzca un sueño lúcido. El sujeto puede hacer entonces un esfuerzo consciente para estar atento al sueño y recordarlo. El aparato registra también el número de períodos de sueño con REM de cada noche, y los totales de una semana o de un mes.

—El doctor LaBerge también quiere que sepa usted que el instrumento está en proceso de evolución —añadió Bob—. Ahora existe ya la posibilidad de que las personas de tradición budista aconsejen sobre su futuro perfeccionamiento.

Su Santidad manifestó un interés visible.

—Esto estaría muy bien para practicar mientras se duerme y se sueña. A veces, un sueño desagradable de noche influye en el estado emocional de la persona por la mañana. Este dispositivo permitiría fomentar estados mentales saludables durante los sueños, y eso sería beneficioso.

Lucidez y atención

Después de manipular un rato el aparato de LaBerge, la sesión volvió a Jayne.

—Ahora me gustaría pasar a un terreno menos común, pero que considero interesante para nuestro diálogo: «el sueño de testigo». Al contrario que los sueños lúcidos, estos sueños son una experiencia de conciencia o atención interior tranquila y pacífica completamente diferenciada del sueño. Se dice que en el sueño de testigo el sujeto puede manipular el sueño, pero sencillamente no desea hacerlo. Sea cual fuere el contenido del sueño, siente una tranquilidad de conciencia interior independiente del sueño. A veces puede verse atrapado en el sueño, pero persiste la conciencia de paz interior.

«Por último, quiero hablar de un tercer estado denominado "sueño profundo de testigo". Se define como sueño sin sueños y se parece mucho a la condición del sueño sin REM, en que se experimenta un estado interior pacífico y tranquilo de conocimiento o plena atención.

»Permítanme ilustrar estos estados primero con el caso de un profesor de matemáticas que había practicado meditación trascendental durante veinte años. —A petición de uno de los traductores, Jayne hizo una breve descripción de esta práctica: —La meditación trascendental difiere bastante de la meditación budista elemental: es absorbente, se realiza con los ojos cerrados y repitiendo un mantra. Es de origen hindú y se introdujo en Occidente hace poco tiempo.

Su Santidad consultó a sus colegas y luego volvió a concentrar la atención en Jayne.

—La experiencia de este sujeto en el curso de años de práctica continuada fue la siguiente: al principio, hablaba de los sueños lúcidos que tenía en los que el actor era dominante. Aquí el papel del observador es reconocer que el yo está soñando; pero a pesar de este reconocimiento sigue existiendo la sensación de que el sueño está ahí fuera y el yo aquí dentro. Mientras el sujeto sueña, el sueño parece real.

«Cuando uno se familiariza más con la lucidez, puede ocurrírsele que puede manipular, cambiar o controlar el sueño. En una segunda etapa, a este soñador se le ocurrió que lo que está "ahí fuera", donde está en realidad en cierto modo es "aquí dentro". El soñador puede participar activamente en los sucesos del sueño o controlarlos y manipularlos.

»En una tercera etapa, los sueños se hicieron más breves. Los describió diciendo que eran como pensamientos que brotaban, de los que se daba cuenta y que luego desaparecían. La acción del sueño no captaba su atención ni le hacía indentificarse con él como en la primera etapa, que se centraba más en la participación activa.

»En una cuarta etapa, el sujeto descubrió que dominaba una atención interior. No estaba concentrado en el sueño sino en observarlo, en ser testigo del mismo. Los sueños eran más abstractos y no contenían aspectos sensoriales: ni imágenes mentales, ni sentimientos emocionales, ni sensación física y espacial. Había una cualidad de infinitud. Cito: "Sientes que formas parte de un conjunto de relaciones enorme. No son relaciones sociales, ni conceptuales ni intelectuales, sólo un entramado de relaciones. Soy consciente de la relación entre entidades sin que las entidades estén ahí. Hay una sensación de movimiento, pero no hay objetos por los que pueda determinarse el movimiento; es sólo expansibilidad. No hay objetos que la midan. La expansibilidad es luminosa, como la luz de la conciencia, visual y no visual, más bien como luz en un océano, una experiencia profunda de la luz".

»Otros sujetos declaran que necesitan librarse de la lucidez y avanzar sin lucidez ni conocimiento para alcanzar ese estado mientras duermen. Esta secuencia diferente puede ocurrir si uno está demasiado apegado a la lucidez, sobre todo al aspecto de control activo de la conciencia de sí mismo mientras duerme. Este vínculo requeriría liberarse de esa autorrepresentación mientras se duerme para pasar a la etapa siguiente de observador. Yo dirigí un estudio con sesenta y seis personas que habían practicado la meditación trascendental. Utilizamos a estas personas porque estos estados son muy sutiles. No podíamos pedir sin más a los estudiantes universitarios que lo hicieran; no habrían entendido lo que queríamos. Creíamos que estas otras personas reconocerían y recordarían estos estados. Obtuvimos cincuenta y cinco descripciones de sueños lúcidos, cuarenta y una descripciones de sueños de testigo y cuarenta y siete descripciones de sueño profundo de testigo, del grupo de sesenta y seis personas, que habían practicado la meditación una media de unos veinte años. Yo estudié todos los informes y dejé que sus propias experiencias guiaran mi análisis, que es fenomenológico y cualitativo.»

Para asegurarnos del terreno que pisábamos, pedí aclaración:

—Podemos verificar que un soñador lúcido se halla en estado REM por las señales del experimento. ¿Pero cómo sabemos que estas personas experimentan ese otro tipo de sueño?

—Sólo por su descripción. Realmente es un estudio fenomenológico —repuso Jayne—. Y para terminar, permítanme resumir estas observaciones de tanteo con un diagrama de Fred Travis (fig. 4.2). Él sugiere que la vigilia, el sueño y los sueños emergen de una conciencia pura, un vacío silencioso. Donde cada estado se encuentra con el siguiente hay un hueco pequeño, en el que, según postula Travis, todos experimentan brevemente la conciencia trascendental. Cuando pasamos del sueño a los sueños o de los sueños a la vigilia, aparecen estos pequeños huecos o puntos de conexión y por eso Travis lo llama «modelo mental de conexiones».

—Es bastante similar a la teoría budista de estos breves intervalos de la clara luz del sueño —dijo Su Santidad—. Ésta es precisamente la continuidad de la mente muy sutil. Las ocasiones principales son los momentos de morir, el *bardo*, y luego la concepción. Son coyunturas, si lo prefieren. La clara luz más sutil se manifiesta en el momento de la muerte, que

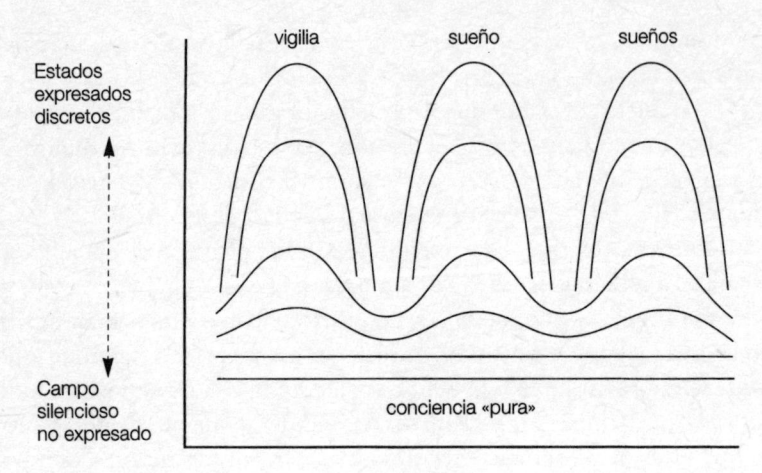

Figura 4.2

Modelo de los «puntos de unión» de F. Travis del estado de transición entre las tres formas básicas de conciencia. (Adaptado con permiso de Travis, «The Junction Point Model», *Dreaming 4 (1994), 72-81.)*

es una de estas coyunturas. Estas tres ocasiones de muerte, *bardo* y concepción son análogas a los estados de dormir, soñar y luego despertar. También hay una réplica de la clara luz de la muerte en la clara luz del sueño. No es lo mismo que la clara luz de la muerte, pero sí análoga, aunque menos sutil.

La exposición de Jayne había concluido y había llegado la hora de almorzar. Era muy evidente que se imponía una profundización en la teoría del yoga de los sueños. Se había programado provisionalmente para la noche, pero la ocasión parecía ahora perfecta y Su Santidad accedió a iniciar la sesión de la tarde con ese tema. Sería un regalo excepcional.

5

Niveles de conciencia y yoga de los sueños

Nos acomodamos todos en nuestros asientos a las dos en punto, y Su Santidad empezó animosamente:

—Casi todos saben algo acerca de las enseñanzas del yoga de los sueños, aunque es probable que sea nuevo para los pocos que no han oído nada de ellas antes.

La noción del yo

—Empezaré con una exposición del yo. Como muchos de ustedes ya saben, la base principal de toda la doctrina budista se denomina Cuatro Nobles Verdades. ¿Cuál es la razón de que se acepten estas Cuatro Nobles Verdades? ¿Cuál es la razón de que hablemos de ellas? Es algo que se relaciona con nuestro anhelo básico respecto a la felicidad y al sufrimiento y con relaciones causales específicas. ¿Cómo se produce el sufrimiento? ¿Cómo se produce la felicidad? El tema central de las Cuatro Nobles Verdades es el problema de la *causalidad* en relación con la felicidad y el sufrimiento.

«Esta explicación se centra específicamente en la causalidad natural, en vez de invocar a algún creador externo o substancia primordial que controle los acontecimientos de la vida. Las Cuatro Nobles Verdades se expresan a menudo en la forma de cuatro afirmaciones: reconocer la noble verdad del sufrimiento; aceptar la noble verdad del origen del sufrimiento; alcanzar la noble verdad de la cesación del sufrimiento; y cultivar la noble verdad del sendero. Todo esto ha de hacer el que busca la felicidad y desea evitar el sufrimiento.

»La noción del yo resulta crucial en este contexto. La persona que sufre es uno mismo y quien necesita poner los medios para que cese el sufrimiento también es uno mismo. Cuando apareció por primera vez el budismo en la India antigua, una diferencia fundamental entre las ideas budistas y no budistas se relacionaba con el yo. Concretamente, los budistas rechazaban la existencia de un yo permanente e inmutable. ¿Por qué? Porque la noción misma de un yo inmutable aplicada al yo como agente y al yo que experimenta es muy problemática. Se discutió y se pensó mucho desde el principio mismo en la naturaleza del yo.

»Según los tratados no budistas, el yo existe de forma independiente y autónoma de los agregados físicos y mentales (los componentes psicofísicos). Las cuatro escuelas filosóficas del budismo coinciden de modo general en negar la existencia de un yo que tenga una naturaleza independiente de los agregados. Sin embargo, estas escuelas sostienen diferentes puntos de vista sobre cómo existe el yo entre los diversos agregados del cuerpo y de la mente. Por ejemplo, una escuela sostiene que el yo es el conjunto de los cinco agregados psicofísicos, o *skandhas* en sánscrito. Otra escuela identifica el yo con la mente. Y dentro de ésta incluso hay varias opiniones. Por ejemplo, como mencioné ayer, una escuela afirma que la conciencia mental es el yo. Y si acudimos a la escuela Yogâcâra, encontramos la afirmación de que el yo es la conciencia fundamental o conciencia receptáculo (*âlayavijñâna*).

»Y pasemos ahora a la escuela Prâsangika Madhyamaka. Según esta escuela, todos los cinco agregados son experimentados por el yo. Y siendo así, resulta problemático afirmar que el yo tenga que hallarse también entre esos agregados. Es muy problemático que el objeto experimentado y el experimentador resulten ser exactamente lo mismo. Es por eso por lo que no se considera que el yo exista entre los cinco agregados. Pero si se intenta postular entonces un yo que exista aparte de los agregados, no se encuentra en ningún sitio. Así que también se rechaza eso. La conclusión que sacan de esto es que el yo se designa o imputa a partir de los cinco agregados. Por esta razón se dice que es meramente un nombre, una mera designación.

»Nâgârjuna, que es el fundador de la escuela Prâsangika Madhyamaka, dice en su *Guirnalda preciosa* o *Ratnâvalî* en sánscrito, que la persona no es ninguno de los seis elementos que la constituyen: que no es el elemento tierra, ni el elemento agua, etcétera. Y que el conjunto de estos elementos es la persona. Tampoco puede hallarse la persona fuera de estos elementos. Y así como la persona no es ninguno de los elementos individuales ni el conjunto de estos elementos, puede someterse al mismo análisis a cada uno de los elementos que constituye la persona. Puede descubrirse que también ellos son meras etiquetas o designaciones. Y puesto que la persona no existe como una entidad autosubsistente que posea naturaleza propia o identidad propia, la única alternativa que queda es aceptar que la persona existe sólo nominalmente o por designación.»

Yo y acción

—¿Cuál es la razón de que en el budismo se insista tanto en analizar la verdadera naturaleza del yo? Ante todo, el análisis tiene que ver con el yo agente y el yo experimentador. En este sentido, es muy importante. Pero observemos un momento la corriente de nuestra experiencia: sentimientos de tristeza y otros parecidos afloran sucesivamente como respuesta a ciertas experiencias. Luego surgen de nuestra conciencia ciertos deseos. De estos deseos puede surgir el impulso de actuar, y junto con el impulso de actuar llega un sentido de yo, de uno mismo. Junto con este sentido del yo, surge un sentido más fuerte de asir el yo. Y esto puede dar lugar a determinados sufrimientos mentales, como el apego y la cólera. Si el sentido del yo es muy fuerte, entonces el apego o la cólera resultante será igualmente fuerte.

«Ahora podríamos preguntar: ¿Han de ser forzosamente de carácter aflictivo (por ejemplo, apego o cólera) los estados mentales resultantes de este aferrarse al yo, o podrían ser saludables? Esto requiere un examen. El problema del yo es fundamental en el curso de todo esto. Resulta imprescindible investigar minuciosamente la naturaleza del yo involucrado en todos estos procesos mentales. Recordemos que el budismo explica estos procesos mentales desde el punto de vista de la causalidad, sin postular un yo como agente o experimentador fuera de la cadena causal. Esto es importantísimo, porque nos interesa ante todo buscar la felicidad y evitar el sufrimiento; y el agente que tiene esta preocupación es el yo. Del mismo modo, cuando hablamos de experiencia, casi todas nuestras acciones son el resultado de nuestras motivaciones y todas estas motivaciones se basan en último término en un sentido del yo.

»La acción efectiva tiene mucho que ver con la motivación. Las acciones pueden producirse a veces espontáneamente sin motivación previa, pero estas acciones son casi todas éticamente neutras y no producen placer ni dolor. No existe ninguna base absoluta para distinguir las acciones positivas de las negativas. Pero deseamos la felicidad por naturaleza, así que la consideramos positiva. En consecuencia, los actos y motivaciones que aportan felicidad se consideran positivos, mientras que los que acaban creando dolor se consideran negativos.

»Ahora podemos preguntar: ¿Es algo malo tener un sentido del yo? Ante todo, la respuesta es que da lo mismo que uno quiera o no quiera tener sentido del yo: es algo que se da. Este sentido del yo puede llevar al sufrimiento o puede llevar a la felicidad. También hay diferentes sentidos del yo. Por ejemplo, hay un sentido del yo en que uno se aferra al yo como algo existente de forma real e inherente. Otro sentido del yo no lo entiende como existente de forma inherente.

»Yo estoy convencido de que un fuerte sentido del yo crea problemas. Sin embargo, esa misma idea mental es también muy útil y necesaria a veces. Por ejemplo, un sentimiento fuerte de sí mismo o de lo propio crea problemas cuando establecemos una diferenciación entre el afecto por el amigo y el odio hacia el enemigo. Por otro lado, un sentimiento fuerte del yo también puede aportar fuerza de voluntad para el éxito o para cambiar a pesar de los obstáculos. Eso es muy importante. Desarrollar la mente no es una tarea fácil y toda tarea difícil exige resolución y esfuerzo. Y la fuerza de voluntad aporta el esfuerzo infatigable. Así que para conseguir fuerza de voluntad y confianza en sí mismo es necesario este sentimiento fuerte del yo.

»¿Qué es lo que crea problemas cuando se tiene un sentido muy fuerte del yo? ¿Qué es exactamente lo aflictivo? Esto requiere una investigación muy precisa. Mediante el análisis, llegamos a una triple categorización de las diferentes formas de entender o percibir el yo: (1) percibirlo como verdaderamente existente; (2) percibirlo como no verdaderamente existente; y (3) percibirlo sin hacer ninguna distinción en cuanto a si es o no es verdaderamente existente. Es muy importante determinar el significado exacto de "percibir como verdaderamente existente". "Verdaderamente existente" entraña aquí tener existencia por su propia naturaleza.»

La motivación para actuar es mental

—La motivación es un factor crítico en la aspiración básica de ser feliz y evitar el sufrimiento. ¿Qué determina la motivación? El cuerpo puede actuar como factor coadyuvante, pero la principal influencia para la formación de motivaciones procede de la mente.

«O sea que la motivación es la clave que determina la naturaleza de nuestra experiencia, y son nuestras actitudes y formas de entender lo que influye principalmente en nuestras motivaciones. Las fuerzas negativas o aflictivas que intentamos eliminar también son de naturaleza mental. Igualmente, el instrumento que utilizamos para eliminar o al menos para debilitar estas fuerzas aflictivas también es mental. Ciertos factores mentales se utilizan para eliminar otros factores mentales. Por todo ello, es importantísimo analizar la naturaleza de la mente y de los factores mentales.

»Cuando uno habla de la eliminación absoluta de estas imperfecciones, está hablando de un logro muy elevado: la liberación o iluminación, que puede quedar muy lejos. Pero desde el punto de vista de nuestra experiencia, es posible reducir estos elementos aflictivos de la mente utilizando para ello la mente. Esto es algo que podemos comprobar con nuestra experiencia. Por ejemplo, todos empezamos en la ignorancia, un proceso mental. Para atenuar esa ignorancia nos dedicamos a los estudios y adquirimos nuevas experiencias, y en ese proceso gradual, se reduce la ignorancia.

»Para transformar la mente es importante comprenderla con claridad. Por ejemplo, la escuela budista Vaibhâsika afirma que la percepción está desnuda, es decir, que no hay nada que tercie entre la percepción y el objeto percibido. La percepción es directa. Según la escuela Sautrântika y las dos escuelas Mahâyana, hay una especie de imagen (sáns. *âkâra*; tib. *rnam pa*) que media entre la percepción y el objeto percibido. Esto es similar a la idea de que los datos sensoriales median entre la percepción y el objeto percibido.»

Intervino en este momento Charles Taylor para aclarar una cuestión ética que Su Santidad había planteado al hablar de la aflicción que crea un fuerte sentido del yo.

—¿Puede ser el sentido del yo realmente saludable de algún modo? ¿Qué distingue un sentido del yo sano de uno malsano?

—Es muy importante para quien pretenda superar el sufrimiento ser capaz de diferenciarlos —contestó Su Santidad—, porque constituye un factor esencial para orientar nuestra experiencia. Reiterando un punto anterior, no existe ningún criterio *absoluto* para diferenciar el sentido del yo sano y el sentido del yo malsano. Podemos comprobar por nuestras vivencias que cuando aparece determinado sentido del yo, junto con otras motivaciones y factores mentales, esto acaba llevando al sufrimiento. Y precisamente por el carácter de ese resultado, se puede deducir retrospectivamente que aquel sentido del yo era malsano. Así que no es cuestión de cualidad absoluta de ese sentido del yo, sino más bien de cualidad relativa, según sus resultados.

«Dejemos a un lado de momento la distinción entre el sentido del yo sano y malsano y abordemos otro factor relacionado, a saber: si el sentido del yo corresponde o no a la realidad. Hablando en términos generales, una mente sana tiene que estar de acuerdo con la realidad. Además, si uno ha de llevar la propia mente sana a su estado último, hasta donde sea posible llegar, forzosamente ha de estar de acuerdo con la realidad; así que analizaremos en primer lugar esos tres tipos de sentido del yo que hemos mencionado para ver los que están de acuerdo con la realidad y los que no.

»Examinemos el primero, el sentido del yo que lo considera existente de forma inherente. ¿Cómo determinamos si esta mente está o no está de acuerdo con la realidad? Puede comprobarse investigando si el yo concebido de esa forma existe o no. Simplificando, si existe un "yo" que es el referente de este sentido del "yo" entendido como verdaderamente existente, entonces ese sentido del "yo" estaría de acuerdo con la realidad. Pero si no existe referente de ese sentido del "yo" (si ese "yo" en realidad carece totalmente de existencia), entonces ese sentido del "yo" no es válido. Y es exactamente ahí donde se plantea el problema del vacío en el budismo.»

Charles intentó concretar:

—¿Así que en el budismo ese sentido del «yo» no existe por sí mismo?

Su Santidad matizó este punto de vista:

—No lo consideran así todos los budistas, o todas las escuelas búdicas. El término nomismidad o noidentidad es universalmente aceptado en el budismo, pero su significado varía de una escuela a otra.

—Yo creía que los dos predicados «verdaderamente existente» y «existente por designación» eran contrarios. ¿No lo son? —preguntó Charles—. Antes nos dijo que la creencia de que el yo existe sólo por imputación es común a todas las escuelas budistas.

Su Santidad explicó:

—Hay cuatro escuelas principales de filosofía búdica y nosotros consideramos la Prâsangika Madhyamaka la más profunda. Una escuela de pensamiento identifica el yo esencialmente con la conciencia, mientras que según la escuela Prâsangika el yo es algo imputado sobre la base del conjunto de agregados, o la mente y el cuerpo. La Svâtantrika Madhyamaka y todas las subescuelas budistas consideran la afirmación de que los fenómenos existen como designaciones, y no por su propia naturaleza, como una expresión de nihilismo.

—¿Y *nihilismo* es un término peyorativo?

—Sí. Y desde el punto de vista de la escuela Prâsangika, todas estas otras escuelas sostienen erróneamente diversas formas de esencialismo, o substancialismo.

—¿Entonces usted sostiene que el yo no existe verdaderamente?

—Si en realidad el yo no existe verdaderamente, entonces percibir el yo como no existente sin duda corresponde a la realidad.

—Entonces la tercera posibilidad, no distinguir uno del otro, eso tiene que ser un error también. ¿O no? —preguntó Charles.

—Cuando uno piensa casualmente, sin ningún sentido fuerte del «yo», «Yo a lo mejor voy», o «Yo tomaré un poco de té», o «Yo quiero esto», en tales casos, el sentido del yo en conjunto no se distingue del yo, ya sea éste verdaderamente existente o no. Pero en cuanto el sentido del yo aparece con más fuerza, por ejemplo, «¡Ay, yo sí que voy a fracasar!», o «¡Yo tengo que hacer algo!», entonces, casi siempre, el sentido más fuerte del yo va acompañado de la noción del yo como verdaderamente existente.

Su Santidad prosiguió luego:

—En el caso de una persona que ha investigado si el yo es verdaderamente existente o no y mediante esta investigación ha adquirido alguna experiencia efectiva de que no hay un yo que tenga verdadera existencia, cuando en esa persona empezase a surgir con más fuerza el sentido del yo, no lo haría con la idea del yo como verdaderamente existente. En este caso, se percibiría el yo sin la condición de ser verdaderamente existente ni verdaderamente no existente. También podría ocurrirle a dicha persona que aunque le parezca verdaderamente existente, en el fondo sabe que no lo es. En esta situación, se percibe el yo como una ilusión. Parece en cierto modo como si existiese, pero uno sabe que no existe según esa forma de apariencia. Por tanto, es como una ilusión.

Pese a ser tan denso, este diálogo produjo una vívida sensación de que las teorías de la mente y el comportamiento ético no eran distintas en la tradición budista. Ahora, Su Santidad estaba dispuesto a continuar con el tema de la conciencia.

Niveles de conciencia

—Hablando del cuerpo y de la mente, los cinco componentes psicofísicos incluyen el agregado de la conciencia. Cuando hablamos de ella así, parece que la conciencia o mente sea algo que existe dentro y fuera de sí misma. Se trata de una falsa representación, porque hay muchos grados de sutileza en la conciencia. Por ejemplo, existe el nivel ordinario de mente y de energía subordinado a los agregados físicos ordinarios. Mientras el cerebro funciona, existe conciencia ordinaria, y en cuanto se produce la muerte cerebral, cesa este nivel de conciencia. Si no hay un cerebro que funciona bien, no aflora la conciencia ordinaria. Hasta aquí, esta idea budista coincide con las neurociencias.

«El punto en que estas dos tradiciones divergen se encuentra en la formulación budista de un centro de energía vital en el corazón, donde se sitúa la mente-energía muy sutil. Algunos tratados tibetanos dicen que el principal centro de energía vital está realmente situado en el órgano físico del corazón. ¡Yo diría que no es cierto, pero la verdad es que no sé dónde está situado exactamente! —añadió Su Santidad, riendo de buena gana—. No obstante, cuando los contemplativos se concentran intensamente en el nivel del corazón, sienten experiencias fuertes, así que hay alguna conexión. Por otro lado, nadie sabe exactamente dónde está situado este centro principal. Además, también hay diferencias entre las escrituras búdicas sobre meditación, filosofía, etcétera. Y la literatura médica tibetana sostiene sus propias teorías sobre los canales sutiles, los centros y todo lo demás. También entre los diferentes sistemas tántricos se dan discrepancias y variaciones.»

Clases de conexiones causales

—Es bastante evidente que la conciencia depende del funcionamiento del cerebro, así que existe una conexión causal entre la función cerebral y la aparición de la conciencia ordinaria. Pero he aquí la cuestión que yo continúo considerando: ¿qué tipo de conexión causal es? En el budismo hablamos de dos tipos de causas. La primera es una *causa substancial*, en la que la materia de la causa se transforma realmente en la materia del efecto. La segunda es una *condición coadyuvante*, en la que un acontecimiento tiene lugar como resultado de un acontecimiento anterior, pero no hay transformación del primero en el segundo.

«Establecemos tres criterios para que se dé una relación causal entre, por ejemplo, A y B. En primer lugar, como A existe, ocurre B. Esto rechaza la idea de que algo que no existe pueda ser causa de algo. Así que, si B tiene que ser causado por A, A tiene que existir. El segundo criterio rechaza la noción de una causa permanente e inmutable. Afirma: Si A ha de causar a B, A tiene que estar sometida al cambio; tiene que ser inestable. Luego A da a su vez lugar a B, que también es inestable. En resumen, el segundo criterio es que la causa tiene que ser de naturaleza inestable; no puede ser inmutable y estable. Además, la causa también ha de ser efecto de otra cosa. No existe causa primera sin una causa anterior. El tercer criterio es que si existe una relación causal entre A y B, tiene que haber alguna clase de correspondencia entre la causa y el efecto.

»Apliquemos ahora esto al origen causal de la conciencia y su relación con la función cerebral. ¿Qué tipo de causalidad se da aquí? Empíricamente tenemos dos tipos de fenómenos que parecen ser cualitativamente distintos: fenómenos físicos y fenómenos psíquicos. Los fenómenos físicos parecen tener localización en el espacio y prestarse a la medición cuantitativa, amén de otras cualidades. Pero en cambio, los fenómenos mentales, no tienen evidentemente una ubicación espacial ni se prestan a la medición cuantitativa, pues pertenecen a la simple experiencia. Parece que estamos tratando dos tipos de fenómenos muy distintos. En este caso, si un fenómeno físico tuviera que actuar como causa esencial de un fenómeno mental, parecería que hay cierta discordancia entre ambos. ¿Cómo puede transformarse uno en el otro cuando parecen cualitativamente tan diferentes? Esto exige una explicación y volveremos a ello más adelante.

Conciencia fundamental

—Volvamos ahora al tema de la conciencia fundamental. Fundamento (tib. *kun gzhi*) es un término que aparece con frecuencia en la literatura budista del Vajrayâna. A veces se refiere al vacío, que es un objeto de la mente; y a veces a una conciencia subjetiva, es decir, a la *clara luz*. En el segundo caso, la clara luz se denomina fundamento o literalmente *fundamento de todo*, porque es el fundamento tanto del ciclo de existencia como de la liberación, de *samsâra* y de *nirvâna*. Sin embargo, a diferencia de la posición Yogâcâra sobre la conciencia fundamental, la doctrina del Vajrayâna no necesita ser éticamente neutra; es decir, esta clara luz no necesita ser algo que no sea sano ni malsano. ¿Por qué? Porque mediante la práctica espiritual esta clara luz se transformará en la mente de la iluminación.

«También encontramos un diferente uso del término "fundamento de todo" en la literatura del Dzogchen o "gran perfección", donde se utiliza en dos sentidos. Designa, por un lado, la base de las propensiones latentes; y, por otro, la realidad primordial. Sin embargo, no estoy totalmente seguro acerca del referente de este término en su segundo uso. En el primer caso, se refiere a un estado mental particular. Según la orden Nyingma del budismo tibetano, la mente se divide en dos tipos: conciencia fundamental, que es la base de las propensiones latentes, y conocimiento prístino (tib. *rig pa*). Empíricamente, la conciencia fundamental es anterior a la experiencia del conocimiento prístino. Lo que tienen en común es que surgen en ambas las apariencias; pero (a diferencia de los estados ordinarios de la mente), no siguen a las apariencias ni engranan con ellas. Sin embargo, la conciencia fundamental difiere del conocimiento prístino en que la primera contiene un cierto grado de ilusión.

»El conocimiento prístino y la conciencia fundamental tienen en común que no buscan objetivos. Pero es muy importante diferenciarlos claramente. De lo contrario, podría interpretarse erróneamente la práctica del Dzogchen y creer que sólo consiste en permanecer sentado pasivamente sin reaccionar a lo que aparece en la mente. Es un error creer que Dzogchen, o la experiencia del conocimiento prístino, signifique sólo permanecer en el presente sin buscar el objetivo. Para aclarar esa idea errónea, hacemos esta distinción: en la conciencia fundamental persiste un elemento de falta de claridad, o ilusión, en este conocimiento pasivo. Mientras que cuando surge el conocimiento prístino, es sumamente vívido, luminoso y liberador. Así que hay una diferencia cualitativa radical del conocimiento en estos dos estados, aunque pueden confundirse, si no se ha experimentado la naturaleza del conocimiento prístino.

»Una persona que esté aprendiendo esta práctica experimenta estos estados de forma sucesiva. Cuando uno permanece sentado pasivamente, sin comprometerse con el objetivo, primero surge la conciencia fundamental. Luego, a continuación surge el conocimiento prístino, que es muy distinto cualitativamente. Cuando se tiene mucha experiencia en el conocimiento prístino puede no ser necesario experimentar la conciencia fundamental ilusoria primero, antes que el conocimiento prístino luminoso. Es muy probable que se pase inmediatamente al conocimiento prístino no ilusorio. Este punto es muy importante.

»Hay tres tipos de conocimiento prístino. Conocimiento prístino básico (tib. *gzhi'i rig pa*) que actúa como base del *samsâra* y el *nirvâna* y que es idéntico a la clara luz sutil. Éste es el conocimiento prístino que uno experimenta en el momento de la muerte, pero no durante el estado normal de vigilia. De este conocimiento surge la conciencia fundamental. Luego, mediante la práctica contemplativa, después de la experiencia de la conciencia fundamental, puede experimentarse una segunda clase de conocimiento prístino, a saber, "conocimiento resplandeciente" (tib. *rtsal gyi rig pa*). La tercera clase de conocimiento prístino se llama "conocimiento prístino natural" (tib. *rang bzhin gyi rig pa*). ¿Dónde entra este conocimiento prístino natural? Como resultado de la práctica meditativa es posible llegar a experimentar directamente la clara luz sutil, y la clara luz sutil así experimentada se dice que es la clara luz natural, distinta de la clara luz básica. La clara luz básica sólo puede experimentarse en el momento de la muerte.»

Continuidad de niveles

—Examinemos por último un tema pendiente, el de los orígenes de la conciencia misma. ¿Cuál es la causa esencial del primer momento de conocimiento que sigue a la concepción de un feto humano? En el budismo hay dos opiniones sobre esto, la Sûtrayâna y la Vajrayâna. La opinión Sûtrayâna establece generalmente que tiene que haber un continuo de conciencia: la conciencia da lugar a la conciencia. Tiene que haber una concordancia entre causa y efecto si se ha de transformar una en otra, y por esta razón es necesario que haya un continuo previo de conciencia que da lugar al primer momento de conciencia que sigue a la concepción. Éste es un tema filosófico general en el contexto sûtra. Además del continuo previo de conciencia que actúa como causa sustancial de la conciencia posterior, las propensiones latentes también pueden transformarse en conciencia; así que hay dos clases de causas sustanciales de los orígenes de la conciencia.

«En el contexto Vajrayâna hay un análisis más preciso de esto en términos de *mente muy sutil*, llamada también *conciencia primordial* o *clara luz primordial*. Se dice que es la causa sustancial de todas las formas de conciencia. El continuo de la mente-energía muy sutil es el fundamento de todo el *samsâra* y el *nirvâna*, una cualidad que la escuela Yogâcâra atribuye a la conciencia fundamental. Tienen eso en común, pero hay muchas cualidades que la escuela Yogâcâra atribuye a la conciencia fundamental que no atribuye a la mente muy sutil el Vajrayâna. Este continuo de mente muy sutil no es la conciencia fundamental tal como sostiene el Yogâcâra, ni siquiera convencionalmente. Sin embargo, como el continuo de mente muy sutil según sostiene el Vajrayâna actúa como fundamento de todo el *samsâra* y el *nirvâna*, podemos llamarle "fundamento de todo".

«¿Por qué defienden los yogâcâras la existencia de la conciencia fundamental? La razón principal es que buscan algo que sea el yo. Por razones de argumentación lógica se ven impulsados a hacer esa afirmación. Pero eso no se corresponde en absoluto con la mente muy sutil que postula el Vajrayâna. El Vajrayâna no afirma la existencia de la mente muy sutil como consecuencia de la búsqueda de algo que sea verdaderamente el yo.»

Intentando unir esta explicación con la idea del continuo de conciencia, pregunté si el continuo de conciencia es lo mismo que la conciencia fundamental. Su Santidad confirmó que en el contexto del Dzogchen la clara luz sutil omnipresente, conocida también como conocimiento prístino natural o Dharmakâya es lo mismo en realidad que el continuo de conciencia.

Los factores mentales y el sueño

Su Santidad continuó:
—En el budismo hay análisis muy precisos y detallados sobre la naturaleza de la mente. Se establecen, por ejemplo, distinciones entre la mente

que conoce su objetivo y la que no lo conoce. Y se establecen distinciones, por ejemplo, entre cognición válida y no válida; es decir, cognición que percibe correctamente su objeto y la que no. Se establecen otras distinciones entre mente y funciones mentales y entre conocimiento conceptual y no conceptual.

»Se hacen diversas clasificaciones, pero la razón de que se elaboren estas teorías detalladas no es simplemente conseguir un conocimiento preciso de la naturaleza de la mente. Se trata más bien del problema primario de determinar cómo se pueden eliminar los factores aflictivos de la mente y fomentar los factores que dan origen a la felicidad. Estas teorías de la mente intentan lograrlo. En el texto *Compendio del conocimiento* (sánscr. *Abhidharmasamuccaya*), Arya Asanga establece una distinción entre mente y factores mentales y clasifica cincuenta y un factores mentales. Entre esos cincuenta y un factores mentales, hay cuatro variables y uno de ellos es el sueño.[14] Una característica común de los cuatro factores mentales variables es que pueden ser sanos o malsanos, en función de otros factores como la motivación.

»Si además de practicar durante el estado de vigilia, se puede utilizar también la conciencia durante el sueño con fines sanos, la eficacia de la práctica espiritual será mucho mayor. De lo contrario, se perderán como mínimo unas cuantas horas cada noche. Así que es provechoso transformar el sueño en algo positivo, si uno puede hacerlo. El método Sûtrayâna consiste en intentar crear un estado mental sano, como la compasión, o el convencimiento de la transitoriedad o el vacío cuando uno se va a dormir.

»Si se pueden fomentar esos estados mentales sanos antes de dormir y dejar que se prolonguen en el sueño sin distraerse, entonces el propio sueño será saludable. El Sûtrayâna enseña formas de transformar el sueño para que sea saludable, pero parece que no cuenta con técnicas destinadas específicamente a modificar los sueños para que sean sanos.

»También hay referencias al uso de ciertos signos en los sueños para juzgar el nivel de comprensión de los practicantes. Esto se relaciona con la pregunta que planteó ayer Pete sobre el reconocimiento de los sueños proféticos. Si algo como esto ocurre sólo una vez, no se considera significativo, pero si esos sueños se producen de forma muy persistente, sería un hecho notable. Hay que examinar la posible existencia de otros factores que haya que tener en cuenta.»

Clara luz, yo sutil

—Pasamos ahora al Vajrayâna y a las cuatro clases de tantra. Entre las tres clases inferiores de tantra, aunque existe mucha polémica en cuanto a los buenos sueños y los malos sueños, las buenas señales y las malas señales, no hay discusión en cuanto a la utilización concreta de los sueños en la práctica. Sin embargo, esos mismos tres tantras inferiores contienen normas para aportar mayor claridad al estado de sueño mediante la meditación en una divinidad tántrica elegida por uno (sánscr. *istadevatâ*; tib. *yidam*).

«El yoga tantra supremo, que es la cuarta y más profunda de las cuatro clases de tantra, habla de la naturaleza básica de la realidad. Además de la naturaleza de la Vía y la culminación de la Vía, o budeidad, este nivel de tantra analiza la mente y el cuerpo desde la perspectiva de tres estados o niveles cada vez más sutiles: ordinario, sutil y muy sutil. En este contexto, podemos hablar también de los niveles ordinario y sutil del "yo" o ego. ¿Podría deducirse de esto que existen simultáneamente dos egos diferentes, uno ordinario y uno sutil?

»La respuesta es que no. Mientras el yo y la mente ordinarios funcionan, se designa el yo sobre la base del cuerpo y la mente ordinarios y su comportamiento. Durante ese tiempo, por lo tanto, no se puede identificar un yo sutil. Pero con el colapso del cuerpo y la mente ordinarios en el momento de la clara luz de la muerte, la mente ordinaria desaparece completamente y lo único que queda de este continuo es la mente-energía muy sutil. En el momento de la clara luz de la muerte, no existe ningún "yo" ordinario, por lo que ambos (el yo ordinario y el yo muy sutil) no se manifiestan simultáneamente. Se evita así el error de que existan dos personas al mismo tiempo.

»Volviendo a una pregunta que planteó antes Francisco, la designación del yo sutil tiene lugar durante un estado de sueño especial. Esto no es sólo imaginación; el yo sutil se separa realmente del cuerpo ordinario. El yo sutil no se manifiesta en todos los sueños, sólo en un sueño especial en el que uno tiene un cuerpo onírico especial que puede separarse del cuerpo ordinario. Esa es una ocasión en que se manifiestan el cuerpo sutil y el yo sutil. Otra ocasión es durante el *bardo*, o período intermedio entre dos existencias. Para disipar las aflicciones de la mente y cultivar las cualidades sanas, lo mejor es utilizar la mente ordinaria y la mente sutil, y la segunda puede cultivarse mediante la práctica del yoga de los sueños. Si es posible utilizar todos los niveles de la mente-energía sutil y muy sutil, merece la pena hacerlo.

El ciclo de las encarnaciones

—Nâgârjuna expone otro beneficio de las prácticas del yoga del sueño y del yoga de los sueños: utilizar diestramente las facultades que poseemos como seres humanos en esta tierra, teniendo en cuenta nuestro particular sistema nervioso y nuestra constitución física, que son un conjunto de seis componentes. Con estos componentes experimentamos tres estados: la muerte, el estado intermedio y el renacimiento. Y estos tres estados, que caracterizan nuestra existencia como seres humanos, parecen tener ciertas similitudes con las encarnaciones de un buda.

«Hay una encarnación que se denomina Dharmakâya, que puede describirse como el estado de pura cesación de la proliferación de todos los fenómenos. Hay ciertos puntos de similitud entre el Dharmakâya y la muerte, en que todos los niveles de mente-energía ordinarios se disuelven en la clara luz fundamental. Además, en el momento de la muerte, todas las proliferaciones fenoménicas se disuelven en la naturaleza misma de la esfera de la realidad definitiva (sánscr. *dharmadhâtu*; tib. *chos kyi dbyings*). Obviamente esto no es una persona sino un estado.

»El segundo estado que experimentamos es el estado intermedio, que es el intervalo entre dos vidas. Es el vínculo entre la muerte y la llegada a un cuerpo físico nuevo en la concepción. En el momento de la muerte, del interior de la clara luz de la muerte surge una forma que consiste en mente-energía sutil, libre de los niveles ordinarios de mente y cuerpo. Esto es análogo al Sambhogakâya, que es la encarnación de un buda en su forma primordial, que surge del Dharmakâya. Tanto el Sambhogakâya como el cuerpo onírico especial se consideran formas sutiles, ya que es la forma que se adopta en el estado intermedio.

»La concepción tiene lugar con la formación inicial del cuerpo ordinario y las energías. Del mismo modo, del interior de la forma pura del Sambhogakâya, un buda se manifiesta de múltiples formas ordinarias llamadas Nirmânakâya, según las necesidades de los diversos seres conscientes. Esto es similar a la concepción. Es importante diferenciar a este respecto entre la concepción y la salida del útero. Aquí el significado es exactamente concepción, no salida del útero.

»Estos son los puntos de similitud entre los tres estados y las encarnaciones de un buda. También poseemos las facultades que nos permiten pasar por estos tres estados durante nuestra existencia como seres humanos, y Nagârjuna propone que las utilicemos de acuerdo con las técnicas de meditación tántrica. Además de la práctica de meditación Mahâyâna sobre el vacío y la compasión, puede utilizarse la clara luz de la muerte para conseguir percibir el vacío, transformando de esta forma la muerte en el camino espiritual que lleva a la plena iluminación. Del mismo modo que la clara luz de la muerte puede utilizarse como el camino que nos lleva a conseguir el Dharmakâya, el estado intermedio puede utilizarse para conseguir el Sambhogakâya; y la concepción puede utilizarse para alcanzar el Nirmânakâya.»

Yoga de los sueños

—A fin de preparar el camino que nos permita transformar la muerte, el estado intermedio y el renacimiento, tenemos que practicar en tres ocasiones: durante el estado de vigilia, durante el estado de sueño, y durante el proceso de la muerte. Así conseguimos integrar el yo con la práctica espiritual. Así tenemos tres series de tres:

1. Muerte, estado intermedio y renacimiento
2. Dharmakâya, Sambhogakâya y Nirmânakâya
3. Sueño, sueños y vigilia

«Para alcanzar los estados esenciales de Dharmakâya, Sambhogakâya y Nirmânakâya, primero hay que familiarizarse con los tres estados de muerte, estado intermedio y renacimiento, y para esto hay que conocer primero los estados del sueño sin sueños, los sueños y la vigilia.

»Para tener la experiencia adecuada durante los estados de sueño y de vigilia, creo que es fundamental familiarizarse mediante la imaginación con el óctuple proceso de morir, que empieza con el estado consciente de vigilia y que culmina en la clara luz de la muerte. Esto entraña un proceso de disolución, una separación. En cada etapa del verdadero proceso de la muerte existen señales externas y para familiarizarse con ellas hay que imaginarlas durante la práctica diaria de la meditación. Luego, en la imaginación, permaneciendo en el nivel de clara luz de la consciencia, se imagina uno el cuerpo sutil separándose del propio cuerpo ordinario e imagina que va a diferentes lugares; luego, por último, regresa y el cuerpo sutil se reabsorbe en la forma normal de uno. En cuanto se ha experimentado esto visualizándolo durante la práctica meditativa diaria, se produce de forma natural y rápida al quedarse dormido un proceso óctuple análogo. Éste es el mejor método para llegar a reconocer el estado de sueño sin sueños como estado de sueño sin sueños. Pero sin una experiencia de meditación más profunda de esto durante el día es muy difícil percibir esta disolución al quedarse dormido.

»En todo *sâdhana* o ejercicio de visualización de la práctica del yoga tantra supremo hay dos etapas: la etapa de *generación* y la etapa de *consumación*. En la etapa de generación, que es la más importante de ambas, todo este proceso óctuple de disolución se experimenta sólo mediante el poder de la imaginación; sólo se visualiza. Pero en la segunda etapa de la práctica, la etapa de la consumación, mediante el yoga del *prâna* que incluye la meditación de la vasija, se llevan las energías vitales al canal central y realmente se alcanza la disolución, no sólo con la imaginación, sino desde un punto de vista real. Se provoca esa disolución y en determinado nivel de este ejercicio se manifestará la clara luz.

»Cuando se llega a ese punto de la experiencia y la práctica, resulta muy fácil percibir la clara luz del sueño cuando se produce de forma natural. Y si se ha llegado al punto en que se puede percibir el sueño sin sueños como sueño sin sueños, entonces es muy fácil percibir también los sueños como sueños.

»Esta exposición trata de los medios de reconocer el sueño como sueño y los sueños como sueños mediante la fuerza de la energía vital. Ése es un camino que lleva a ese resultado. Y volviendo ahora a la práctica diurna, si uno no ha alcanzado ese nivel de percepción o experiencia mediante la práctica de la energía vital, entonces lo consigue durante el día mediante la fuerza de la intención más que mediante la fuerza de la energía vital. Intención aquí significa que hay que esforzarse con mucha diligencia, con gran determinación. En este ejercicio, reconocer el sueño sin sueños es más difícil que reconocer los sueños como sueños.

»En la capacidad de reconocer los sueños como sueños intervienen diferentes factores. Uno es la dieta. Esta debe ser específicamente compatible con el propio metabolismo. Por ejemplo, en la medicina tibetana se habla de los tres elementos: viento, bilis y flema. En algunas personas predominan uno o más de estos elementos. Debe seguirse una dieta que ayude a mantener el equilibrio entre los distintos humores del interior del cuerpo. Además, si el sueño es demasiado profundo, no serán muy claros los sueños. Para conseguir que los sueños sean más claros y el sueño más ligero, hay que comer un poco menos. Además de esto, cuando se está quedando uno dormido hay que concentrar la atención en la frente. Por otro lado, si el sueño es demasiado ligero, también será un obstáculo para conseguir el éxito en este ejercicio. Para conseguir que el sueño sea más profundo, entonces, hay que tomar alimentos más fuertes y más grasos; y al quedarse dormido, hay que concentrarse en el centro de la energía vital al nivel del ombligo o los genitales. Si entonces los sueños no son claros, debe concentrar uno la atención al quedarse dormido en el centro de la garganta. En este ejercicio, lo mismo que cuando se utiliza el aparato enviado por LaBerge (véase p. 112), es útil que cuando uno empieza a soñar haya alguien que le diga con tranquilidad: «Ahora estás soñando. Intenta reconocer el sueño como sueño».

»En cuanto ya puede reconocer la clara luz del sueño como la clara luz del sueño, esta percepción puede permitir mantener ese estado durante un período más largo. El principal objetivo del yoga de los sueños en el marco de la práctica tántrica es reconocer primero el estado de soñar como estado de soñar. En la fase siguiente del ejercicio hay que centrar la atención en el centro del corazón del cuerpo onírico e intentar llevar la energía vital a ese centro. El resultado es una experiencia de la clara luz del sueño, que aparece cuando cesa el estado de soñar.

»La experiencia de la clara luz durante el sueño no es muy sutil. A medida que se progresa en la práctica del yoga de los sueños, se produce la primera experiencia de la clara luz como resultado de centrar la atención en el centro del corazón del cuerpo onírico. Aunque el estado de clara luz durante el sueño no sea muy sutil al principio, se conseguirá mediante la práctica que sea más sutil y también más prolongado. Un beneficio secundario de este cuerpo onírico es la capacidad para ser un espía perfecto.»

Su Santidad se rió a su modo habitual. Al darse cuenta de que la plática había durado mucho tiempo y de lo tarde que era, se levantó, saludó con una reverencia a todos los presentes, y se fue. Nosotros recogimos las notas y los cuadernos, sumidos en el aura de un conocimiento que era tan vasto como difícil de captar.

6
Muerte y cristianismo

Había llegado el momento de dejar el agradable territorio de los sueños y afrontar la cruda realidad de la muerte, la última frontera. El día se dedicaría a definir cómo ocurre la muerte en cuanto proceso físico. Con este tema, era más importante que nunca empezar estableciendo el contexto apropiado. Yo había pedido a Charles Taylor de nuevo que expusiera un resumen de las actitudes occidentales hacia la muerte. Y así lo hizo, con su precisión característica.

Cristianismo y amor a Dios

En cuanto el Dalai Lama tomó asiento, Charles se sentó a su lado y empezo así:

—Me gustaría hablar de las actitudes occidentales hacia la muerte, pero quiero remontarme a un período un poco anterior. No podemos comprender las actitudes occidentales sin comprender las actitudes cristianas; y es difícil comprender las actitudes cristianas hacia la muerte sin comprender algunos puntos esenciales del cristianismo. Así que empezaré estableciendo algunos puntos fundamentales de similitud y de diferencia entre el budismo y el cristianismo. Tenemos en ambos casos, una imagen del ser humano aprisionado en una interpretación fija del yo, de la que necesita liberarse. Esta liberación entraña en ambos casos modificar nuestra interpretación de quiénes somos. Nuestra identidad tiene que transformarse.

«En ese punto encontramos la divergencia. Pues parece que según el budismo esa transformación (el cambio de la identidad del conocimiento de sí mismo) llega de una larga disciplina de comprensión de la naturaleza de la realidad, o la irrealidad, de esta identidad según se entendía primero. En cierto sentido, uno trasciende el yo. En el cristianismo, el judaísmo y el islam, lo que produce la transformación es la relación con Dios: la amistad con Dios, podríamos decir.

»Esta interpretación completamente religiosa se basa en una experiencia humana muy común. En la intimidad con determinadas personas, descubrimos que el mundo nos parece diferente. En compañía de determinadas personas, podemos ser diferentes. Por ejemplo, en compañía de personas religiosas o de personas muy sabias, nuestra compasión puede aumentar y nuestra cólera puede disminuir. Yo creo que todos hemos tenido esta experiencia aquí estos días; no somos exactamente los mismos que fuera de aquí. En cierto sentido, el punto de vista religioso general del cristianismo, el judaísmo y el islam se basa en el conocimiento de este fenómeno humano concreto a una escala mucho más grande. Nuestra relación con Dios es una amistad íntima con un ser muy santo. Lo mismo que una relación íntima con una persona muy santa puede transformarnos, así también puede producir esta transformación nuestra amistad con Dios.

»Llamaré a esto el "principio dialógico": la idea del ser humano transformado por el diálogo, o por la relación con otros. Esta interpretación dialógica se halla presente en el núcleo del cristianismo y el amor divino actúa aquí subjetiva y objetivamente. Entraña el amor que sentimos nosotros por Dios y el amor de Dios por nosotros. Este concepto del amor de Dios por el mundo desempeña un papel esencial. Cuanto más estrecha sea nuestra amistad con Dios, mayor será nuestra participación en ese amor divino. Existe una convergencia extraordinaria con el budismo en que, cuanto más cambia nuestra identidad por este camino, mayor es nuestro amor y nuestra compasión y amor hacia las otras criaturas.»

La muerte en la tradición cristiana

—Veamos ahora cómo afecta esto a las actitudes hacia la muerte. Pero haré antes una puntualización sobre las diferentes formas de pensar en las dos tradiciones. Me ha impresionado extraordinariamente estos últimos días lo amplio, disciplinado y preciso que es el conocimiento budista de la naturaleza del ser, la mente y la muerte. Es casi una ciencia rigurosa, basada esencialmente en la experiencia de personas que han avanzado mucho en eso. En el cristianismo, la experiencia de quienes han profundizado en la amistad con Dios ha llevado a un pensamiento absolutamente riguroso en ciertos campos, pero en los ámbitos más extremos de la muerte y la otra vida no ha producido nada tan disciplinado y exacto como lo que vemos en la tradición budista. Se supone que no podemos conocer plenamente este campo, por lo que tratamos con suposiciones, quizá inspiradas, y generalidades, más que con la verdad definitiva. Así que en el cristianismo esperamos desde el principio un discurso distinto que en el budismo.

«En el cristianismo, la muerte no nos separa de Dios. Lo esencial es estar con Dios. Hay diversas formas de entender esto en imágenes como las del cielo y el infierno. Estas imágenes han sido muy fuertes en el folclore, la predicación y la literatura occidentales. Pensemos en el espléndido fresco de la otra vida que hizo el poeta medieval Dante. Estas imágenes requieren rectificación por un hecho teológico importantísimo: no podemos entender nuestra relación con Dios si mantenemos una idea secular y ordinaria del tiempo. Dios no está en este tiempo en el sentido de un instante que sigue al otro, donde estamos situados siempre en un punto y por lo tanto no en otro punto del flujo. Así que utilizamos la palabra *eternidad* y lo que queremos decir con eternidad de Dios es algo muy paradójico: es en cierto sentido la presencia de Dios en toda la existencia durante todo el tiempo.

»Se deduce de esto que estar con Dios significa entrar en esa dimensión temporal. Pensemos en el tiempo como algo bidimensional; lo que vivimos ahora es una dimensión, y la eternidad de Dios es otra dimensión. Imaginemos que somos hormigas que avanzamos paso a paso por el sueño, conscientes sólo de nosotros mismos en ese punto del sueño. Pero los seres humanos que están sobre las hormigas pueden relacionarse unos con otros en toda la habitación. Pueden estar en contacto con lugares que se encuentran lejos en el futuro de las hormigas mientras caminan en esa dirección. Pueden hablar, por así decirlo, desde el futuro de las hormigas y desde su pasado. Ésta es una imagen de cómo está presente Dios en concordancia temporal con los seres humanos.

»La teología cristiana expresa esto como la comunión de los santos, que se explica mediante la idea de la resurrección. Esto entraña una paradoja. La idea cristiana de los seres humanos es completamente finita. Vivimos en un tiempo determinado y en un espacio determinado, pero en esta otra dimensión podemos comunicarnos por encima de estos límites finitos. En el relato evangélico de la resurrección, un hombre cuya vida termina en determinado punto con la crucifixión, empieza a vivir entonces plenamente en esta otra dimensión y por consiguiente puede llegar más allá de ella para hacerse presente a los seres humanos. Está presente para sus seguidores en la plenitud de su existencia incluso después de su muerte. Ha habido diversos mitos en el cristianismo relacionados con la pervivencia de un alma desencarnada eternamente, pero no se trata en realidad de ideas cristianas. En el cristianismo, la plenitud de la existencia es capaz de acceder a esta otra dimensión y por lo tanto de trascender sus límites.»

Actitudes hacia la muerte en Occidente

—Quiero analizar ahora cómo opera esto en las diversas formas de entender la muerte en Occidente. Para este análisis necesitamos recordar también lo que analizamos el primer día, la oposición al cristianismo que se ha producido en alto grado en Occidente (véase cap. 1). Ambas actitudes han influido en nuestra visión de la muerte.

«Las visiones de la muerte que se deducen de la historia cristiana son muy sociales y parecen elementos legendarios y mitos populares. En la conciencia occidental de los últimos siglos esto se interpreta como una grave preocupación por la muerte del *otro*. Quizá resulte extraño, pero permítanme explicarlo comparativamente. Aproximadamente desde el siglo XIII hasta el siglo XVIII, el cristianismo occidental estuvo obsesionado con la muerte del "yo mismo" y el tema de la salvación o la condena. Yo creo que este fenómeno religioso es una de las principales causas del individualismo occidental moderno, aunque se trata de una tesis polémica. Hay determinados enclaves de la cristiandad occidental importantes en que la gente sigue aún muy preocupada por esto, pero a partir de 1800 se ha producido un cambio. Ahora la gran preocupación por la muerte no lo es tanto por la muerte del "yo mismo", sino por la pérdida de los seres amados. Hay un gran historiador de las ideas occidentales sobre la muerte que ha tratado sobre el cambio de la muerte del "yo mismo" a la muerte de "tú" o "el otro".[15]

»La pérdida de un ser amado está estrechamente entrelazada con el carácter dialógico de esta cultura y esta civilización. Se convierte uno en el que es en íntimo contacto con alguien, y luego los vínculos se rompen. En cierta forma esto nace de toda la cultura del cristianismo, pero hay otro aspecto de la historia: la rebelión *contra* el cristianismo en Occidente, inspirada además por el cristianismo. El secularismo es una idea profundamente cristiana. Se basa en la noción de que hay algo bueno y correcto en los seres humanos y que tenemos que ver esa bondad. Se expresa en el primer capítulo del Antiguo Testamento, que afirma en cada etapa de la creación: "Y Dios vio que eso era bueno". La amistad de Dios significa ver lo bueno de la creación, sobre todo de los seres humanos. Parte de la fuerza del secularismo occidental procede de que afirma hacer esto más eficazmente que su origen religioso. En el siglo XVIII, la gente que no creía en Dios afirmaba tener una opinión más elevada de los seres humanos. Los consideraban tan perfectamente válidos como ellos, mientras que una perspectiva cristiana espiritual considera a las personas retorcidas o deformadas en un cierto sentido, y que no se entienden a sí mismas.»

Actitudes seculares hacia la muerte

—Sin embargo, el secularismo separa dos cosas de la raíz cristiana. Cercena cualquier interpretación más profunda de pérdida, dolor o maldad y también tiende a negar la dialogalidad. Lleva a un cuadro en que los seres humanos son libres y están completamente solos. Esto tiene que crear una patología extraña e incómoda en las actitudes occidentales hacia la muerte. Se hace mucho más difícil afrontar la realidad plena de la muerte. La reacción de muchas personas ante la muerte hoy recuerda la de la sociedad victoriana respecto a la sexualidad. ¿Cuál era la causa de la pudibundez victoriana? Los victorianos se consideraban perfectamente capaces de aceptar la ética imperante sin esfuerzo, por lo que las perturbaciones de la lujuria resultaban sumamente inquietantes, no porque hubiera que vencerlas sino porque no se admitía su existencia.

«Algo análogo ha ocurrido con la muerte en la sociedad secular. Nuestra imagen de la perfección de la naturaleza, o la felicidad, ha sido expurgada de toda oscuridad y maldad. La juventud, la salud y el vigor se han convertido casi en un culto. Los anuncios publicitarios muestran a jóvenes bellos jugando en las playas al sol y no existen la maldad ni la muerte ni la enfermedad. Resulta perturbador admitir la muerte y la pérdida.

»Hace ya bastantes años participé en los inicios del movimiento de los asilos. Elisabeth Kübler-Ross había descubierto la actitud asombrosa de los médicos en los hospitales que tendían a rechazar sin darse cuenta a los pacientes desahuciados y se consagraban a las personas a quienes podían ayudar. Dejaban prácticamente solos a los moribundos. Si preguntabas a los médicos si no deberían quizás prestar atención a aquellas personas que tal vez necesitaran hablar de su estado, todos respondían: «Oh no, no quieren hablar de ello». Pero los experimentos demostraron que en realidad sí querían hablar de ello. Lo que hacían los médicos era proyectar su propia inquietud ante la muerte en los agonizantes. Se inició todo un movimiento en el que se establecieron pabellones especiales y se movilizaron voluntarios para intentar vivir el proceso de la muerte con aquellas personas. Este movimiento es la historia de la recuperación de una interpretación del significado de la muerte, la recuperación de la capacidad de afrontarla. Mañana volveremos a esto con la exposición de Joan Halifax.

»Lo importante es que una cultura había ocultado la muerte. Esto está relacionando también con determinadas actitudes de la ciencia occidental moderna. La ciencia puede ser la aliada espiritual de la postura secularista que intenta hacer el mundo absolutamente bueno, sin tener en cuenta la maldad o la pérdida, porque se ofrece a sí misma como instrumento mediante el cual puedes arreglar las cosas y conseguir que sean buenas. Yo creo que nos hemos contagiado todos de esta actitud científica. Está presente en nuestra creencia de que podemos controlar las cosas.»

Estaba preparado el terreno para que tomara la palabra Pete Engel como médico y científico.

7
¿Qué es la muerte física?

Con su barba blanca y su atuendo informal, Peter Engel se desenvuelve bien y domina el tema a la perfección, como es lógico en un profesor de neurología y neurobiología de la facultad de medicina de la Universidad de California en Los Angeles y director del Centro de Apoplejía. Pero su discurso revelaba una modestia y una franqueza genuinas y creó una atmósfera relajada y agradable.

—Lo que tengo que exponer como científico es, con toda humildad, sumamente simple comparado con lo que oímos ayer sobre los conceptos tibetanos de la muerte y la conciencia. Nuestra idea médica occidental de la muerte es como apagar un interruptor de la luz: se acabó, es el final.

«La introducción de Charles Taylor a las actitudes occidentales hacia la muerte ha sido admirable, porque sitúa realmente mi posición en perspectiva. Yo soy neurólogo, un médico especialista en trastornos del sistema nervioso, especialmente el cerebro, y trato a pacientes que se están muriendo. La ciencia médica parece más interesada en *prevenir* la muerte como algo malo que en mejorar la calidad de vida. También soy neurocientífico y considero esto desde un punto de vista científico, distante y duro, que no puede compararse en absoluto con lo que oímos ayer ni siquiera con lo que dijo Charles esta mañana.

»Personalmente, cuando era pequeño tenía tanto miedo a la muerte que ni siquiera podía pensar en ella. Todavía hoy me resulta muy difícil pensar seriamente en el hecho de que moriré y aceptar el punto de vista científico de que cuando morimos, se acabó, es el final. Así que considero un excepcional privilegio, poder analizar este tema con ustedes y aprender que quizá haya más de lo que yo pensaba.»

Definición de la muerte según la medicina occidental

—Quiero tratar las nociones médicas de muerte, coma y consciencia, pero repasando también las consideraciones éticas. Creo que hay problemas éticos muy importantes en lo que nosotros como médicos hacemos para evitar la muerte y prolongar la vida en la inconsciencia.

«El requisito físico de la vida, según el criterio de los científicos occidentales, es un cuerpo que consiste en múltiples órganos, cada uno de los cuales se compone de tejidos. Algunos órganos son muy complejos y tienen muchos tejidos. Otros tienen sólo uno. Cada tejido se compone de muchas células, que son realmente la esencia de la vida. Las células pueden morir y los órganos pueden fallar y falla finalmente todo el organismo porque las células no se mantienen. Las células necesitan para mantenerse simplemente una fuente de energía y una eliminación de residuos. Es como el fuego: hay que alimentarlo con combustible. Si se tapa el fuego de forma que el anhídrido carbónico que genera no pueda escapar, el fuego se ahoga y se apaga. Si amontonamos las cenizas, también se apaga el fuego. Nosotros necesitamos oxígeno como el fuego y nos lo aportan los pulmones. Necesitamos nutrición: ingerimos alimentos que nuestro sistema gastrointestinal transforma en nutrientes como la glucosa, de los que pueden servirse las células del organismo. Los pulmones eliminan el anhídrido carbónico residual. Los riñones eliminan las toxinas acumuladas y el hígado las transforma en compuestos químicos inocuos. El corazón y los vasos sanguíneos son el sistema de distribución. Todas estas cosas son necesarias para la vida.

»Como tenemos tanto miedo a la muerte, la ciencia médica moderna ha invertido tanto esfuerzo, dinero y recursos en su prevención que se pueden superar prácticamente todos los fallos de los sistemas necesarios para la vida. Si a alguien no le funcionan los pulmones, podemos valernos de la respiración artificial. Si falla el sistema gastrointestinal, podemos alimentar al paciente por vía intravenosa. Si fallan el hígado o los riñones, podemos sustituirlos por máquinas o por órganos transplantados.

»Paradójicamente, esto hace que definir la muerte pase a ser un problema. ¿De quién tomamos estos órganos? Tenemos que encontrar a alguien que ya esté muerto. Para encontrar un corazón para transplante lo ideal es que sea de alguien cuyo cuerpo aún esté con vida. ¿Así que cómo definimos la muerte? Un enfoque sería definir la muerte como un estado en que *el cerebro esté muerto, aunque el cuerpo puede seguir vivo un tiempo.* Identificamos a los individuos que han tenido accidentes u otros problemas catastróficos que producen la muerte del cerebro sin afectar a los demás órganos. Entonces recogemos sus órganos. Damos su corazón a una persona, su hígado y sus córneas a otras. Es prodigioso ver cuántas personas pueden beneficiarse por la muerte de otra. Como médico, ayuda poder analizar esto... por ejemplo, demostrar a los padres que la muerte de su hijo puede ayudar tanto a tantas personas.

»¿Cómo se produce la muerte? Los sistemas orgánicos pueden fallar por un trauma o una enfermedad. Cuando lo hacen por la razón que sea, o perdemos una fuente de energía o elaboramos toxinas, lo que lleva finalmente a la muerte. Las infecciones y otras causas externas también pueden matar a las células e impedir que la energía circule correctamente. En la ciencia occidental, la vida se basa en esta energía.

»Pero también hay un mecanismo de control de estos sistemas: el cerebro. En algunos casos, la pérdida de los mecanismos de control también puede causar la muerte. Éste es un fenómeno interesante porque consideramos que el aparato nervioso tiene dos partes: la voluntaria y la refleja. El sistema nervioso reflejo se encarga de las funciones vegetativas del organismo: los latidos del corazón, que el estómago segregue los jugos necesarios para digerir los alimentos y, hasta cierto punto, la respiración. En los individuos normales el cerebro no tiene control voluntario de las funciones reflejas. Sin embargo, los centros de respiración se localizan en el tronco del encéfalo. Si el cerebro muere, los centros de la respiración también mueren. El individuo deja de respirar y muere todo el organismo. Con la respiración artificial el cuerpo puede seguir vivo conectado a un respirador durante largos períodos de tiempo.»

Su Santidad comentó que antes se había expuesto que si no se puede respirar el cerebro muere. Ahora el orden era inverso: si el tronco del encéfalo no funciona, entonces no puedes respirar. Pete admitió que ambas cosas son ciertas.

—Metafóricamente, puede decirse que la estructura física de la carne, los huesos y la piel es la tierra. El sistema circulatorio es como el agua. El sistema energético que sustenta la vida es fuego.

El Dalai Lama indicó que la movilidad es más frecuente que se asocie con el elemento del hálito interior que con el fuego. En la tradición tibetana, el fuego se asocia más estrechamente con la digestión. Pete señaló que si el fuego representaba la digestión, se relacionaba con la fuente de energía. Su Santidad prosiguió:

—Sí, pero el término *viento* se refiere a la movilidad o movimiento de cualquier género, no sólo al movimiento voluntario. Por ejemplo, existe movimiento en el organismo aun después de la muerte, mientras se descompone. Ese mismo movimiento de las células al descomponerse es indicio del elemento viento. Si hay movimiento es indicio, por definición, de la presencia del elemento viento.

Hizo una breve pausa, buscando una referencia:

—El pensador tibetano Taksang Lotsawa menciona en uno de sus textos sobre el tantra Kâlacakra que existe cierto tipo de viento o energía vital incluso en un cadáver. Escribe esto en respuesta al tema bien conocido de que en el proceso de la muerte todas las energías vitales convergen en el corazón. Así que podría haber una disparidad aquí entre el sistema Guhyasamâja y el sistema Kâlacakra, ambos incluidos en el tantra yoga supremo.

Esto despertó el interés de Pete como médico:

—¿Puede mantenerse vivo el cerebro y el cuerpo estar muerto? Eso sólo podría ocurrir si hubiera circulación artifical completa, lo cual aún es ficción científica. Yo me había preguntado si lo que ustedes llaman el estado de la clara luz será en realidad la muerte del cuerpo pero la supervivencia del cerebro, pero si el viento cesa en los chakras del corazón, entonces el cerebro también está muerto durante la clara luz de la muerte.

Su Santidad asintió, confirmando esto con un cabeceo, y dando a Pete la ocasión de bromear:

—¡Así que la existencia de un estado con el cerebro vivo y el cuerpo muerto es sumamente anormal en todos los sistemas!

Definición de la muerte según el budismo

Cuando la risa general se calmó, el Dalai Lama siguió por la misma vía:

—Confundir las definiciones científica y budista de la muerte puede inducir a errores. En el sistema científico hablan ustedes con toda validez de la muerte del cerebro y de la muerte del corazón. Las diferentes partes del organismo pueden morir por separado. Sin embargo, en el sistema búdico, no se emplea de ese modo la palabra *muerte*. Nunca se hablaría de la muerte de una parte determinada del organismo, sino más bien de la muerte de toda la persona. Esto se ajusta al uso general, consensual del término *muerte*. Cuando la gente dice que determinada persona ha muerto, nosotros no preguntamos: «Vaya, ¿y qué parte murió?». La palabra *muerte* es un término general que se refiere a una persona más que un término específico que se refiera a un órgano individual. Según el budismo, la definición de la muerte tiene que considerarse opuesta a la definición de la vida. La *vida* se define como la base de la conciencia. En cuanto el cuerpo ya no es capaz de sustentar la conciencia, hay muerte. Desde una perspectiva budista, esta es una definición eficaz en el contexto humano, hablando en términos generales. Pero si se quiere entrar en más detalles, habrá que ir más allá de la existencia humana y tener en cuenta el reino de lo informe tanto como el reino de los deseos y el de la forma. La definición precisa de la muerte opera de forma adecuada en el reino de los deseos (el reino en que vivimos) y en el reino físico, que aún no hemos analizado. Pero en el reino de lo informe los seres sensibles no tienen cuerpos ordinarios, así que en ese contexto nuestra definición previa de la muerte resulta muy problemática».

La tradición búdica sostiene la idea de que los seres sensibles se nos presentan con formas desconocidas en este plano material o reino de los deseos. Los seres sensibles existen en un total de seis reinos: seres superiores del placer, dioses celosos, humanos, fantasmas hambrientos y seres del reino infernal. Desde un punto de vista occidental, la definición de Su Santidad también plantea problemas incluso en los reinos animales más conocidos, puesto que muchos dudarían que pudiera atribuirse conciencia a las ratas y a las mariposas, aunque haya algunas voces disidentes.[16] También algunos estudiosos tibetanos modernos han hecho una interpretación más metafórica de estas diversas formas de vida.[17]

Intermedio: Conversación sobre transplantes

Al ver que el té esperaba a la puerta, Pete dijo:
—Me gustaría hacer otra observación antes de dejarlo. Como el criterio científico occidental equipara la mente con el cerebro y a la persona con la mente, el objetivo de la medicina moderna es mantener vivo el

cerebro, a veces a expensas de otros sistemas orgánicos. Por otro lado, cuando el cerebro muere, nos morimos.

—¿No es probable que se lleguen a hacer transplantes de cerebro?
—Su Santidad volvía con esta pregunta al fascinante tema de si hay transplante de cerebro o transplante de cuerpo, que se había planteado en la primera Conferencia Mente y Vida,[18] y su pregunta desencadenó el siguiente diálogo rápido:

Pete Engel: Es una paradoja interesante, porque eso sería un transplante de cuerpo.

Dalai Lama: ¿Si se transplantara el cerebro a otro cuerpo, sería ese nuevo cuerpo el cuerpo del donante del cerebro?

Pete Engel: Así es. La persona va con el cerebro, así que un transplante de cerebro es un transplante de persona.

Dalai Lama: ¿Si es así, entonces la persona cuyo cuerpo recibiera un nuevo cerebro no se salvaría en realidad?

Pete Engel: Exacto. El cuerpo es el donante. Decimos que la persona que da el corazón es el donante, así que en este caso el donante sería quien da todo el cuerpo.

Dalai Lama: Pero no hay duda de que el transplante es constructivo; en realidad se crea una persona completamente nueva, otra persona.

Pete Engel: Si sus características como persona son su porte, la forma de gesticular, de hablar, entonces según la ciencia occidental, si su cerebro se transplantara a mi cuerpo, mi cuerpo adoptaría las características del suyo en esos aspectos que se rigen por la función cerebral.

Dalai Lama: La pregunta se centra en parte sólo en cuántas características estamos dispuestos a decir que constituyen la esencia de la persona. ¿Cuándo significaría la transformación un cambio en la esencia de una persona?

Pete Engel: Ha hecho usted una pregunta muy difícil. Están construyendo ya ordenadores tan complejos que podría decirse que piensan. Puede decirse incluso que son creadores. Esto nos obliga a intentar definir qué es lo que tiene de especial el cerebro humano que lo hace distinto de lo que podemos suponer que podría hacer un ordenador en el futuro, para que esté justificado decir que nosotros somos humanos y el ordenador no. Yo no creo que ningún neurocientífico diga que los ordenadores llegarán a ser humanos algún día, pero tampoco podrían dar una buena razón del porqué. Se convierte en un tema profundamente filosófico y hasta espiritual, que no tiene una respuesta satisfactoria para un científico puro. Me gustaría preguntar a mis compañeros científicos presentes si tienen algo que decir.

Dalai Lama: Si verdaderamente se identifica a la persona con el cerebro, podríamos preguntar si existe una persona durante la formación fetal de antes del cerebro. Usted dijo que la opinión general es que no existe persona en ese período. Si fuera así, constituiría una justificación del aborto. No sería matar a una persona sino simplemente extirpar una parte del cuerpo de la madre.

Pete Engel: Hay un debate muy serio en Occidente sobre el punto del proceso de la formación del feto en que éste se hace persona. Hay diferentes escuelas de pensamiento que dependen de las diferentes formaciones religiosas.

Francisco Varela: Hay que establecer una distinción entre poner fin a la vida de una forma básica y matar una mente, matar a una persona. Casi todos los científicos coincidirían en que la persona acompaña al cerebro y por lo tanto ha de haber algún tipo de cerebro en el feto para que haya una persona. Pero éste no es un argumento en favor del aborto en sí, porque seguramente hay vida incluso en el momento de la concepción.

Peter Engel: Volveremos al tema por la tarde. Pero déjeme considerarlo con detalle, porque nos ha dado bastante que pensar sobre los transplantes de cerebro. Se están haciendo transplantes parciales de cerebro en la medicina occidental, pero no funcionan muy bien. El cerebro entero no se transplanta, pero en las enfermedades debidas a la destrucción de una pequeña parte del cerebro con una función muy específica y necesaria, se pueden ya aislar las células nerviosas de un feto con la misma función e inyectarlas en el cerebro. Crecen, establecen conexiones y corrigen el déficit existente. Tienen que ser células cerebrales en proceso de desarrollo, no desarrolladas del todo, para crecer y conectarse correctamente.[19]

Dalai Lama: Y el feto tiene que morir, ¿no? ¿No lo puedes sacar de un feto vivo?

Peter Engel: Así es. El cerebro es sumamente complejo, sin embargo, y tiene muchas partes diferentes con muchas funciones diferentes. No podemos limitarnos a decir que el cerebro es la mente de la persona; nos vemos obligados a preguntar qué parte del cerebro es la mente. Si podemos transplantar partes del cerebro, ¿cuántas podemos transplantar en realidad sin que se pase a ser una persona diferente? ¡Ése es un tema interesante!

Interesante sin duda, y sobre el que se podría reflexionar durante muchos años. Pero nos sirvieron el té y se formaron como siempre pequeños grupos de conversación.

Muerte cerebral

Reanudamos la sesión y Pete prosiguió:
—Permítanme explicar la muerte cerebral con una exposición muy simple de cómo muere el cerebro. Si la causa de la muerte es un problema tóxico o metabólico generalizado afecta al corazón y muere también el resto del organismo. Para que se produzca la muerte cerebral tiene que haber algo que afecte al cerebro pero no al resto del organismo. Si la causa de la muerte es un tóxico sistémico, afectará también al corazón y al cerebro y ninguno de los órganos servirá para transplante.

«Lo que mata definitivamente el cerebro es la falta de riego sanguíneo; el sistema vascular queda destruido. El cerebro está en la bóveda craneal que lo proteje. Está rodeado de fluido y puede permanecer intacto aunque se produzca un trauma enorme en la cabeza. Pero la caja craneal protectora es también una cárcel. Si se produce algo que ocupe espacio en el interior del cráneo, como un tumor, ejercerá presión sobre el cerebro y el tronco del encéfalo. Donde la médula espinal y el tronco del encéfalo se unen al resto del cerebro hay un orificio en el hueso (espacio tentorial). Ésta es un área de posible hernia, donde el cerebro puede penetrar y salir por el otro lado. Si se produce algún trastorno estructural expansivo en el cerebro, como por ejemplo una hemorragia, un abceso, un tumor o una hinchazón causada por infección o trauma, el cerebro invade el orificio tentorial. Esto no sólo presiona el tronco del encéfalo, que es la zona crítica de la conciencia y de casi todas las funciones corporales, sino que presiona también sus principales arterias e impide que el flujo sanguíneo llegue al cerebro.

»Hay una segunda situación, cuando la masa anormal está en la cavidad en que está el tronco del encéfalo y ejerce una presión directa sobre éste y produce la muerte del cerebro. En el cerebro hay unos orificios denominados ventrículos que están llenos de fluido. Este fluido cerebroespinal se elabora en los ventrículos y fluye por un pequeño tubo del tronco del encéfalo que se llama acueducto de Silvio para salir del cerebro. Éste es el único conducto por el que puede salir el fluido cerebroespinal, así que cuando hay una masa en la segunda bóveda que causa hernia hacia arriba cierra el acueducto de Silvio y el fluido no puede salir. Al no poder salir se acumula, produciendo hernia tentorial e interrumpiendo la afluencia de sangre. De una forma u otra, el resultado final es la interrupción de la afluencia de sangre al cerebelo, la parte del cerebro en que creemos que se halla la conciencia. La persona muere pero el resto del cuerpo sigue vivo, que es el estado de muerte cerebral. Estos son los mejores donantes de órganos para las personas que necesitan un corazón o un riñón.

»¿Cómo determina la medicina moderna la muerte cerebral de un individuo con certeza suficiente para extirparle los órganos o al menos desconectar la respiración? Todas estas personas están conectadas a respiradores, porque la única forma de que se produzca ese estado es aportando artificialmente la respiración, el único factor crítico para la supervivencia física que controla el cerebro. Mantener a alguien en ese estado durante semanas es un desgaste emocional tremendo para la familia y es muy costoso. ¿Cuánto tiempo se mantiene a alguien en ese estado? ¿En qué momento desconectas el respirador, dejas morir el cuerpo y dices "hemos acabado"?

»No se discute que si ha muerto todo el cerebro, incluido el tronco del encéfalo, puede desconectarse el respirador. Para ello no ha de haber reflejos en el tronco del encéfalo. Algunos reflejos se transmiten por él y si no hay reflejos sabemos que el tronco del encéfalo ha muerto. La respiración, por ejemplo, es un reflejo del tronco del encéfalo. Si se desconecta al paciente del respirador y pasan tres minutos sin que se produzca la respiración espontánea, entonces ese reflejo no existe. Si no se mueven los ojos cuando echas agua fría en la oreja entonces, ese reflejo tampoco existe ya. Si se mueven los ojos, entonces todavía hay alguna función en el tronco del encéfalo. Por otro lado, el que persistan reflejos simples en el resto del cuerpo por mediación de la médula espinal no tiene nada que ver con el estado del cerebro. Así que podemos diagnosticar muerte cerebral aunque persistan esos reflejos, porque en Occidente no creemos que vivamos en la médula espinal sino que creemos que vivimos en el cerebro.

»Otra cosa que tenemos en cuenta es el EEG, que indica si la corteza cerebral está funcionando. Si hay actividad encefalográfica, entonces sabemos que el cerebro no está muerto. Si el EEG es plano, el cerebro puede estar muerto, pero no es una prueba absoluta. Como dijo Francisco es como poner un micrófono en Dharamsala: el que no oigas nada, no significa que no haya nadie allí. Así que han de considerarse todas estas cosas conjuntamente. También observamos el flujo sanguíneo inyectando tinturas en las arterias y utilizando rayos X para ver si la sangre afluye al cerebro. Si no hay afluencia de sangre al cerebro, es una señal definitiva de muerte cerebral. Pero es caro y difícil hacerlo, por lo que normalmente nos basamos en el EEG y en los reflejos del bulbo raquídeo. Si el EEG es plano, los reflejos del bulbo raquídeo no existen y nos consta que la causa del coma es irreversible, entonces el paciente ha muerto cerebralmente y podemos desconectar el respirador. Si no conocemos la causa y pudiera ser reversible, como por ejemplo en un estado inducido por medicamentos, entonces no podemos estar seguros. Suelen repetirse todas las pruebas al cabo de veinticuatro horas para demostrar que se trataba de una situación permanente, pero en muchos casos ya no es necesario.»

Nexos cerebrales de la conciencia

—Creemos que la conciencia, todo lo que distingue a la vida humana, está en la corteza cerebral. Si la corteza está muerta pero el tronco del encéfalo está vivo, ¿está muerto el cerebro? Esto es un tema de debate actualmente en la ciencia médica occidental. Puede ser cierto lo contrario también y es una situación verdaderamente trágica. Si alguien sufre un ataque en el tronco del encéfalo, por ejemplo, puede quedar paralizado del cuello para abajo, sin poder respirar. Sobrevive conectado a un respirador y no puede moverse. Su cerebro aún sigue vivo, pero no tiene forma de comunicarse. Puede ver, porque los nervios ópticos van directamente al cerebro, y puede mover los ojos, porque los músculos oculares están en la cabeza. A veces puede oír, pero no puede hablar. Esto se denomina síndrome de atonía y es dificilísimo determinar sin unos análisis neurológicos minuciosos si está vivo el cerebro. Suele tratarse a estas personas como si estuvieran en coma, pero pueden ver y oir lo que pasa.»

La mera evocación de este estado es inquietante, y es natural que Su Santidad quisiera saber si había posibilidad de curación.

—Depende de la causa —prosiguió Pete—. Normalmente la causa no es curable, pero puede serlo. Normalmente es apoplejía, pero a veces lo que provoca los síntomas es el edema o hinchazón que produce el ataque, en cuyo caso desaparece con el tiempo y se recupera la función. La persona no volverá a la normalidad, pero recupera el movimiento. Así que es importante identificar al paciente que puede salvarse y lo es también identificar al que está despierto y comprende lo que pasa y que probablemente esté aterrado, y no limitarse a ignorarlos como si estuvieran en coma. Es normal hacer un EEG a una persona en este estado; puede saberse cuándo están dormidos o despiertos. Es posible comunicarse con ellos estableciendo un código basado en movimientos oculares.

«Permítanme profundizar más en el tema de la conciencia. En la parte superior del tronco del encéfalo hay una zona denominada *sistema de activación reticular ascendente*. La fina red del sistema reticular se extiende por todo el tronco encefálico y penetra en el tálamo. El tálamo desempeña un papel importantísimo en la integración de las funciones motrices sensoriales, pero su responsabilidad primordial es despertar. Es lo que hace que nos despertemos. Las lesiones del sistema de activación reticular impiden al paciente despertarse. En la parte inferior del tronco están las funciones respiratorias. Como están separadas, las lesiones pueden destruir la conciencia sin destruir la respiración. Y, en ese caso, el individuo inconsciente continúa respirando.» (fig. 7.1).

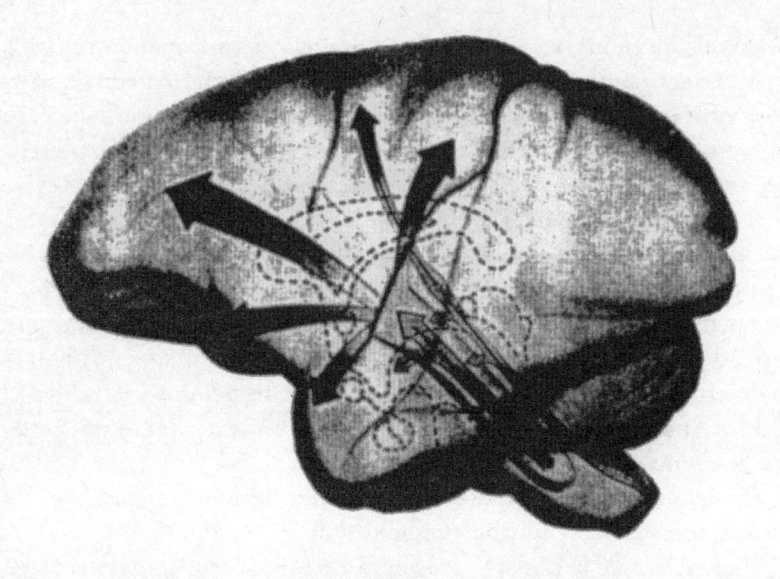

Figura 7.1

Sistema de activación reticular ascendente del cerebro de un mono. (De Magoun, en Brain Mechanisms and Consciousness, *Delafresnaye, ed., Blackwell, Oxford, 1954.)*

Alteraciones de la conciencia

—Ahora voy a hablar de la conciencia y la inconsciencia. La inconsciencia incluye el coma, pero hay otros tipos de alteraciones de la conciencia que merecen analizarse. La definición de conciencia desde el punto de vista médico es simplemente un estado de conocimiento del yo y del medio. Eso excluye la conciencia en el sueño, pero el sueño es, en cierto modo, una forma de conciencia con sueños y sin duda alguna con sueños lúcidos.

«Quiero exponer algunos conceptos básicos de la organización funcional del cerebro y mostrarles algunas técnicas nuevas no agresivas que demuestran realmente estas cosas en el cerebro humano vivo. En la figura 7.2 hay una serie de subdivisiones fundamentales del cerebro que ya han visto anteriormente. Por ejemplo, el lóbulo frontal, el lóbulo parietal, el lóbulo occipital y el lóbulo temporal contienen la llamada corteza primaria, que incluye la corteza motriz primaria y las cortezas somatosensorial primaria, visual primaria y auditiva primaria. En el lado

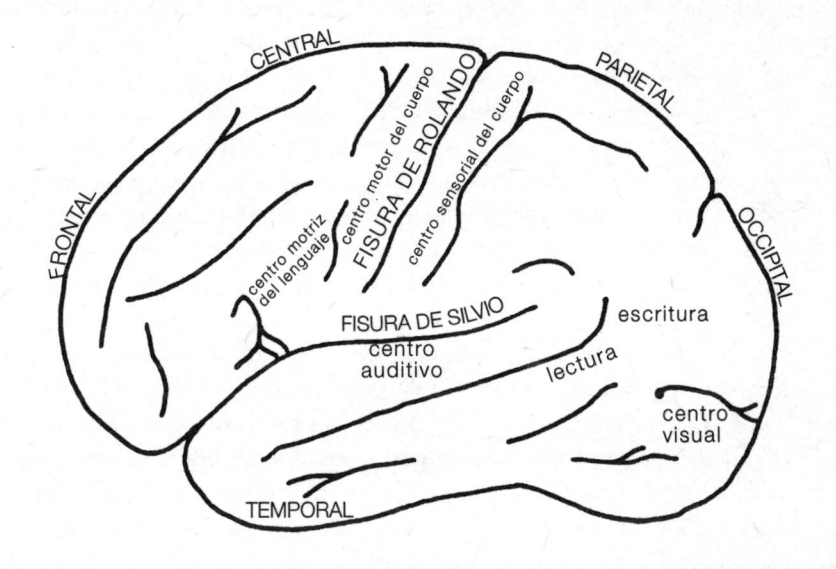

Figura 7.2

Regiones de la corteza cerebral con funciones fisiológicas y anatómicas especiales. (Adaptación de EEG Technology, Coper et al., *2ª ed., Butterworth's, Londres, 1974.)*

izquierdo del cerebro está en la mayoría de las personas el lenguaje (motriz y receptivo). Estos centros son relativamente pequeños. Casi todo el cerebro está compuesto por lo que llamamos corteza de asociación, con funciones muy difíciles de definir. Estas partes pueden extirparse a veces sin alterar la capacidad funcional del paciente ni su personalidad. Se da también un tremendo grado de ductilidad; si se lesiona una parte del cerebro, puede asumir esa función otra parte del mismo. La ductilidad es mucho mayor en las personas muy jóvenes. Al hacerte más viejo tienes menos ductilidad, pero las cortezas primarias no son dúctiles.

»Es tradicional en neurociencia la polémica de si las funciones superiores están localizadas por separado en el cerebro o distribuidas. Por ejemplo, cuando yo pienso en mi madre, ¿ocurre esto en el hipocampo, un centro clave, encargado de la memoria, o se requiere una red disociada de dos células aquí, tres células allá, algunas más en otra parte, para que surja esa idea mental de mi madre? La opinión que se va generalizando es que interviene en realidad toda la red. Puedes quitar partes y queda suficiente en la mayoría de los casos para completar la imagen. No obstante, hay lesiones pequeñas de la corteza primaria que pueden producir deficiencias neurológicas espectaculares. Si se localizan en otras partes, pueden no producir ningún problema grave. Para que haya alteración de la conciencia tiene que haber lesión en toda la corteza cerebral en ambas partes o en el sistema de activación reticular del tronco del encéfalo.

»Quiero mostrarles ahora algunas de las nuevas técnicas para obtener imágenes del cerebro. Lo que ven en las imágenes de la figura 7.3 (véase lámina en color entre las pp. 32 y 33) es la estructura del cerebro de una persona normal con color superpuesto para obtener información funcional. El color es muy difuso pero podemos hacerlo más localizado creando tareas especiales. El color representa la información obtenida mediante una técnica de imagen llamada tomografía de emisión positrónica o PET. Crea una imagen de función en el cerebro mediante la inyección de un visualizador radiactivo en la sangre y detectando luego dónde aparece en el cerebro. En este caso, el rastreador es glucosa, así que podemos ver qué partes del cerebro utilizan mucho azúcar y qué partes utilizan menos. La imagen del uso de glucosa que genera el ordenador se colorea luego de forma que la máxima utilización de glucosa aparece en rojo, seguida de amarillo, verde y azul para la cuantía más baja.

»Las imágenes de la figura 7.3 indican diversas tareas cognitivas de los individuos. Hay cierta actividad en diferentes regiones, según la tarea. Los espacios azul oscuro son los ventrículos llenos de fluido cerebroespinal; ahí no existe ninguna actividad cerebral. Por ejemplo, para la tarea denominada "visual", el sujeto examina un dibujo que le han puesto delante. Cuando el sujeto abre los ojos, se puede observar actividad en la corteza occipital. Ésta es la corteza visual (señalada con flechas en la figura). En las tareas "cognitivas" los sujetos tenían que recordar y solucionar problemas, mientras que en las tareas de "memoria" los sujetos escuchaban un relato y tenían que recordar luego todos los detalles que pudieran. La tarea "motriz" consistía simplemente en tocar sucesivamente con los dedos el pulgar opuesto. En "auditivo" el estímulo era una combinación de material verbal y no verbal recibido en ambos oídos. Puede verse la participación de la corteza auditiva. Casi todas las personas tienen un hemisferio dominante del lenguaje (habitualmente el izquierdo), en el que reside el centro del lenguaje, y un hemisferio no dominante.»

La inclinación de Su Santidad por el detalle experimental se manifestó inmediatamente:

—¿Es esto específico de la lengua materna?

Pete explicó que el hemisferio dominante no se activaba al oír un idioma extranjero que el sujeto no entendía. El Dalai Lama insistió:

—¿Hay alguna diferencia si la persona habla la lengua materna o si habla una lengua extranjera aprendida?

Pete explicó de nuevo:

—Todo el proceso del lenguaje está en el lado dominante, pero si alguien sabe dos idiomas podrían estar situados en distintas zonas. Una lesión parcial del cerebro podría causar la pérdida de un idioma y no la del otro.

—Ya entiendo —repuso Su Santidad, con una gran sonrisa, y luego se echó a reír—. Creo que había un primer ministro en la India que sabía once idiomas, ¡estaba en una situación mucho más segura!

Pete prosiguió:

—Éste es un tema fascinante, porque hay lenguas que tienen más representación en el lado derecho que otras. El japonés, por ejemplo, es muy pictórico y necesita más del lado derecho del cerebro, que es fundamental en la organización espacial, visual.

—Ese sería el caso de una persona que supiese leer los caracteres *kanji*, ¿pero es lo mismo en una persona que no lee? —preguntó Su Santidad.

—Éste es un terreno muy polémico. Algunos lingüistas japoneses creen que en el idioma japonés hay ciertos aspectos que imitan sonidos de la naturaleza, como por ejemplo los sonidos de las aves y los insectos. La participación del lado derecho se relaciona indudablemente con la escritura, pero es más complicado que eso.

Su Santidad señaló que el tibetano también tiene muchas palabras que imitan sonidos.

—Por ejemplo, la palabra para motocicleta es *bok-bok*.

Volvimos a reírnos todos con él de buena gana.

—Quizá la función más importante esté en una zona que no veamos. Lo que podemos saber es el número de células que utilizan glucosa. Si esa función esencial fuese muy efectiva e interviniesen en ella sólo unas cuantas células, no lo veríamos. La mayoría de la gente cree que captamos la música con el lado derecho, pero no siempre es así. Por ejemplo, en un experimento se dio a los sujetos una tarea musical. Consistía en escuchar una serie de tonos y luego, después de una pausa, determinar si una segunda serie era igual o distinta. Unas personas hacen esto con el lado derecho y otras con el izquierdo. Sólo se ha hecho el experimento con unos cuantos sujetos, pero resulta interesante que haya una diferencia en la manera que tiene la gente de recordar los tonos. Los que emplean el lado derecho del cerebro recuerdan los tonos tarareándolos interiormente. Los que utilizan el lado izquierdo o bien son músicos expertos que visualizan las notas en una escala, o utilizan un enfoque analítico y visualizan las notas, por ejemplo, como barras de diferente longitud. La estrategia es distinta. El lado izquierdo del cerebro parece más comprometido en los procesos analíticos. Para demostrarlo, los investigadores eligieron personas se inclinaran por el planteamiento analítico para recordar los tonos e hicieron una prueba similar, utilizando el timbre en vez de tonos. El timbre es una característica del sonido fácilmente reconocible, como la diferencia entre un piano y un violín, pero no es fácil de cuantificar. No se puede visualizar como las notas en una escala o como longitudes de barras. Cuando la gente que oía las notas con el lado izquierdo hizo la misma prueba con el timbre, la actividad pasó al lado derecho.

«Ahora quiero hablar de los mecanismos de la conciencia alterada. Clasificamos las lesiones cerebrales según sus síntomas en destructoras e irritantes. La parálisis, la ceguera y la sordera, por ejemplo, son destructoras; las alucinaciones, el dolor y los ataques epilépticos son irritantes. Los casos de lesiones destructoras que causan alteración de la conciencia afectan a toda la corteza difusamente. Pero los trastornos irritantes también puede causar alteración o pérdida de la conciencia. Los trastornos psicogénicos son un ejemplo; en este caso es la mente más que el cerebro quien altera la conciencia.

»Las lesiones destructivas pueden ser agudas o crónicas. Los estados agudos de alteración de la conciencia pueden definirse yendo de los menos a los más perniciosos. En el estado de confusión, una persona se desorienta. El delirio entraña mayor confusión aún. En el embotamiento les resulta difícil mantenerse despiertos, pero puedes despertarlos y obtener respuestas de ellos. Sigue a esto el estupor, en que resulta difícil despertarlos y obtener alguna respuesta razonable, aunque pueden responder al estímulo doloroso. Finalmente, en el estado de coma, son completamente insensibles. Estos términos no son muy cuantitativos. Creo que son espantosos, porque en realidad no explican lo que está pasando. Para estudiar estas situaciones hay que ser específico en cuanto al estímulo empleado y a la respuesta obtenida. El coma es una disfunción muy grave en la que el sistema de activación reticular se halla en estado de *shock*, aunque no esté dañado directamente. En algunas formas de coma la lesión del sistema de activación reticular puede ser irreversible. Debemos tener muy en cuenta, sin embargo, que el coma es siempre un estado transitorio, que la gente saldrá de él: o mueren o despiertan. Pueden tardar semanas y a veces meses en superar el *shock*, pero si sobreviven acaban despertando. Aunque si tienen una lesión cerebral grave, podrían no estar mejor al despertar que cuando estaban en coma. Esto se llama estado vegetativo persistente.

»El estado vegetativo se produce cuando alguien despierta después de varias semanas o meses de coma pero no tiene cerebro consciente. Conserva las funciones automáticas pero no tiene capacidad para responder al medio ni conciencia del yo. Puede necesitar un respirador o no. Éste es un problema ético importante en medicina. Estos individuos crean una tremenda cantidad de sufrimiento a su familia y se gastan inmensos recursos en mantenerlos vivos. Ahora mismo, si un individuo en estado vegetativo puede respirar por su cuenta, podría vivir indefinidamente y los médicos no podemos hacer nada para impedirlo.

»La demencia es un estado crónico en el que una lesión estructural del cerebro incapacita de forma prácticamente general a la persona. Hay diversas formas de demencia, causadas casi siempre por enfermedades degenerativas de la corteza cerebral. Otro tipo de alteración de la conciencia es el hipersomnio, en que aumenta la necesidad de dormir. Hay dos tipos. La gente puede tener sueño por las razones que expuso Francisco el lunes (véase pp. 44-46). El otro es el *fenómeno de estado neutro*, en que hay breves períodos de sueño llamados *microsueños*. Durante estos períodos el individuo funciona, pero en realidad está dormido y no recuerda lo que hace. Estas personas pueden comportarse de forma extraña. Por ejemplo, pueden coger un coche, ponerse a conducir y encontrarse luego de pronto en un lugar desconocido sin saber cómo han llegado allí.

»También hay estados psicogénicos. Se dan tres en las psicosis o en condiciones esquizofrénicas. En la catatonia, el individuo está despierto pero no reacciona. Puedes colocarles las extremidades en determinadas posturas y se quedarán así. Es una condición psiquiátrica denominada flexibilidad cérea. No se debe a una lesión física del cerebro que podamos ver, sino que probablemente sea un desorden químico del cerebro que aún no hemos descubierto. Las ilusiones son estados psicóticos en que los objetos parecen distintos de lo que son. Por ejemplo, un perro puede parecer un león feroz. Las alucinaciones que se producen en estados psicóticos son principalmente auditivas más que visuales. Un individuo puede oír voces que le mandan hacer algo. La histeria es una neurosis, que no es tan profunda como la psicosis. Los individuos manifiestan síntomas de una enfermedad que en realidad no tienen. El coma puede ser un síntoma histérico: a veces parece que un paciente está en coma pero su cerebro está perfectamente normal.»

Epilepsias

—La última causa de alteración de la conciencia es la epilepsia, campo en que me he especializado durante muchos años. La epilepsia consiste en estados en que las células cerebrales reaccionan exageradamente por una lesión u otro trastorno. Estos estados pueden subdividirse en parciales o generalizados. Los ataques parciales empiezan en una parte de un hemisferio cerebral, mientras que los ataques generalizados empiezan en ambos lados simultáneamente.

«Los ataques parciales se dividen a su vez en simples y complejos, según se modifique la conciencia o no. Un ataque parcial simple puede ser sólo temblor en una mano o ver algo que no existe. Un ataque parcial complejo produce pérdida del conocimiento. Los individuos pueden caerse y realizar extraños movimientos con las extremidades, o movimientos masticatorios, pero no hacen movimientos enérgicos y violentos. Los ataques parciales complejos se deben a anormalidades de una parte concreta del cerebro llamada sistema límbico o lóbulo temporal.

»Dividimos los ataques generalizados en convulsivos y no convulsivos. Un ataque convulsivo es lo que la mayoría de la gente considera que es un ataque epiléptico; el individuo se queda rígido, se cae y luego tiene convulsiones. Pueden morderse la lengua u orinarse. En algunos ataques no convulsivos pierde brevemente el conocimiento, quizá unos segundos; puede pestañear y eso es todo. Estos ataques pueden producirse varias veces al día. En los ataques mioclónicos, sólo hay una o varias contracciones rápidas. Hay otros ataques en que la persona pierde el tono muscular y se cae.

»Éstos son todos involuntarios y bastante frecuentes. La epilepsia crónica se da en el 1 % de la población aproximadamente. Si una persona vive hasta los ochenta años tendrá como mínimo una posibilidad entre diez de sufrir uno de estos ataques. La epilepsia es un fenómeno único del sistema nervioso que nos ha permitido comprender los mecanismos de la función cerebral. Hace muchos siglos que la medicina occidental describió la epilepsia, aunque estuviese unida en el pasado a las ideas religiosas y se considerase posesión demoníaca. La gente que tiene epilepsia suele soportar una maldición doble, primero por la enfermedad en sí y luego por la opinión que tienen de ellos los demás como personas poseídas o locas.

»Hay dos fuerzas en el cerebro, excitación e inhibición. Ciertas células cerebrales segregan una sustancia química o transmisor que puede o excitar a otra célula y activarla o inhibirla e impedirle actuar. Cuando el cerebro deja de funcionar, por ejemplo en la parálisis o la pérdida del conocimiento, puede deberse a falta de excitación o a un aumento de la inhibición. En algunos casos, la pérdida de conocimiento es un proceso activo, no un proceso negativo. La epilepsia es una dolencia cerebral en la que las células están anormalmente activas. Si están localizadas provocan ataques parciales; si están distribuidas por todo el cerebro, causan ataques generalizados. La actividad global puede ser de excitación, que obliga a la persona a actuar de algún modo, o puede ser de inhibición, que hace perder el conocimiento. La sincronización es un factor importante. Normalmente, las células actúan de forma independiente y esa independencia es necesaria para que funcionen. Si hay demasiada sincronización, las células no pueden hacer lo que tienen que hacer. Lo mismo que cuando uno toca el piano, en que cada dedo hace una cosa distinta para conseguir una música bella. Si lo hiciera con los puños, haría ruido: eso es un ataque epiléptico.

En la figura 7.4, un EEG de un paciente con un ataque de epilepsia parcial muestra las puntas agudas en la región temporal derecha causadas por las descargas anormales sincronizadas de neuronas en esa zona. Estos ritmos aparecen al principio del ataque y se van extendiendo gra-

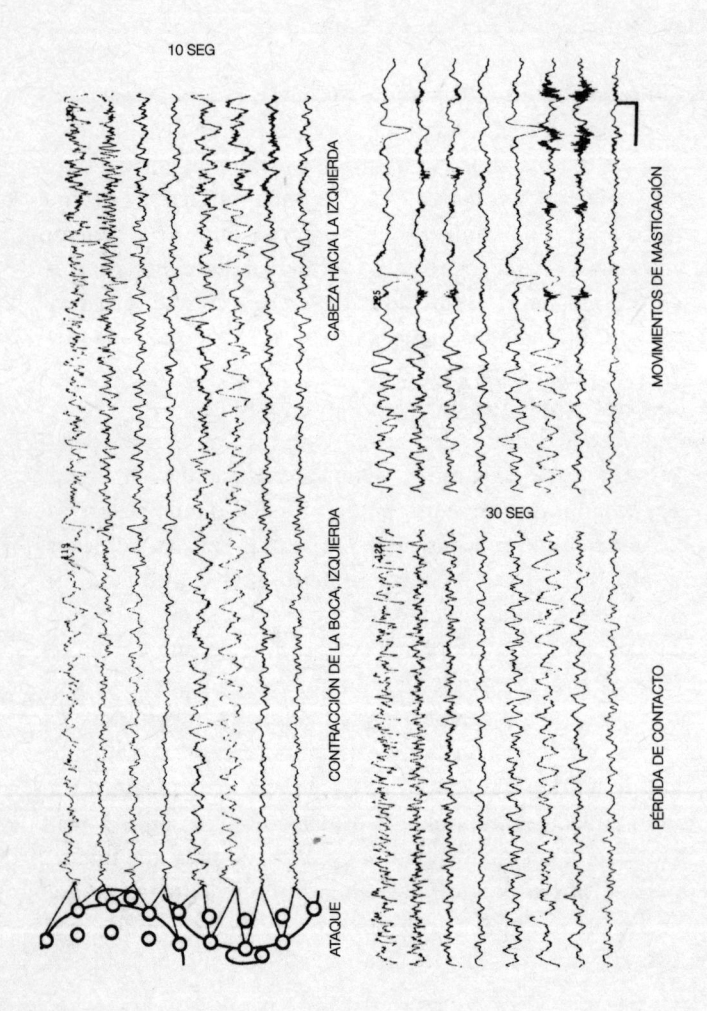

Figura 7.4

EEG de un paciente con epilepsia del lóbulo temporal durante un ataque parcial complejo.

dualmente a porciones más amplias del hemisferio derecho y luego al otro lado del cerebro también. Al principio el paciente tenía la boca contraída y experimentaba sentimientos extraños. Luego volvió la cabeza hacia la izquierda. Cuando la actividad epiléptica se extendió al otro lado del cerebro, perdió la conciencia durante casi un minuto. Después del ataque cesó la actividad hasta el punto de que el cerebro apenas funcionaba. El paciente estaba haciendo por entonces movimientos de masticación, pero no reaccionaba. La figura 7.5 (véase lámina en color entre las pp. 32 y 33) muestra dos exploraciones PET. Las dos secciones de la primera a la izquierda se obtuvieron cuando el paciente no tenía ataque e indican su estado habitual de metabolismo comparativamente menor de la glucosa en el hemisferio derecho, donde empiezan sus ataques. A la derecha hay dos secciones de una exploración obtenida durante el ataque de la figura 7.4. Se trata de una media de actividad metabólica durante varios minutos, incluido el ataque que se ve en la figura 7.4 y el período posterior. El metabolismo de la glucosa incrementado se ve en blanco como el más alto e indica el punto del hemisferio derecho donde empezó el ataque y se extendió inicialmente. La menor actividad del resto del cerebro se debe a la reducción generalizada de la función cerebral que se produjo al terminar el ataque.

»Hay ejemplos de otras dos clases de ataque con pérdida de conciencia. Un acceso convulsivo generalizado es un *ataque clónico tónico* en que el paciente se queda rígido y luego se agita. Esto indica un aumento de actividad en todo el cerebro. El otro tipo es el *ataque de ausencia*, que es una pérdida brevísima de conciencia. El EEG es muy diferente en este caso porque el ataque es principalmente inhibición, no excitación. Dura pocos segundos y el EEG durante ese tiempo muestra ondas agudas y lentas de alto voltaje. El examen PET sigue mostrando un enorme aumento del consumo de glucosa durante estos brevísimos ataques de ausencia, lo que demuestra que esta inhibición es un proceso activo (fig. 7.4 y fig. 7.5).

»Durante estos estados de alteración de la conciencia un paciente puede ver visiones si el ataque se produce en el sistema visual, u oír voces si es en el sistema auditivo. Puede hacer cosas extrañas como temblar o vagar sin rumbo. Antiguamente se les consideraba personas muy raras. La idea que se tenía de los que sufrían ataques era muy diferente según las distintas culturas.[20] Los primitivos cristianos creían que estaban poseídos por el demonio y los quemaban en la hoguera. Otras religiones creían que estas personas estaban poseídas por un espíritu benigno. Los griegos creían al principio que la epilepsia era una bendición y la llamaban "enfermedad sagrada". Hoy se cree que las visiones prodigiosas de algunos grandes santos cristianos como Juana de Arco eran en realidad ataques epilépticos. Se creía que Mahoma era epiléptico, como lo admitió él en sus escritos.»

Epilepsia y medicina tibetana

El doctor Engel continuó:
—Tengo curiosidad por saber qué piensa la cultura tibetana de los epilépticos. Hace ya muchos años conocí al doctor Dolma, que me explicó que la epilepsia no era un problema grave entre los tibetanos como lo es en Occidente. Creo que está hoy aquí su médico y me gustaría saber si puede decirnos si son muchos los tibetanos que padecen epilepsia, si tienen tratamiento para ella y si creen que es un proceso de enfermedad natural o creen que tiene algún significado religioso.

Me di cuenta, y me hizo cierta gracia, de que el especialista que había en el doctor Engel no estaba dispuesto a desperdiciar la oportunidad de profundizar en el asunto. Su Santidad se volvió al doctor Tenzin Choedrak, su médico personal y uno de los representantes más respetados de la tradición médica tibetana. Después de muchos años de ejercicio de la medicina, el doctor Choedrak pasó varios años en una prisión china antes de pasar a la India. Era notable por sus conocimientos, pero a mí me impresionaba sobre todo por la simpatía y la sencillez de su persona. Habló con calma mediante los intérpretes:

—Aunque en la literatura médica tibetana no existe un análisis general de la epilepsia y de su tratamiento, sí hay referencias a ella. Éstas incluyen descripciones de los síntomas de un ataque epiléptico y explicaciones de la disfunción física que los desencadena. Se habla de tres tipos principales de ataques epilépticos, relacionados con los distintos tipos de metabolismo detectados mediante el examen de las pulsaciones.

«Hay un tipo de ataque que se relaciona con un "trastorno calórico", con pulso muy fuerte, y en este caso no hay ningún tratamiento. Es incurable. Otro tipo de ataque se relaciona con un "trastorno frío", detectable por el pulso más sutil, y éste puede curarse. Se considera que el ataque epiléptico se produce en el cerebro y se exponen dos causas principales del mismo. Una es una hinchazón en el interior del cerebro y la segunda es una influencia exterior, como por ejemplo organismos diminutos que no se pueden detectar a simple vista. Éstas son las dos causas que provocan el ataque. El tercer tipo de epilepsia puede determinarse tomando el pulso: al tomarlo con una presión suave normal se siente el pulso, pero si presionas un poco más fuerte no puedes sentirlo. Esto se denomina "pulso vacío", porque se vacía como un globo. Presionas y desaparece de repente.»

Hizo una pausa y luego añadió:

—Es muy difícil entender esto de forma coherente si no se tiene una idea clara del sistema médico tibetano en conjunto.

El Dalai Lama tendió un puente:

—Sé por experiencia que los médicos tibetanos pueden hacer diagnósticos muy precisos sin un instrumental complejo. En mi caso personal, una vez ingresé en un hospital de Calcuta o Delhi, donde utilizaban unos aparatos enormes; pero se equivocaron en el diagnóstico. Nuestros médicos, sin instrumentos, te tocan las muñecas, escuchan los diversos pulsos, examinan al enfermo y luego saben exactamente qué le pasa. Es realmente notable todo el sistema en su conjunto.

«Trazaré un esquema general de las bases de la medicina tibetana. La fisiología humana se explica en ella a partir de tres humores: aire, bilis y flema. ¿Dónde se originan los trastornos o desequilibrios del aire, la bilis o la flema? Los trastornos del aire, la bilis y la flema proceden respectivamente de los «tres venenos» o dolencias mentales primarias, que son: el apego, la cólera y la ignorancia. Estas tres dolencias mentales dan lugar a perturbaciones de estos tres humores. En algunos tratados se relacionan también los trastornos físicos con la ignorancia, los trastornos óseos con la cólera y los trastornos sanguíneos con el apego. Podemos decir en términos generales que las enfermedades del cuerpo se relacionan con desequilibrios de estos tres humores, que tienen su origen en las tres dolencias mentales primarias.

»En el sistema médico budista tibetano se afirma también que los agentes externos pueden provocar determinados desequilibrios físicos. Entre estos agentes figuran criaturas no humanas como los *devas* (o seres celestes), *nâgas* (o seres subterráneos) y otras criaturas. Se trata de entidades que habitan en este planeta y que pueden hacer daño a las personas, como en los relatos occidentales sobre la posesión. Aunque pueden hacer daño a las personas no son la principal causa de las enfermedades, sino que catalizan un desequilibrio de estos humores.

»Hay diversas formas de diagnosis. Por ejemplo, la diagnosis del pulso y la diagnosis de la orina. Las dos son técnicas muy refinadas y complejas. Está también el estudio de los síntomas de la enfermedad, que incluye por ejemplo el examen de los sueños. Una vez completado el diagnóstico se da al enfermo la medicación. Si durante un tiempo determinado la medicación sola no es eficaz, se aplican métodos adicionales, entre ellos ceremonias religiosas. No una ceremonia religiosa general, sino una específicamente relacionada con la enfermedad en cuestión. Por ejemplo, si un médico cree que en la enfermedad del paciente interviene un *deva*, hay ritos específicos destinados a contrarrestar su influencia. A veces un paciente no experimenta ninguna mejoría después de un período largo tomando sólo la medicación y sucede que después de que se celebre uno de estos ritos la medicación empieza a ser eficaz.»

—¿El objetivo de la práctica médica es curar al paciente a toda costa o hay veces en que se cree que el paciente debe morir y se interrumpe el tratamiento? —preguntó Pete.

Esta pregunta nos llevaría de nuevo al tema general de la muerte y la ética de la muerte.

Tras un breve momento de conversación con el doctor Choedrak, Su Santidad dio una respuesta:

«—Hay preceptos que aceptan los médicos en la tradición médica budista tibetana y uno de esos preceptos establece que los médicos están obligados a emplear todos los medios a su alcance para curar al paciente. No se da nunca el caso de que los médicos crean que disponen de una medicación que podría beneficiar al enfermo y se nieguen a dársela y dejen morir al paciente. Hacerlo supondría quebrantar el precepto. Naturalmente, es dudoso que la medicación vaya a ser eficaz en todos los casos. Pero el médico ha hecho el voto, o ha de cumplir con el precepto, de hacer todo lo posible por curar.»

Síntomas de muerte en la tradición tibetana

—¿Y si el paciente está inconsciente y es evidente que no recobrará nunca el conocimiento? —insistió Pete.

—Basándose sólo en el diagnóstico del pulso se pueden apreciar con bastante claridad ciertos indicios de que la muerte es inminente. De hecho, hay múltiples formas de detectar los indicios de muerte. Por ejemplo, cuando se tiene un gran dominio de esa técnica se pueden detectar en la respiración, incluso en la de una persona que se encuentre en apariencia perfectamente bien de salud, indicios de la muerte, aunque puedan faltar quizá varios años para que se produzca. Las diferentes clases de pulso pueden indicar muerte relativamente lejana, muerte a un plazo medio, o muerte próxima. En el tercer caso, cuando la muerte está bastante próxima y el médico sabe que ya no hay esperanza de recuperación, no intentará animar al paciente instándole a que tome la medicación de todos modos. Le dirá más bien que coma lo que le apetezca. Si antes había impuesto limitaciones de dieta, las levantará ya y no le dará más medicación. Eso es porque el médico reconoce que no serviría de nada.

—¿Son erróneos alguna vez los diagnósticos? —preguntó Pete con cierto asombro.

La respuesta fue rápida.

—Muy posiblemente.

—Hay historias de médicos muy competentes —terció Adam Engle— que anuncian que van a morir en determinado momento, y luego se mueren. Existe la idea de que puedes darte cuenta ya de que ha terminado lo que hayas venido a hacer aquí durante esta vida y es hora de marcharse. Si es así, ¿en qué punto sería válido que alguien decidiera apretar el botón, como decimos nosotros? Hay una mujer en California que no está cerebralmente muerta sino muy despierta. Sin embargo, su organismo está tan deteriorado que desea morir. Hay que alimentarla y mantenerla artificialmente y los médicos no pueden poner punto final a la situación. Ha demandado al estado de California para que le permitan morir. Es una situación terrible, pero los médicos no pueden hacer nada en un caso así. Así que mi pregunta es cuándo se considera que es correcto poner punto final desde el punto de vista budista.

—Como principio general hay que considerar qué será lo más beneficioso —contestó Su Santidad—. Son de suma importancia los deseos del enfermo. Luego, los deseos de los familiares. También debiera tenerse en cuenta el coste. En algunas circunstancias, el paciente no quiere seguir viviendo o no tiene ninguna opinión al respecto. El ser humano es lo más valioso del mundo. Si el cerebro no le funciona y sólo se mantiene vivo el cuerpo con grandes gastos, sería más útil emplear el dinero en otros objetivos, dado que no existe ninguna posibilidad de recuperación. Hay casos en que los familiares están dispuestos a gastar el dinero, aunque no haya esperanza de recuperación; y eso, por supuesto, es decisión suya. Desde el punto de vista budista, yo creo que si el cerebro de la persona puede utilizarse para pensar, para moverse y para acrecentar ciertas motivaciones útiles y positivas como la compasión y otras similares, esto es bueno. También podría darse el caso de que el cerebro de la persona estuviera activo pero no consiguiese nada, a diferencia de la persona que está dispuesta a utilizar esa oportunidad para acrecentar sus actitudes saludables, como cultivar la compasión. Por otro lado, puede haber casos en que el cerebro esté muy activo pero se utilice todo él para sentirse siempre deprimido, angustiado o preocupado por la imposibilidad de moverse, de utilizar el cuerpo, etcétera. Ese sería un caso distinto, en que el cerebro se utiliza simplemente para aumentar el propio sufrimiento.

Etapas de la muerte

Yo estaba deseando profundizar más en las etapas de la muerte, así que utilicé la pregunta de Adam como trampolín.

—En el caso del médico que decide morir, hay veces que pueden permanecer en un estado en que el cerebro está muerto pero el cuerpo permanece durante un tiempo vivo. Nosotros hemos presenciado casos de personas que tardaron bastantes días en morir. ¿Qué opina de eso? ¿En qué momento se produce la muerte?

—Se dice de esa persona que está agonizando pero aún no ha entrado en la muerte.

Esto era precisamente lo que yo quería plantear, y Pete ayudó añadiendo:

—Parece que la definición de muerte es bastante diferente en el budismo y en la medicina occidental. Hace tiempo, conocí a un meditador tibetano llamado Lama Yeshe, que murió en California en un hospital occidental. Los médicos dijeron que estaba muerto, pero sus amigos dijeron que no y pidieron que le dejaran solo. Permaneció allí otros tres días sin descomponerse, presumiblemente en la clara luz de la muerte. Por último, dijeron que había muerto y se llevaron el cuerpo. En ese proceso no hay vida que pueda detectarse con la medicina occidental; ¿cómo determina la práctica médica budista que este individuo todavía no ha muerto?

Su Santidad volvió a consultar con su médico.

—Hay un criterio muy simple: compruebas si el cuerpo se está descomponiendo o no. Si el cuerpo no se está descomponiendo, entonces lo dejas. No obstante, he preguntado al doctor Choedrak si hay alguna alusión en los tratados médicos a la permanencia en la experiencia de la clara luz de la muerte y la respuesta del doctor ha sido que no.

Reflexionó un momento y luego prosiguió:

—Permítanme que les haga una descripción del proceso de la agonía y de la muerte según el Vajrayâna búdico. Es algo que queda bien expuesto en estos textos, pero aún ha de investigarse por medios científicos. Este análisis se basa en el centro de energía del corazón, en el que se dice que hay un elemento blanco muy sutil y un elemento rojo (sánscr. *bindu*). En el proceso de la agonía, el elemento blanco desciende de la cabeza, atraviesa el canal central y se detiene en el centro del corazón. De debajo del corazón sube un elemento rojo o gota muy sutil. Cuando el elemento blanco muy sutil baja hasta el corazón, se tiene la experiencia de una luz pálida. A continuación, el elemento rojo asciende hasta el corazón y mientras lo está haciendo aparece la experiencia subjetiva de un brillo rojizo que sube. Cuando ambos convergen plenamente, como dos cuencos que se unen, hay un período de desmayo, como si uno perdiera el conocimiento del todo. Después de ese período está el período de la clara luz de la muerte.

«La clara luz de la muerte es algo que todos sin excepción experimentan, pero hay muchas variaciones en cuanto a la duración de ese período. Para algunas personas puede durar sólo unos segundos, para otras unos minutos, para algunos varios días o incluso semanas. Mientras dura la experiencia de la clara luz de la muerte, la conexión entre la mente-energía muy sutil y el cuerpo físico ordinario todavía no se ha cortado. En el momento mismo en que tiene lugar la ruptura, el cuerpo empieza a descomponerse y entonces decimos que se ha producido la muerte. La señal externa de que sucede esto, por medio de la cual se puede saber con toda certeza que se ha producido la muerte, es que esos elementos rojo y blanco salen por la nariz. Se ve un rastro rojo y un rastro blanco; también los pueden emitir los genitales. Esto es así en hombres y mujeres.»

Nivel ordinario y nivel sutil de la mente

Yo seguí preguntando:

—Santidad, esta teoría plantea un gran problema a los neurocientíficos occidentales, debido a sus tonos dualistas. El ejemplo más famoso es Descartes, que postuló que el alma y el cuerpo interactúan en un punto de la glándula pineal. Pero en sus aspectos modernos este problema ha sido desde el principio una obsesión para el pensamiento científico occidental. Si una cosa se une a otra cosa significa que esas dos cosas son de naturaleza diferente. El problema se denomina *problema de la dualidad*. Si la mente es distinta del cuerpo, no hay manera entonces de que lleguen a encontrarse nunca. Como científicos no nos gusta esa situación, porque no hay forma de que un nivel de los fenómenos, los fenomenos mentales, pueda llegar a entrar alguna vez en los fenómenos físicos y biológicos. Por eso el uso de términos como *separación* es algo que siempre nos hace sentir un poco incómodos. ¿Podría explicarnos cómo puede evitar ser completamente dualista la separación, o el proceso contrario, el acceso a la conciencia? ¿Existe una conexión causal en este proceso de separación o de unión? Si es así, ¿cuál es la naturaleza de esta conexión?

La respuesta que Su Santidad dio esta pregunta fue tan precisa y admirable, que el lector haría bien en detenerse en ella un poco más de lo habitual. Se basa en una concepción de la mente y el cuerpo que no es ni materialista ni dualista en un sentido banal. Incide además en el núcleo mismo de la experiencia meditativa búdica, fuera del alcance de la descripción intelectual. Es indudable que en temas de este tipo resulta muy fructífero el trabajo de organizar meticulosamente estos diálogos. Escuchad bien. ¡Es lo mejor!

—Resumiendo un poco, hay realmente coincidencias entre el budismo y la ciencia cuando hablamos de los niveles ordinarios de conciencia. El budismo aceptaría que los niveles ordinarios de conciencia dependen del cuerpo y que cuando el cuerpo deja de funcionar, no aparecen esos niveles de conciencia. Un ejemplo simple de esto sería que si falta la base física de la visión (la corteza visual, la retina, el nervio óptico, etcétera) no hay percepción visual. Es muy claro a ese nivel.

«Ya hemos dicho que coincidimos en que esa conciencia depende del cerebro. Es una relación causal, pero puede plantearse de nuevo la pregunta: ¿Cuál es la naturaleza de esta relación causal? ¿Actúa la función cerebral como causa substancial de los procesos mentales o aporta las condiciones de cooperación? Aunque no he visto nunca que se analice esto en los tratados búdicos, sería razonable suponer que la función cerebral aporta las condiciones de cooperación para que se produzcan los procesos mentales. ¿Pero cuál es la causa substancial de las cualidades primarias y diferenciadoras de la conciencia, es decir la claridad y la cognición? El sistema Sûtrayâna parece responder que la claridad y la cognición surgen de las propensiones latentes del continuo mental precedente. Según el Vajrayâna, la causa substancial se identificaría, como ya se explicó, como la mente muy sutil o mente primordial. Pero creo que el meollo de la cuestión que usted plantea es: ¿qué es lo que proporciona la conexión entre la mente muy sutil y el cuerpo ordinario o la mente ordinaria? Aquí nosotros hablamos de la "energía muy sutil con una radiación de cinco colores". Esto indica que esta energía muy sutil está dotada de potencial básico para los cinco elementos: tierra, agua, fuego, aire y espacio. De esta energía surgen primero los cinco elementos internos y de estos surgen los cinco elementos externos.

»Hay algunas escuelas búdicas mentalistas que niegan la existencia del mundo externo, especialmente la escuela Yogâcâra. Una razón de que los defensores de esta escuela postulen la conciencia base es que niegan el mundo exterior. Necesitan esta conciencia base como depósito de las impresiones que se manifiestan de forma dual, como sujeto y como objeto. Según esta teoría, el mundo exterior no es necesario porque todo surge de una fuente que es de naturaleza esencialmente mental.

»Pasemos ahora a la escuela Prâsangika Madhyamaka, que yo considero el sistema filosófico búdico fundamental. Esta escuela postula la existencia de un mundo externo que incluye los objetos de los sentidos. ¿De dónde surge este mundo? ¿Cuál es el origen del mundo exterior, el entorno físico? El origen se remonta a partículas de espacio vacío. Este origen no se postula como el principio de los tiempos, pues en el budismo no existe la idea de un principio del tiempo, sino más bien de origen de un ciclo cósmico. En resumen, se puede remontar este cosmos total manifiesto hasta las partículas espaciales. Esto no quiere decir que sea el origen último del universo; sino que es el principio de una evolución cósmica.

Luego se puede hablar más de lo que pasó antes de eso. El conjunto de la evolución del mundo natural se deriva de las partículas espaciales y esa evolución se produciría independientemente de que haya o no conciencia, con independencia del karma de los seres sensibles.

»Este universo está habitado por seres sensibles que experimentan situaciones y entornos que conducen a su extravío o a su felicidad. Existe una interconexión entre el karma de los seres sensibles y el entorno natural. El karma modifica la naturaleza del entorno físico o influye en ella, ya que cuando se está habitando este medio físico se experimenta placer o dolor. En este contexto hablamos de buena suerte, infortunio, etcétera. ¿Cuál es el origen de un karma saludable o de un karma malsano? Se remonta a los procesos mentales y, más concretamente, a las propias motivaciones. Las motivaciones saludables y las motivaciones malsanas son el factor más determinante de que las obras o karma de uno sean saludables o malsanos. En cuanto se interesa uno por la motivación, entra en la esfera de la mente. Y la mente está íntimamente relacionada con la energía muy sutil, la energía que produce el brillo de cinco colores. Esta energía contiene el potencial de los cinco elementos, con los cinco elementos exteriores que se desarrollan a partir de los cinco elementos interiores. Así que es probable que el karma tenga como vehículo suyo esta energía muy sutil tal como se manifiesta a través de los elementos externos e internos. Hay por tanto una interconexión bidireccional entre la mente y los elementos físicos.»

Nos quedamos todos muy impresionados con su exposición y apenas pude retener lo suficiente de su riqueza para aclarar:

—¿No se deduce de eso que mi conciencia no está oculta sino más bien que está inmersa en la mente ordinaria que depende del cerebro o que la impregna, que tienen que estar interconectadas?

—Ciertamente. No se trata de que uno tenga dos continuos de conciencia distintos, uno muy sutil y otro ordinario. Se trata más bien de que la conciencia ordinaria se deriva de la mente muy sutil. Su propia eficacia le viene de la mente muy sutil. No es algo independiente.

—Cuando vemos, por ejemplo, a un sujeto que escucha un sonido, hay muchísima actividad cerebral muy compleja. ¿Cree Su Santidad que a partir de una imagen externa de esto podríamos ser capaces de ver no sólo el nivel de conciencia ordinario sino también los niveles más sutiles de conciencia?

Lo pensó un momento y luego contestó:

—Sería muy difícil de determinar por medios científicos. Un contemplativo que haya avanzado mucho en esta práctica y que tenga experiencia directa de la mente muy sutil, no necesita ninguna prueba científica externa para confirmar la existencia de la mente muy sutil. Pero sin esa experiencia, no puede demostrarse la existencia de la mente muy sutil. Puede compararse esto con una situación análoga que se analiza en los tratados Mahâyâna que mencionan determinados signos de *irreversibilidad*. Se trata de una etapa específica en el camino espiritual. Después de que uno llega a esa estapa, nunca retrocede ya en el camino, sólo avanza más. Así que se plantea este interrogante: ¿Cómo podemos saber si una persona posee estos signos? Hay dos posiciones contrapuestas sobre si esta irreversibilidad puede determinarse de forma concluyente. Hasta los que sostienen que puede demostrarse admiten que la prueba no es por deducción sino más bien por analogía. El ejemplo que se da es que se puede establecer la identidad de una casa determinada diciendo que se trata de una casa en que se había posado un cuervo negro. Se utiliza el cuervo como un signo indicador de la identidad de esa casa concreta. Es una prueba indirecta, que no tiene nada que ver en realidad con las características de la casa. Sin embargo, te ayuda a reconocer esa casa concreta. Los signos que indican la etapa de irreversibilidad han de interpretarse de una forma similar.

«Para determinar si existe o no la clara luz sutil más profunda, podemos proceder del siguiente modo. Cuando observamos la mente, sabemos por experiencia que parece haber tres formas fundamentales de reaccionar a las situaciones o acontecimientos. Una es la repulsión, otra es el apego y otra es un estado de indiferencia. Entre estos tres estados se dice que la repulsión es la que exige la energía más fuerte, el apego exige menos y la indiferencia menos aún.»

Se volvió hacia mí y añadió:

—Por medio del EEG, ¿ha observado una diferencia cuando una persona experimenta una cólera intensa, en comparación con el apego o el deseo intensos? ¿Se dan diferencias cuantitativas?

—El EEG es una medición muy burda, Santidad. Si se hacen cómputos más detallados y análisis de datos, pueden apreciarse realmente algunas pautas. Hay en concreto ciertas relaciones fiables entre emociones muy fuertes y las supuestas fuentes de registros superficiales. Es hasta ahora un campo muy abierto, pero no es problema en principio. Es técnicamente difícil, pero una combinación habilidosa de EEG, registro de campo magnético, las nuevas técnicas de obtención de imágenes cerebrales y la resonancia magnética funcional es muy prometedora.

Su Santidad prosiguió:

—Esto se relaciona con lo que he dicho sobre la diferencia entre la energía necesaria para la repulsión, para el apego y para la indiferencia. En los escritos de Nâgârjuna se dice que hay ochenta tipos de conceptualización (sánscr. *samskâra*), que indican diversos niveles de actividad de la energía, y éstos se asocian con diversos estados de las emociones y del pensamiento. Se dividen en tres grupos, basados en el nivel de actividad de la energía, y que son respectivamente el más alto, el intermedio y el más bajo. El primer grupo tiene treinta y tres clases de conceptualizaciones, el segundo, cuarenta y el tercero, siete.

«¿En qué nos basamos para postular la existencia de la clara luz? Tenemos que exponer al menos una explicación plausible. Los ochenta tipos de conceptualizaciones son diferentes estados emotivos y cognitivos que son elementos de la mente. Se dice que estos ochenta tipos de conceptualizaciones dejan de operar cuando cesa la respiración. Esto podría ocurrir también cuando cesa la función cerebral. Según este sistema, hay tres estados fundamentales de los que se derivan los tres tipos de conceptualizaciones, y estos tres estados primarios se llaman *apariencia, aumento de la apariencia* y *bloqueo*.

»Según una teoría, estos tres estados tienen que surgir de la base del estado de clara luz, el estado sutil de conciencia más profundo. Si se investigan minuciosamente los tratados que exponen esta teoría, y si se investigan los puntos que se prestan a la confirmación experimental o a la confirmación deductiva convincente, se puede llegar a confiar en la veracidad de los estados que no se prestan a esa confirmación. Hay dos alternativas: o desecharlos o aceptarlos considerando que no parece haber ninguna prueba que los contradiga.

»Para ver cómo opera esta proposición tenemos que conocer la triple clasificación budista de los fenómenos: (1) *fenómenos evidentes*, que se conocen mediante la percepción directa; (2) *fenómenos oscuros* o remotos, que se conocen por deducción; y (3) *fenómenos extremadamente oscuros o remotos*, que se conocen sólo por el testimonio de un tercero. El conocimiento basado en el testimonio de otro se da dentro del marco de un sistema en el que has llegado a adquirir un alto grado de confianza por tus propias investigaciones. Si has conseguido esa confianza tú mismo por tu propio esfuerzo, cabe hablar en ese marco de una deducción basada en el testimonio. Esto es muy distinto de la mera aceptación del testimonio de otro sin ese marco.»

—Pero el planteamiento básico consiste en evitar ambos extremos —aventuré yo—. El extremo dualista sería que la clara luz y la conciencia ordinaria están completamente separadas. El otro extremo sería que la clara luz y la conciencia ordinaria están completamente entremezcladas. La posición intermedia parece ser que la clara luz es la fuente de niveles continuos de manifestación, los más profundos de los cuales están muy ocultos.

—No es exactamente así —fue la respuesta—. No se trata simplemente de una relación causal en la que un fenómeno da lugar a otro fenómeno distinto. En primer lugar, la mente muy sutil y la mente ordinaria son de la misma naturaleza, no de naturalezas distintas. Todo este tema parece que está más claro en la literatura Dzogchen. En ella la relación entre la clara luz más profunda y la conciencia ordinaria no es simplemente dualista sino que se trata con una sutileza mucho mayor. Como mencioné ayer, la clara luz de la muerte, que se manifiesta en la muerte, se denomina también *conciencia prístina natural* (tib. *rig pa*). Pero es posible que, incluso mientras se manifiesta la conciencia ordinaria, lo haga también la conciencia prístina, aunque se le pase a dar otro nombre. Como dije ayer, se le llama «conciencia prístina resplandeciente» o «conciencia prístina con la apariencia de la base». Ésta se manifiesta simultáneamente con la conciencia ordinaria, así que no es que el conocimiento prístino permanezca completamente inactivo mientras se manifiesta la conciencia ordinaria.

Su Santidad hizo una pausa y se quedó cavilando como admirado. Era evidente lo mucho que apreciaba la tradición Dzogchen de práctica meditativa.

—He hablado con algunos practicantes del Dzogchen que cultivan esta experiencia del conocimiento prístino y les he preguntado sobre su experiencia. Conocí en concreto hace poco a un contemplativo de veinticinco años que ha tenido una experiencia muy clara de conocimiento prístino. Volvió hace poco al Tíbet, a la región de Dzamthag. Le pregunté sobre su experiencia de la clara luz, específicamente durante su percepción despierta. Me dijo que en el centro mismo de su percepción despierta pudo verificar esa misma faceta de la conciencia prístina misma. Hablamos en general de la naturaleza de la conciencia como constituida sólo por claridad y cognición. Cuando uno tiene experiencia manifiesta de conciencia prístina puede verificar estas mismas facetas de claridad y cognición, distintas de la claridad o cognición de un objeto específico.

«Esto es lo que explican individuos que tienen una experiencia excelente en Dzogchen. Mediante esa experiencia se obtiene también más de la verdadera experiencia de la clara luz. Aun cuando no se tenga experiencia de la clara luz de la muerte, se aproxima uno siguiendo esta práctica a una experiencia cada vez más profunda de esa clara luz.»

Coito ordinario y coito sutil

—Como sólo puede verificarse mediante pruebas indirectas, no se podrían utilizar nunca mediciones científicas ordinarias para verificar la existencia de ese conocimiento prístino en la experiencia de una persona viva —insistí yo, incapaz de contener al neurocientífico interior.

—Es muy posible en principio que se obtuviera alguna cosa interesante aplicando determinados tipos de investigación a esas personas cuando se hallan en equilibrio meditativo. Hay que diferenciar esto de la conciencia prístina *básica*. Yo no creo que puedan obtenerse pruebas científicas de la existencia de la conciencia pristina, pero ahora no estamos hablando de eso. Ahora estamos analizando la conciencia prístina resplandeciente y es muy posible que pueda demostrarse su existencia a través de la investigación científica.

«Existe, por ejemplo, una gran diferencia entre el movimiento de los fluidos regeneradores en dos individuos que mantienen una relación sexual corriente y el de un yogui y una yoguini muy expertos y realizados que mantienen una relación sexual. Aunque haya una diferencia general, debería haber similitudes desde el momento en que los fluidos regeneradores empiezan a fluir hasta que alcanzan un cierto punto. Tanto en la relación ordinaria como en la unión sexual entre practicantes expertos del tantrismo, los fluidos regeneradores llegan al punto de los genitales. Sería posible por tanto realizar una investigación para determinar los procesos que se producen en el acto sexual ordinario.

»La diferencia general entre ambos tipos de acto sexual consiste en principio en el control del flujo de los fluidos regeneradores. Las personas que practican el tantrismo han de tener un control sobre el flujo de los fluidos, y los que tienen un gran dominio de la técnica pueden llegar a invertir la dirección del flujo, aunque haya llegado ya a la punta de los genitales. Los practicantes menos expertos tienen que invertir la dirección del flujo en un punto anterior. Cuando los fluidos descienden demasiado es más difícil controlarlos.

»Un método de aprendizaje que puede utilizarse como patrón de medida del nivel de control que uno posee exige introducir una paja en los genitales. En esta práctica, el yogui absorbe primero agua y luego leche por la paja. Eso estimula la capacidad de invertir el flujo durante el coito. Los muy expertos no sólo pueden invertir el flujo desde un punto muy bajo, sino que pueden volver a llevar el fluido hasta la coronilla, de la que descendió en principio.

»¿Qué es en realidad el elemento blanco que se hace subir hasta la coronilla? Según la medicina occidental, el esperma brota de los testículos y el semen de la próstata. Según la medicina tibetana, el semen procede de la vesícula seminal (tib. *bsam se'u*). ¿Qué es lo que se hace subir? ¿Es el semen, el esperma, u otra cosa?. El doctor Tenzin Choedrak ha ratificado que no es ninguna de estas sustancias ordinarias, sustancias que se tienen en cuenta ambas en el sistema médico tibetano. Es en realidad una sustancia muy sutil lo que se elabora en la coronilla, no el fluido ordinario del semen o del esperma.

»Podemos preguntarnos entonces cómo llega allí. ¿A través de qué canales o por qué medios se mueve? Hay tres canales: el central, el de la derecha y el de la izquierda. En el canal central hay seis centros, todos los cuales tienen nudos que hay que deshacer. Hasta que no se ha llegado al estadio superior de la práctica y se han deshecho todos los nudos de los diversos centros no hay manera de que pueda pasar este elemento blanco. Tiene que haber vía libre por todos estos centros para que pueda pasar el elemento blanco. En un yogui avanzado que no haya alcanzado aún el estadio más alto, el elemento blanco llega a la coronilla por los canales de la izquierda y de la derecha. Cuando el yogui llega al estadio más alto de la práctica, el elemento blanco sube por el canal central hasta la coronilla. Una vez desechos los nudos, se mantienen así.

»Las mujeres tienen esos seis centros igual que los hombres. Se dice que el elemento rojo es más dominante en las mujeres, pero también tienen el elemento blanco. El hecho de que las mujeres tengan el elemento blanco es un indicio más de que no corresponde ni al semen ni al esperma. Yo he hablado con algunos yoguis hindúes que tenían un gran dominio del *prâna* yoga y del control de canales y energías. Algunos de estos me dijeron que han comprobado que el elemento blanco se halla también en las mujeres aunque en ellas sea más fuerte el elemento rojo. Así que en algunas mujeres que practican la meditación tántrica antes descrita, el elemento blanco desciende exactamente del mismo modo y se sube de nuevo. En la literatura tántrica se habla de cuatro tipos de mujeres o consortes (sánscr. *mudrâ*). Estos cuatro tipos son loto, ciervo, concha y elefante.

Muy consciente del hecho de que el tema estaba provocando sonrisas en toda la sala, bromeó:

—Si la clasificación se hubiera hecho en el Tíbet en vez de en la India sería yak.

Todos reímos con cierto alivio.

—Estas distinciones se relacionan primariamente todas ellas con la forma de los genitales pero aluden también a diferencias desde el punto de vista de la constitución física. No existen estas categorías para los hombres.

»En fin, es una cosa sutil. Y es muy difícil investigar este proceso en el momento de la muerte.»

Transferencia de conciencia

—Cuando se tiene una gran experiencia en el control de la conciencia la prueba es muy clara. Algo que nos enseña la práctica del *powa* o transferencia de conciencia, es la influencia de la conciencia en el cuerpo. Cuando se ha alcanzado un gran dominio del *powa* sucede que al practicarlo el cuerpo se desploma, aunque se tenga una salud perfecta. A veces esta práctica mental produce una hinchazón en la parte superior de la cabeza y emisión de fluido. Debido a esto, la tradición recomienda que la práctica del *powa* vaya seguida de prácticas destinadas a prolongar la vida. Hay algunos casos de contemplativos budistas tibetanos que recurrieron a esta práctica cuando los llevaban a las cárceles chinas en el Tíbet.

Pete preguntó:

—Me parece que el *powa* sería una práctica excelente para hacer el tipo de investigación de que está hablando porque hay manifestaciones físicas de la mente sutil. Las reservas que ha expuesto sobre lo de realizar experimentos con individuos en el proceso de la agonía no tendrían aplicación aquí. El *powa* proporciona una oportunidad para ese tipo de investigación sin entrometerse en el proceso de la muerte de un practicante avanzado. Teniendo en cuenta eso, ¿podría explicar brevemente el *powa* a los que no sabemos lo que es?

—Se utiliza la visualización meditativa para cortar la conexión entre la mente sutil y el cuerpo ordinario sin daño alguno para el cuerpo. Si se practica el *powa* antes de tener augurios de muerte y sin ninguna razón adecuada, existe el peligro de suicidarse involuntariamente. No obstante, se podrían detectar indicios de la proximidad de la muerte aunque se encuentre uno en un estado de salud perfecto. Estos indicios pueden apreciarse tres o cuatro meses antes de la muerte. Y eso justifica que se practique el *powa* y se ponga fin a la vida tres o cuatro meses antes, ya que si se deja que el cuerpo se deteriore con la enfermedad será mucho más difícil la meditación y una salida adecuada de esta vida.

»Cuando la persona que medita aplica las técnicas de transferencia de la conciencia o *powa* para cortar el vínculo entre el cuerpo ordinario y la mente muy sutil, se da verdaderamente una experiencia de muerte. Aunque no se pase por las etapas de forma prolongada, se recorren gradualmente en su sucesión correspondiente, culminando el proceso con la experiencia real de la muerte.

»Hay otro ejercicio que se llama *drongjuk* (tib. *grong 'jug*), en el que envías tu continuo de conciencia a otro cuerpo plenamente formado. Este otro cuerpo no es un organismo vivo, no estás expulsando la conciencia de otro ni matando a nadie. Lo que haces es introducir tu conciencia en un cadáver reciente. Esto equivale a un transplante de cuerpo o de cerebro: el segundo cuerpo se convierte en la primera persona. Dicen que los que hacen esto llevan consigo todas las técnicas y habilidades que han aprendido. No experimentan en realidad la muerte, ya que no han recorrido las ocho etapas de la disolución.

»Pero no olviden que en el budismo el suicidio se considera malsano. Como ya he dicho antes, el *powa* sólo se debe utilizar cuando se tienen augurios de muerte. El uso extemporáneo equivale al suicidio. Para que la práctica sea correcta, tiene que haberse comprobado previamente que la muere está próxima; en ese caso aceleras el proceso cuando aún estás fuerte, y eso es aceptable.»

Posibilidades experimentales de apreciar la mente sutil

Dada la profundidad del tema, parecía que a todos nos costaba apartarnos de este posible puente entre la doctrina sobre la mente ordinaria y sutil y los instrumentos y métodos neurocientíficos. Al ver que el tiempo corría rápidamente, intenté resumir:

—De todas las condiciones que nos permiten verificar los niveles de conciencia más sutiles, la clara luz del sueño y la conciencia pura fundamental descritas por los practicantes del Dzogchen parecerían ser las más directamente asequibles a la ciencia médica occidental.

—También se puede investigar con alguien que esté practicando el *powa* —convino Su Santidad—. Casi nadie usa la practica de la transferencia de la conciencia a un cadáver. Esa tradición se está perdiendo.

Le tocó insistir a Pete:

—¿Pero cree que podría haber propiedades físicas del cuerpo en esos estados que son similares a los de la clara luz de la muerte?

Su Santidad añadió:

—Una cuarta posibilidad de investigación sería efectuar mediciones a los meditadores mientras practican la «respiración del jarrón». Los meditadores que pueden mantener la respiración en el nivel de realización más bajo se dice que pueden contener el aliento sólo unos dos minutos. Los meditadores más avanzados pueden aguantar cuatro o cinco minutos o incluso ocho o nueve minutos sin respirar. Hay una palpitación cardíaca, quizá. Según la ciencia médica, ¿se puede contener el aliento tanto tiempo? ¿Cuántos minutos permanecen bajo el agua sin respirar los buceadores japoneses expertos y otras personas parecidas?

La respuesta de los dos médicos presentes fue la misma: unos cinco minutos.

Su Santidad insistió:

—¿Es posible permanecer nueve o diez minutos sin respirar según la ciencia médica?

—Sí, pero bajando el índice metabólico —dijo Pete—. Se puede si se enfría el cuerpo, pero un especialista podría tener otros medios de hacer disminuir el índice metabólico para proteger el cerebro de la falta de oxígeno. Yo creo que la prueba PET podría responder a algunas de estas preguntas, pero para eso habría que inyectar el indicador en la vena. ¿Lo permitirían estos especialistas?

—Esa es una prerrogativa individual. Quizá no les gustara precisamente cuando están meditando. Es posible que les causara alguna molestia, pero eso probablemente dependa más que nada del grado de experiencia del sujeto. Si tienen una experiencia sutil, profunda, estable y verdadera, creo que habría menos perturbación.

Pete formuló lo que pensábamos todos, diciendo que esos experimentos serían extraordinarios. Su Santidad, siempre con una actitud abierta hacia la ciencia, propuso:

—Buscaré gente para eso. Nuestra tarea es encontrar los sujetos. Ustedes los científicos pueden conseguir algunas de esas terribles máquinas, y nosotros intentaremos encontrar primero a una persona muerta.

Nos reímos todos con ganas.

—En los años sesenta conocí a un científico, que es un amigo mío muy querido, y hablamos de estos fenómenos. Me explicó que le gustaría realizar cierto tipo de investigación, pero yo le dije que los meditadores con quienes tendría que trabajar aún no habían nacido. En los últimos veinte años han aparecido algunas personas con experiencia, pero todavía es difícil encontrarlas, porque están dispersas. En Ladakh, hay algunos religiosos budistas practicantes, pero son completamente independientes. Nadie puede decirles lo que tienen que hacer. Algunos son bastante obstinados. De todas formas, creo que esto es algo muy importante, si se aborda con amplitud de miras.

«Ya hemos analizado una de las principales premisas sobre las que la ciencia y el budismo pueden mantener un diálogo, es decir, la proposición mahayánica que anima a los individuos a ser imparciales. Esto supone adoptar una postura crítica hacia las mismas enseñanzas mahayánicas. Tiene que haber un compromiso y ha de interrogarse uno mismo, no basta un escepticismo indiferente que puede significar que no se toma en serio el asunto. Buda dijo que no se debían aceptar sus palabras sin más por veneración hacia él, sino que se debían examinar como examina el orfebre el oro que va a comprar. Así que ésta es la base de nuestra posición: investigación, más investigación, más discusión.»

Se rió suavemente. Era el comentario perfecto para cerrar una sesión extraordinaria.

8

El umbral de la muerte

La muerte como rito de paso

Joan Halifax es antropóloga cultural, según la clasificación habitual. Inició la carrera de antropología intercultural, pasó luego a la antropología médica y después a la antropología clínica. Hoy es conocida principalmente como ecóloga cultural. Vive en pleno cambio y le encanta. Sus agudos ojos azules reflejaban su intensidad habitual cuando se sentó junto a Su Santidad.

—Hoy vamos a examinar las llamadas experiencias de semimuerte. Son los relatos que han explicado personas que fueron reanimadas o que se recobraron espontáneamente de la muerte clínica.

«Es muy interesante la forma del relato. En antropología reconocemos que el relato lleno de sucesos es la forma que tienen los seres humanos de todas las culturas de entretejer las ideas cosmológicas o las ideas acerca de la naturaleza del yo en el entramado social. Si hacemos un examen intercultural de las narraciones, vemos que el relato del suceso de la muerte y la experiencia inmediatamente posterior es sumamente común. Aparece en la cultura occidental, por ejemplo en los relatos medievales de experiencias de semimuerte. En relatos orientales como *El bardo Thödol* o *Libro tibetano de los muertos*,[21] en que se explica muy bien el proceso de lamuerte; y en todas las sociedades tribales de nuestro mundo contemporáneo. La muerte no se describe sólo en los relatos, sino que se manifiesta claramente en la cultura. Hay muchos ritos y ceremonias que conducen a una experiencia de muerte y renacimiento.

»Estos acontecimientos rituales, que suelen denominarse "ritos de paso", no sólo suceden periódicamente en la vida de un individuo, sino también en forma de tránsito geográfico, como un viaje al exilio. Un rito de paso es, en otras palabras, un acontecimiento ritual que constituye casi una muerte respecto a la forma anterior de ser, y casi el renacimiento a una nueva forma de vida. Puede aplicarse a la edad: por ejemplo, los adolescentes realizan un rito de paso. Las mujeres que dan a luz realizan un rito de paso. El matrimonio es un rito de paso y los parientes de las personas difuntas experimentan también un rito de paso. Hay ritos de paso relacionados con la experiencia de la madurez. En muchas culturas estos ritos no son sucesos superficiales de la experiencia humana. En las sociedades tribales se celebran frecuentemente con bastante dramatismo. Por ejemplo, los muchachos que realizan un rito de paso que marca la adolescencia pueden pasar por un período prolongado de aislamiento y afrontar la mutilación física. Puede haber historias o mitos que den una base cosmológica a la experiencia y preparen al adolescente para la edad adulta. Una serie de sucesos pueden llevar al individuo a un estado de conciencia alterada, en que el conocimiento normal se trastorna o incluso queda destruido. Un iniciado puede incluso entrar en coma o en una experiencia de semimuerte y posteriormente resucitar con la intención de experimentar algo parecido a la iluminación.

»Los ritos de paso son acontecimientos que no sólo preparan a una persona para la vida; también la preparan para la muerte. Estos ritos no existen como tales en la cultura occidental. La falta de ritos en la cultura occidental es muy significativa y causa alienación. Como mencionó Charles, en la cultura occidental se reprime la muerte. Sin embargo, cuando el adolescente medio de los Estados Unidos, por ejemplo, llega a los dieciocho años y termina los estudios de secundaria, él o ella habrá visto más de veinte mil homicidios en televisión. La muerte no sólo aparece de formas malsanas para la sociedad (la represión da lugar a una especie de obsesión por la muerte), sino que existe también un condicionamiento que objetiva la experiencia de la muerte y la priva de la clase de intimidad y compasión que forman parte de la práctica tibetana.»

Experiencias en el umbral de la muerte

—En los Estados Unidos, durante la década de 1960, la guerra de Vietnam y el movimiento de los derechos civiles dieron lugar a un gran impulso para liberar a los pueblos oprimidos social y culturalmente. Se produjo una revolución social e intelectual en que la gente daba mucha importancia a la experimentación de las prácticas espirituales. Al final de la década, la muerte y el morir se habían convertido en un campo de investigación filosófica, psicológica y espiritual.

«Yo formé parte de un movimiento pionero y a principios de los años setenta participé en un proyecto patrocinado por el Instituto Nacional de Salud Mental. En dicho proyecto, un grupo de psiquiatras y sociólogos trabajamos con sustancias que alteran la conciencia con personas que se estaban muriendo de cáncer y con individuos que padecían dolores fuertes, miedo o depresión. Entrevistamos a personas que habían sido recomendadas para el programa y luego pasamos a una interacción psicológica muy profunda en que se les daba, con su consentimiento, una droga psicoactiva en el curso de una psicoterapia muy dinámica.

»Las drogas psicoactivas son sustancias que han sido utilizadas por muchas culturas tribales de todo el mundo por su capacidad para producir un estado de conciencia profundamente alterado. Esta categoría de sustancias empezaron a investigarse en los años cincuenta en Europa y posteriormente en los Estados Unidos. En el proyecto del que hablo utilizamos LSD, una de las primeras sustancias psicotrópicas artificiales.

»Se me hicieron evidentes una serie de cosas como antropóloga. En primer lugar, este trabajo parecía ser una experiencia enriquecedora para las personas que no estaban preparadas para la muerte: un rito de paso contemporáneo. En segundo lugar, que la muerte misma entraña alteración de la conciencia (varios efectos psicológicos contribuyen a la transformación de las condiciones psíquicas) y que probablemente no fuera necesario utilizar una sustancia que altere la mente.

»He seguido practicando desde entonces la antropología clínica de una forma que obliga a sentarse con personas que están muriéndose. Enseño meditación a los moribundos y les animo a no huir de los estados alterados que se producen en el curso de la agonía, sino a establecer una base mental fuerte que les permita analizar tales estados con un cierto grado de ecuanimidad. En los últimos seis años, he trabajado con varones homosexuales que están muriendo de sida. Esta población es especialmente interesante: suelen ser individuos cultos y bastante espirituales. Consideran su experiencia como una misión en beneficio de sus hermanos, muchos de los cuales se encuentran en una situación parecida. Se sienten motivados a hacer un buen trabajo en el proceso de la muerte.»

Arqueología de los rituales mortuorios

—Si nos remontamos al origen de la humanidad, descubrimos un largo historial de actitudes humanas hacia la muerte. Se entierra a los cadáveres con útiles o en posturas determinadas. Por ejemplo, se hallaron cabezas cortadas en un cementerio de medio millón de años de antigüedad que se encontró en una pequeña cueva de China. Los paleoantropólogos llegaron a la conclusión de que o bien se había practicado el canibalismo ritual o la veneración de la cabeza como sede de la conciencia. Entre la población neanderthal del Medio y el Cercano Oriente, los yacimientos arqueológicos de hace sesenta mil años guardan una abundante información fósil. En Le Moustier (al sur de Francia), se encontraron en un foso de una cueva los restos de un muchacho adolescente con la cabeza apoyada en el brazo en postura de dormir. A su lado había un hacha de piedra y alimentos. Los paleoantropólogos han supuesto que el enterramiento indica la creencia en la vida futura, o en un viaje al otro mundo. Observamos lo mismo en las culturas tribales que han sobrevivido sesenta mil años, desde el paleolítico.

«Uno de los enterramientos más fascinantes está en Sadinaar, Irak. Los cadáveres estaban tendidos en un lecho de flores, muchas de las cuales tenían valor medicinal. Se cree que las flores formaban parte de algún modo de los recursos que los difuntos se llevaban a la vida futura. Durante el período de Cro-magnon (hace de unos 35.000 a 10.000 años), enterraban a los difuntos en postura fetal, estableciendo con ello una relación muy estrecha entre la experiencia de la muerte y la del nacimiento. Se conservan pinturas rupestres del paleolítico superior (hace unos 15.000 años), sobre todo en la Dordoña francesa, que indican comportamientos y actitudes ceremoniales en torno a la muerte que podríamos denominar sagrados. La pintura más interesante se encuentra en la cueva de Lascaux, donde hay un hombre en posición supina o recostada. El individuo parece muerto, pero lleva la máscara de un ave en la cabeza y tiene el pene erecto. A su lado hay un bisonte que ha sido alanceado y al que se le están cayendo las entrañas. El bisonte moribundo tiene la cabeza vuelta como si se mirara las entrañas y parece que esté mirando también al hombre. Creemos que los hombres del paleolítico relacionaban mentalmente el nacimiento, la muerte, la sexualidad y el trance. Creo que tenemos algo que aprender de las prácticas que han realizado los pueblos tribales contemporáneos a lo largo de los siglos desde el nacimiento del hombre.»

La vida futura en Occidente

—En la cultura occidental hay una época de investigación especialmente intensa de la muerte que corresponde a la Edad Media (aproximadamente desde el siglo V al XV de nuestra era). Abundan los relatos de experiencias de semimuerte de gente muy diversa: ricos y pobres, papas, reyes y niños. Estos testimonios tenían como fin dar validez a la vida futura. Los testimonios de los visionarios medievales tenían como fin fomentar el comportamiento adecuado en esta vida para evitar el infierno en la otra. Curiosamente, en la investigación actual de los informes sobre la muerte en la cultura contemporánea, el infierno no es un tema predominante.

«La muerte vuelve a ser tema de gran interés a finales del siglo XIX. Un geólogo y escalador suizo llamado Albert Heim cayó por una montaña y tuvo una profunda experiencia mística. A partir de entonces se interesó por los individuos que han sobrevivido a accidentes y empezó a recoger relatos de sus experiencias. Eran personas sin inclinaciones religiosas especiales pero que habían tenido experiencias espirituales en el marco de sus accidentes.

»También a mediados del siglo XIX surgió el espiritismo. Consiste éste en la capacidad de ver los espíritus de los muertos y de comunicarse con ellos. El movimiento espiritista se difundió a principios del siglo XX y con su popularidad apareció un nuevo campo de investigación que explora los fenómenos paranormales o psíquicos. Se escribieron muchos libros sobre la personalidad humana y su supervivencia a la muerte física. Los principales investigadores de esta época fueron F. W. H. Myers, James Hyslop y William Barrett. En 1918, un investigador propuso un censo de visiones en el lecho de muerte para apoyar las teorías espiritistas.

»En los años cincuenta, esta tendencia espiritual o psíquica no estaba ya tan en boga y se abrió el campo que hoy llamamos parapsicología o estudio de los fenómenos psíquicos paranormales. A finales de la década de 1950, el investigador Carlos Osis empezó a recoger informes de experiencias de semimuerte de médicos y enfermeras. Como entonces había interés por la religión comparada, Osis y su colega Erlendur Haraldsson iniciaron un estudio sobre estas experiencias también en la India. Y otro parapsicólogo, Ian Stevenson, de la Universidad de Virginia, se interesó especialmente por la verificación de experiencias de reencarnación.

»A finales de los años sesenta, la parapsicología ya no estaba tan de moda. Se estaba desarrollando un campo de la psicología occidental denominado psicología transpersonal. No era específicamente psíquica sino que estaba más relacionada con la obra de Willliam James (1842-1910), filósofo y estudioso de las experiencias místicas. Se ponía el acento en el valor de estas experiencias en la vida de la gente.

»En las décadas de los sesenta y de los setenta, los psicólogos Russell Noyes y Roz Kletti, de la Universidad de Iowa, iniciaron un estudio de casos de semimuerte como síndrome patológico. A principio de los setenta, el psiquiatra Stanislav Grof y yo hicimos un estudio con enfermos de cáncer en fase terminal. Siguió al mismo la obra de Elisabeth Kübler-Ross, que consideraba la muerte como un rito de paso, y la obra de Raymond Moody sobre experiencias de semimuerte. A mediados de los años setenta había un gran interés por la muerte, Santidad.»

Testimonios y pautas

—Quiero dar ahora algunos breves relatos de personas que han tenido experiencias de semimuerte. También quiero mantenerme en el ámbito de los elementos discretos y pormenorizados. El *Libro tibetano de los muertos* se basa totalmente en los detalles. Lo que yo expondré aquí no es muy extraordinario, comparado con lo que han descubierto ustedes en sus investigaciones, pero lo hago para ver si podemos hacernos una idea de la experiencia real de la muerte mediante la comparación.

«Éste es el relato que hizo un tal doctor Richey de su experiencia. Durante los primeros minutos de la crisis se vio fuera del propio cuerpo, contemplando la forma muerta que sólo podía reconocer por el anillo de una hermandad que llevaba en un dedo. Estaba tan alterado que escapó del hospital en ese estado descarnado. Se dirigió a Richmond, Virginia, a una cita que tenía, pero estaba tan angustiado que regresó enseguida a buscar el cuerpo. Cuando lo encontró al fin, no podía volver a entrar en él. En aquel momento, la habitación se llenó de luz y tuvo la sensación de hallarse en presencia de Cristo, que le indicó que repasara todas las obras de su vida. Cristo le llevó luego a recorrer varias regiones de sufrimiento y felicidad, reinos completamente distintos a nuestro mundo, aunque parecían ocupar el mismo espacio. Después de una breve vislumbre de edificios y calles resplandecientes y multitudes radiantes, Richey se quedó dormido y despertó en la habitación del hospital. Y estaba convencido de que había vuelto a la vida "para ser médico y poder aprender acerca del hombre y servir a Dios".»

Como si se sintiera aliviado por el hecho de que hubiera terminado la introducción histórica y hubieran empezado las observaciones empíricas, Su Santidad preguntó cuánto tiempo había permanecido clínicamente muerto el sujeto.

—Una de las constantes en todas estas experiencias es la alteración de la percepción del tiempo —contestó Joan—. Todo ocurre en un espacio de tiempo muy breve. Parece como si la mente pudiera examinar toda la vida en un momento. De todas formas, Richey había tenido un ataque de corazón y estaba sometido a reanimación cuando ocurrió todo esto.

El Dalai Lama guardó silencio un momento; luego añadió:

—Sería difícil determinar si esta persona estuvo realmente fuera del cuerpo o si el individuo simplemente tuvo una fantasía de estar fuera del cuerpo.

—Pero esto se relaciona con sus criterios del otro día: si estaban realmente fuera del cuerpo haciendo otra cosa, al despertar podían relatar cosas que de lo contrario no habrían sabido —terció Pete.

—Luego hablaremos de eso —dijo Joan—. Permítanme exponer primero algunas pautas que aparecen en testimonios como el del doctor Richey. En la figura 8.1 aparecen las pautas de experiencias de semimuerte de los tres principales investigadores contemporáneos: Raymond Moody, antes filósofo y ahora psiquiatra; Kenneth Ring, psicólogo; y Michael Sabom, cardiólogo.[22] Vemos aquí secuencias prototípicas de las fases por las que puede pasar una persona durante su experiencia de semimuerte o de muerte clínica. Las frases en cursiva aparecen en el estudio de los tres investigadores, pero hay variantes curiosas en la secuencia de sucesos que aparece:

MOODY	RING	SABOM
oír las noticias		sensación de estar muerto
sensación de *paz*	*paz*	emociones: *paz*, descanso
el sabio		
el viaje oscuro	*separación del cuerpo*	*separación del cuerpo*
fuera del cuerpo	entrar en la oscuridad	
encontrar a otros	presencia	observar sucesos físicos
ser de *luz*	*examen* de la vida	
el *examen*		
el borde	crisis decisoria	región oscura
regreso	la *luz*	*examen* de la vida
hablar con otros		*luz:* seres felices
efecto de la	regreso	
nueva idea de muerte		*encontrar a otros*
corroboración	*hablar con otros*	

Figura 8.1

Relatos estructurales de la experiencia de semimuerte, según tres estudios distintos.

«En el informe de Raymond Moody de una experiencia prototípica, el hombre está agonizando y al llegar al punto de máxima aflicción física oye que lo declaran muerto. Entonces empieza a oír un ruido desagradable, un timbrazo o un pitido fuerte y tiene al mismo tiempo la sensación de avanzar rápidamente por un túnel largo y oscuro. Después de esto, se ve de pronto fuera de su cuerpo físico, pero aún en el entorno físico inmediato. Ve el propio cuerpo de lejos como si fuera un espectador contemplándolo. Ve los intentos de reanimación desde su ventajosa posición y se siente en un estado de agitación emocional, pero aún no sabemos por qué está alterado. Al poco rato, se tranquiliza y se acostumbra a su extraña condición. Observa que aún tiene cuerpo, aunque de muy distinto carácter y con facultades muy diferentes que las del cuerpo físico que había abandonado. Enseguida empiezan a ocurrir otras cosas. Acuden a recibirle y a ayudarle otros. Vislumbra los espíritus de parientes y amigos que habían muerto y luego a un espíritu afable de un género que nunca había visto antes, una criatura luminosa. (Esta criatura luminosa normalmente no está encarnada ni tiene forma humana, pero podría tenerla.)

»La criatura luminosa le hace una pregunta fundamental. Es la pregunta esencial, pero no sabemos cúal es y lo normal es que no se formule verbalmente. La pregunta obliga al sujeto a valorar los sucesos de su vida. Esto es lo que llamamos examen de la vida. Es interesantísimo que, a diferencia de los relatos medievales, en estos sujetos no existe sentimiento de juicio y de culpa.

»En determinado momento, el sujeto se encuentra cerca de una especie de borde o barrera, que parece representar el límite entre la vida terrenal y la vida siguiente; pero descubre que tiene que regresar a la tierra, que no ha llegado la hora de la muerte. En este momento suele haber resistencia. Curiosamente, la gente no desea volver, pues el sujeto está absorto en sus experiencias de la otra vida y no quiere regresar. Se siente embargado por sentimientos intensos de alegría, amor y paz. Sin embargo, a pesar de esta actitud, tiene que reunirse con su cuerpo físico, y vivir. Después desea hablar con otra gente; hay un deseo mesiánico de comunicar lo que ha aprendido en la otra vida. En la cultura occidental predomina la reacción negativa ante la muerte y por eso la gente interioriza las experiencias relacionadas y no se las comunican a otros. Pero estos sujetos creen que esa experiencia mística en el umbral de la muerte ha transformado su vida.»

—¿Es significativa la edad de la persona que tiene la experiencia? —preguntó Su Santidad.

—Estos tres investigadores trabajaron con una muestra en la que figuraban niños y ancianos. El estudio de Ring incluye unos 150 informes y otros tantos al menos el de Moody. Sabom hizo el estudio con 34 sujetos. Sus criterios eran más rigurosos, aunque los resultados son fundamentalmente los mismos.

Su Santidad insistió, con su escepticismo habitual:

—¿Muchos de los que tuvieron esas experiencias conocían el *Bardo Thödol* y podrían haber sido influidos por su lectura?

—No, rotundamente no. Hay algunos símbolos de personajes religiosos conocidos, como por ejemplo Cristo y los santos, aunque la verdad es que no aparecen con frecuencia. En realidad, las cosas les ocurren a personas que no creen que puedan ocurrir.

Su Santidad insistió:

—Pero podría tratarse de personas que hubieran recibido instrucción religiosa a muy temprana edad. Podrían ser absolutamente ateos a un nivel consciente y tener aún impresiones religiosas a un nivel profundo.

—Sí, por supuesto, pero siempre en un marco occidental —insistió Joan. Luego prosiguió: —Así que ésta es la descripción de Ring. La experiencia empieza con una sensación tranquila de paz y bienestar, que culmina enseguida en un sentimiento de alegría y dicha arrolladoras. Suele persistir el tono extasiado, aunque con intensidades distintas de un caso a otro, como constante emocional cuando empiezan a aparecer otros aspectos de la experiencia. En este momento la persona es consciente de que no siente dolor y no tiene otras sensaciones físicas. Todo es quietud al principio. Estos indicios podrían mostrarle que ya está en el proceso de la muerte o que ya ha muerto.

«Puede ser consciente entonces de un zumbido o de un sonido de viento, pero en todos los casos se encuentra luego fuera de su cuerpo físico, contemplándolo desde una posición exterior ventajosa. En este momento descubre que puede oír y ver perfectamente. De hecho, la vista y el oído suelen ser más agudos de lo habitual. Se da cuenta de las acciones y conversaciones que tienen lugar en el entorno físico. Se descubre en el papel de espectador pasivo y objetivo que observa el drama que se desarrolla. Todo esto le parece muy real, incluso muy natural. No se parece en absoluto a un sueño o una alucinación. Por otro lado, su estado mental es de claridad y atención.

»En determinado momento, puede verse en un estado de doble conciencia. Sigue percibiendo la escena física del entorno, y es consciente también de "otra" realidad y se siente arrastrado hacia ella. Se arrastra o lo llevan a un vacío oscuro o túnel y tiene la sensación de que flota en él. Aunque puede sentirse solo durante un tiempo, la experiencia en este momento es predominantemente pacífica y serena. Todo está muy tranquilo y el individuo sólo es conciente de su mente y de la sensación de flotar. Y de pronto, es sensible a una presencia, que no ve. La presencia, a la que puede oír hablar o que puede simplemente inspirar pensamientos en la mente del individuo, le incita a que examine su vida. Y le pide que decida si desea vivir o morir. El examen de su vida puede estar facilitado por una secuencia visual rápida y vívida. En ese momento no hay noción del tiempo ni del espacio; los mismos conceptos de tiempo y espacio carecen de significado. Ya no se identifica con su cuerpo; en realidad, no se identifica con ningún cuerpo. Sólo está presente la mente y sopesa lógica y racionalmente las alternativas que se le presentan en este umbral que separa la vida de la muerte. La cuestión es si seguir en la experiencia de la muerte o volver a la vida. Normalmente, el individuo decide regresar, pero no por preferencia propia. Se ve obligado a hacerlo por las necesidades que percibe en sus seres queridos.

»A veces, la crisis de la decisión de volver o quedarse se produce posteriormente o no se da. El individuo puede emprender nuevas experiencias. Por ejemplo, puede seguir flotando por el vacío oscuro hacia la luz dorada brillante y magnética de la que emanan sentimientos de amor, calidez y aceptación total. O puede entrar en un mundo luminoso y bello y reunirse momentáneamente con sus parientes difuntos. En realidad, estos familiares seguramente le dirán que todavía no es hora de que muera. Que tiene que regresar; y lo hace. Una vez tomada la decisión, la vuelta suele ser rapidísima. Pero normalmente no recuerda cómo realizó el regreso, pues en ese momento suele perder toda conciencia de que vuelve a la vida. Muy de vez en cuando, el individuo puede recordar que vuelve al cuerpo con una sacudida o incluso con una sensación angustiosa y violenta. O incluso puede suponer que entra por la parte superior de la cabeza.

»Después, cuando ya puede relatar su experiencia, considera que sencillamente no hay palabras adecuadas para transmitir la sensación y la cualidad de conciencia que recuerda. Puede mostrarse reticente a la hora de analizarlo con otros, porque cree que nadie lo comprenderá o que creerán que está loco.

»En el último informe del cardiólogo Michael Sabom y su compañera Sarah Kreutziger, se utilizaron criterios mucho más rigurosos para determinar si los individuos habían pasado por una experiencia de semimuerte. Pero dieron una configuración similar a la de los otros dos investigadores. Lo interesante de su informe no es que contenga datos nuevos sino el hecho de que en varios casos habían verificado que la persona había sido declarada clínicamente muerta. Esto les sorprendió y aumentó su entusiasmo por el estudio, porque en realidad no creían que pudiera ocurrir. En un amplio sondeo de la opinión pública se descubrió que el 15 % de la población estadounidense ha tenido una relación íntima con la muerte y que el 34 % de ese 15 % experimentó una sensación de paz y cesación del dolor, una experiencia de extracorporeidad o una sensación de estar en otro mundo y examinar su vida.»

Joan concluyó preguntando a Su Santidad si algo de todo aquello le resultaba familiar.

Carácter detallado de las experiencias de semimuerte

En este punto, Su Santidad planteó la primera objeción a la interpretación aceptada de estas investigaciones como «verdaderas» experiencias de muerte.

—Me pregunto si estas experiencias no serán más bien de tipo onírico, porque un tema constante que aparece es esta experiencia de reunión gozosa con los parientes. Es muy extraño que los familiares difuntos sigan en ese tipo de existencia. Ya habrían renacido en otro reino de la existencia. Existe una posibilidad mínima de que esos familiares difuntos estuvieran aún en un estado en el que pudieran comunicarse con las personas que se hallaban en el umbral de la muerte. Pero es casi una imposibilidad. Me parece más probable que, debido a la manifestación de las impresiones o tendencias latentes de la persona, acudan a su mente las imágenes de los seres amados y tenga la sensación de recibir consejo o ánimos de ellos. Pero es un fenómeno puramente subjetivo.

Bob Livingstone comentó que eso coincidiría con el hecho de que en Occidente los individuos que creyeran estar en el cielo cristiano y no reencarnados podrían encontrarse con sus parientes al pasar por estas experiencias.

Su Santidad pidió una aclaración:

—Si uno va directamente al cielo o al infierno después de la muerte, ¿qué sentido tiene el juicio final? Si ya has ido al cielo, ¿qué importa ya el juicio final? Y además no tiene mucho sentido conservar el cuerpo en un ataúd, ¿o sí? A mi entender, la idea es que en el juicio final hay una resurrección del cuerpo.

Charles Taylor explicó:

—Ésa es la diferencia entre la idea judía y la idea cristiana de la resurrección. Según el judaísmo, cuando uno muere permanece en la tumba y resucitará cuando llegue el Mesías. Según la tradición judía, el Mesías aún no ha llegado. Según la tradición cristiana, el Mesías ya ha llegado y la muerte ha sido dominada para que el hombre pueda en cuanto muere resucitar a la otra vida. Todo ha de entenderse en el marco de esta relación paradójica entre dos clases de tiempo. Si consideramos la eternidad como otra dimensión, no podemos determinar de forma no paradójica la fecha del juicio final. Así que no es lo que como judíos o cristianos occidentales esperaríamos de las experiencias de semimuerte contemporáneas: no hay una bifurcación del camino ni elección entre ir al cielo o al infierno.

—Sigo sin saber si estas experiencias son realmente experiencias oníricas —insistió el Dalai Lama.

Yo propuse emplear la prueba que él mismo había indicado.

—¿Y la prueba de que un paciente podía relatar lo que le estaban haciendo los médicos? ¿Aceptaría Su Santidad eso como prueba?

—Aun en ese caso, habría que determinar si se trataba de una experiencia extracorporal durante un sueño, estado en que uno asume un cuerpo onírico, o si es realmente una experiencia extracorporal. En otras palabras, ¿se trata de una experiencia onírica mientras aún vive, debida a la influencia de una enfermedad, o es una auténtica experiencia de *bardo*? Eso está por determinar. Además, quizá haya una tercera posibilidad.

Joan dijo:

—Examinemos algunas de estas características detalladas y veamos si puede explicarlo. Seguramente sea usted una de las pocas personas que pueden juzgar las pruebas. Según un investigador, el 50 % de las personas con quienes trabajaron tenía un cuerpo completamente nuevo: era del mismo tamaño y edad, pero algo más liviano de peso. Otro investigador descubrió que el cuerpo parece adoptar la forma de una especie de nube o esfera que imita la forma del cuerpo físico pero que es transparente y brumoso. Otro investigador decía que el cuerpo es exactamente como el que tenemos ahora, pero libre de defectos.

Su Santidad respondió:

—Según la literatura budista tibetana, el cuerpo de una criatura en estado de *bardo* está libre de todos los defectos, hasta en el caso de las personas que en la vida anterior tenían deformidades físicas. Hay dos teorías principales en cuanto a la naturaleza exacta de esta forma física en el estado del *bardo*. Según una, es similar a la de la vida anterior y, según la otra, se parece más a la de la vida futura. Según una tercera teoría, durante la primera mitad del *bardo* el cuerpo parece el cuerpo anterior de uno; y durante la segunda mitad, parece el cuerpo de la vida futura.

Joan añadió:

—La teoría final sobre el cuerpo del alma es que en realidad no existe, que no se siente ningún cuerpo.

—¿Se tiene entonces la sensación de carecer de forma? —preguntó Su Santidad.

Joan asintió y añadió que algunos informes hablan de un cordón que los individuos sienten que los une al cuerpo. En el momento exacto de la muerte, cuando se produce, se corta.

—El cordón aparece en pocos informes. Es un detalle que podría relacionarse con la iconografía del nacimiento.

—Esto se parece un poco a un conocido ejercicio de visualización en el que uno se imagina a Maitreya —dijo Su Santidad—. Luego, del corazón de Maitreya se desprende una especie de cordón brumoso que baja hasta otra criatura, con quien uno tiene una relación muy especial. Podría ser, por ejemplo, el lama Tsongkhapa. Esto podría ser algo análogo a lo que ha descrito usted.

Sentimientos y sensaciones

Joan continuó:

—Examinemos ahora pensamientos, sentimientos y sensaciones en el estado posterior a la muerte. Se habla repetidamente de la sensación de calor.

—¿Calor en un sentido emocional? —preguntó el Dalai Lama.

—Pensamientos, sentimientos y sensaciones parecen entrar en una singularidad no diferenciada en este estado posterior a la muerte —dijo Joan—. También hay un sentimiento de no-dolor, como si el cuerpo de después de la muerte no experimentara el dolor que experimenta este cuerpo. Desde el punto de vista de la experiencia visual, la gente habla de toda clase de luces distintas, manifestaciones, luminosidades, auras, experiencias visuales de figuras y también del túnel oscuro. Las experiencias auditivas incluyen todo, desde el viento a zumbidos, tañidos, incluso sierras circulares y coros celestes. Los relatos no hablan del sentido del olfato ni del sentido del gusto. Tampoco aparece sensación de peso, movimiento y posición. Uno se encuentra en estado de ingravidez, no puede situarse, y la postura podría ser cualquiera.

—¿Tienen sentido del tacto? —preguntó Bob Livingstone—. Olfato, gusto y tacto requieren contacto físico inmediato con una sustancia química o con un objeto.

Su Santidad añadió:

—Esto corresponde al análisis budista de los diferentes tipos de conocimiento intensificado. Se hace referencia a la agudeza auditiva y a la clarividencia, pero no se menciona la sensación intensificada del gusto, el olfato o el tacto. La práctica de la meditación no intensifica estos tres sentidos.

Peter Engel preguntó si en el proceso de la muerte los sentidos de la vista y el oído dejan de funcionar antes que el gusto y el tacto.

—Primero desaparece la conciencia visual —contestó el Dalai Lama—. Y luego el sonido. En las etapas finales de la disolución desaparece el olfato, luego el gusto y por último el tacto.

Joan dijo:

—Según mi experiencia clínica, muchas personas con quienes he trabajado en las últimas etapas de la vida, pierden en realidad los sentidos del gusto y del olfato antes de pasar la experiencia de la muerte. Esto suele ser frecuente también en los ancianos. Normalmente disminuye primero el olfato y luego el gusto. Conservan algo del sentido del gusto y luego, cuando están más cerca de la muerte, desaparece del todo, a veces varias semanas antes de morir. En el verdadero proceso de la muerte, el oído desaparece el último. Incluso las personas que se encuentran en estado de coma pueden manifestar una respuesta auditiva.

—Esto es algo que tenemos que volver a investigar en relación con las teorías budistas —afirmó Su Santidad—. Las etapas de la disolución según el Guhyasamâja Tantra deben examinarse a fondo una vez más, teniendo en cuenta lo que acabamos de oír. Según los sistemas Sûtrayâna y Vajrayâna, el último residuo de calor en el cuerpo durante el proceso de la muerte se halla en el corazón.

—Según mi experiencia —dijo Joan—, las extremidades se quedan muy frías y el frío se extiende lentamente al resto del cuerpo; la última zona de calor que perciben los individuos está en este centro.

Su Santidad señaló:

—Según la tradición budista, el calor desaparece de arriba abajo y de abajo arriba, manteniéndose hasta el final en el corazón. Se considera mejor que el calor desaparezca de abajo arriba. Según el sistema Sûtrayâna no es tan bueno que el calor desaparezca primero de arriba abajo.

—Desde el punto de vista fisiológico, la energía la transmite la circulación y cuando falla el corazón, son las partes distales de la circulación, las extremidades y la cabeza, las que primero pierden la energía —explicó Pete.

Su Santidad se dirigió a los médicos presentes:

—¿No es cierto que el cerebro sigue vivo incluso uno o dos minutos cuando se para el corazón? En ese caso, ¿no permanecería allí el calor un rato?

Bob Livingstone señaló que el cerebro es el 2 % del peso del cuerpo, pero que consume el 20 % del oxígeno y la glucosa y el 20 % de la circulación, así que permanecerá relativamente caliente. Yo indiqué, sin embargo, que si el cerebro conservara el calor no lo advertiríamos porque no hay sensación en el cerebro. Sólo es el cuero cabelludo lo que siente el calor de la cabeza, por lo que las dos cosas no eran contradictorias.

—Yo me refería concretamente a las sensaciones externas —dijo el Dalai Lama—. No me refiero al informe personal de lo que siente un moribundo, sino más bien a un informe externo que tome mediciones objetivas de la persona moribunda. Desde ese punto de vista objetivo de tercera persona, ¿es cierto que los últimos vestigios de calor tienen que hallarse en el corazón?

Bob confirmó que el calor se conservaba más tiempo en el pecho, aunque no necesariamente en el corazón.

—Ya he mencionado antes que cuando hablamos del corazón en este contexto no nos referimos concretamente al órgano del corazón, sino al centro del pecho. Así que esto concuerda con el Sûtrayâna y con el Vajrayâna budistas, según los cuales, en la concepción la conciencia se sitúa inicialmente en el corazón; y del mismo modo, el último lugar de la conciencia antes de la muerte también es el corazón.

Bob sonrió y dijo:

—Sí, correspondería. Sólo que para los médicos o neurocientíficos occidentales el calor no tiene nada que ver con la conciencia.

Su Santidad sonrió también.

—Por supuesto, la neurología no habla de la clara luz, en primer lugar. En ambos casos, al hablar del lugar original y del lugar final me refiero a esta clara luz, que es independiente de los parámetros de la neurología o neurociencia. Por supuesto, ya hemos dicho que la conciencia ordinaria dependiente del cerebro se extingue.

Experiencias esenciales

Joan retomó el hilo de la conversación.

—Se producen dos transformaciones cognitivas importantes. Ya hemos mencionado la transformación de la percepción del tiempo, que deja de ser cronológica para hacerse atemporal. El segundo cambio afecta a la claridad mental. Los individuos perciben una mayor claridad mental en este estado que en ningún otro. Un superviviente de síndrome anafiláctico (reacción alérgica que puede causar la muerte súbita) dice: «Era plenamente consciente de todo lo que ocurría, tanto físicamente como en las mentes de los que estaban en la sala de urgencias, hasta que volví en mí, momento en el que me sentí muy confuso». Hay muchos relatos de individuos que describen esta claridad mental sumamente precisa. Cuando vuelven a la vida se sienten totalmente confusos. La literatura espiritista describe también el estado de confusión mental de las personas que acaban de morir.

»La experiencia de semimuerte se describe siempre como una especie de viaje. Se describen siempre vehículos o medios de desplazarse. Suele haber también un aspecto narrativo. Mi madre tuvo una muerte clínica y se describió en un crucero que visitaba los puertos de su pasado. A mi padre y a ella les gustaba hacer cruceros. Una mujer india que relató su experiencia explicó que montaba un elefante. Los condicionamientos psicológicos y culturales son evidentes. En otras versiones, las personas se ven propulsadas a grandes velocidades por una fuerza invisible, o dan vueltas o son absorbidas o flotan en un túnel oscuro. Otras versiones recuerdan la iconografía del nacimiento, del paso por el útero o el canal vaginal al estado posterior a la muerte. Hay muchísimas otras imágenes que parecen condicionadas culturalmente, Santidad: caminar por un inmenso conducto subterráneo o cañería, girar en espirales vertiginosas, bajar a pozos o a cavernas, seguir una luz por un valle oscuro, y así sucesivamente.

»Todos los relatos van, sin embargo, de la oscuridad hacia la luz. La experiencia de la luz es lo que los investigadores llaman "experiencia esencial", y, al parecer, es común a todas las culturas. La luz se ha descrito como clara, blanca, anaranjada, dorada o amarilla, y sin duda distinta de la luz del día. Es mucho más brillante pero tranquilizadora. Uno la ve y simultáneamente está en ella. Parece inundar completamente la mente. También irradia cualidades mentales, sobre todo sabiduría y compasión. En otras palabras, no hay distinción entre luz y mente, como si la mente fuera realmente la matriz de esa luz. Y en este momento de irradiación total, parece que la persona lo comprende todo.

—Me pregunto si las personas bajo los efectos de la anestesia experimentarán paz y placer, debido simplemente a la cesación de su experiencia de antes de que los anestesien, que seguramente era muy desagradable —dijo Su Santidad—. Quizá exista un paralelismo con la persona que se acerca a la muerte. Antes de la muerte, seguramente hay mucha incomodidad física y tal vez también mental, y el simple alivio de esa incomodidad parecería paz y alegría.

Joan repuso:

—La luz es una experiencia visual, pero se combina con una sensación de esplendor, claridad, transparencia, calidez y energía; una sensación de amor infinito y de conocimiento que lo abarca todo. Esto no sólo se da en los informes interculturales: esta condición de la luz se describió igual en los informes medievales.

»Luego llegamos a lo que se llamaba *juicio* en la literatura medieval y que nosotros llamamos *examen de la vida*. Lo han descrito muchos individuos como coloquio no verbal entre un ser luminoso (no forzosamente la gran luz) y el individuo que lo experimenta. Aparece muchas veces, aunque no en todos los casos, la sensación de examinar y valorar la propia vida. Y es frecuente que esto ocurra en una especie de registro visual. Puede verse la vida en orden cronológico o a la inversa, y a veces se ve simultáneamente en un momento. La visión de este examen de la vida es sumamente vívida, como si los sucesos estuvieran ocurriendo realmente, aunque desde la perspectiva del sujeto el tiempo se haya transformado. Muchos sujetos contemporáneos creen que el propósito de este examen es comprender el progreso que uno está haciendo en la propia vida.

«Me gustaría leer un relato como muestra. Obsérvese que el sujeto habla de sí mismo en tercera persona, con un gran sentido de objetivación. Es una mujer que nació en 1937: "Y en esta gran paz que había alcanzado, la vida de Phyllis [su verdadero nombre] desfiló ante mi vista.

No como en una película sino como si ella la volviera a vivir. Esto no sólo incluía las obras realizadas por Phyllis desde que nació en 1937 en Twin Falls, Idaho, sino también cada pensamiento que había pensado, cada palabra que había pronunciado, más el efecto de cada uno de sus pensamientos, palabras y obras en todos y cada uno de los que habían estado alguna vez en su esfera de influencia, tanto a los que había conocido como a los que no, más el efecto de cada uno de sus pensamientos, palabras y obras en el clima, el aire, el suelo, las plantas y los animales, el agua, todo lo demás de la creación que llamamos tierra y el espacio que Phyllis había ocupado. Yo no tenía idea de que examinar la vida pasada fuera así. Nunca me había dado cuenta de que éramos responsables de cada cosa que hacíamos y que teníamos que responder de todo. Esto era abrumador. Me estaba juzgando yo, no un San Pedro celestial, y mi juicio era crítico y severo. Yo no estaba satisfecha con muchas cosas que Phyllis había hecho y dicho o pensado. Había una sensación de tristeza y fracaso, pero también un sentimiento de alegría creciente al comprender que Phyllis siempre había hecho algo. Había hecho muchas cosas indignas y negativas, pero había hecho algo, se había esforzado, lo había intentado. Gran parte de lo que había hecho era constructivo y positivo. Había aprendido y crecido en su conocimiento. Y esto era satisfactorio. Phyllis estaba bien".

»Una característica, tanto del examen de la vida como de la luz, es el sentimiento de saberlo todo. Otra es que a menudo uno olvida qué era lo que sabía cuando vuelve. Uno regresa y sabe que comprendía el significado de la vida allí y que ese conocimiento le había proporcionado un gozo increíble, pero no puede recordar lo que había comprendido.»

Su Santidad respondió:

—Se trata de un importante fenómeno de olvido, una persona recuerda que ha descubierto algo muy importante y no puede recordarlo, pero se siente afectada por ello. ¿Es este fenómeno común a toda tipo de personas que vuelven del umbral de la muerte, incluidas aquellas cuyos relatos pueden verificarse? Ha dado un ejemplo de una persona que oye claramente y sigue la conversación y que cuando regresa puede explicar lo que ha estado pasando en otra parte. Considerémosla una clase en sí misma, porque es muy significativo y evidentemente no se trata de una simple invención. ¿Experimentó una persona así también este género de olvido?

Joan confirmó que el olvido es bastante frecuente, aunque no se produce en todos los casos.

—La razón de mi pregunta es que si una persona se separa realmente del cuerpo y conserva varios recuerdos de la experiencia, los recuerdos en ese caso no dependerán del cerebro. Sería completamente distinto. Luego, cuando la persona regresa y el conocimiento depende nuevamente del cerebro, parece muy posible que los recuerdos del período anterior no se transfieran al siguiente. Mientras que en la persona que tiene más bien una experiencia onírica, todos los procesos mentales dependerían del cerebro, en cuyo caso sería más probable que conservara los recuerdos del período de sueños después.

Una vez más, Su Santidad se anticipó años al esbozar experimentos y determinar la evidencia más allá de lo que parecía posible. Joan sólo pudo admitir que parecía una vía realmente interesante de investigación, pero que no había respuesta. Prosiguió luego su exposición sobre los elementos del otro mundo: escenas felices y colores utópicos, con praderas resplandecientes, vegas llenas de flores, cielos brillantes, masas de agua relucientes, arco iris, metales preciosos y joyas y una arquitectura increíble caracterizada por la amplitud y la belleza luminosa.

Compañía y bienestar

—¿Quién más está allí? —preguntó Joan—. Una de las descripciones más corrientes es la de una multitud de criaturas angélicas, sobre todo Cristo y los familiares. Y, por último, está el regreso. La mayoría de las personas no desea volver. En realidad, se enfadan con quienes las han reanimado. Se muestran irritadas y confusas y sienten que las han obligado a volver a su cuerpo. Regresan principalmente por el apego que sienten hacia su familia. O porque tienen algún asunto pendiente. A veces, también tienen otra razón para volver, aunque quizá no tan importante. Han de cumplir una misión relacionada con lo que han descubierto durante su experiencia. Parece que estas experiencias producen un efecto muy beneficioso en la gente. Los investigadores indican que las personas que sobreviven a la muerte clínica o que vuelven de las puertas de la muerte, sienten un mayor entusiasmo por la vida; su interés por la vida material está muy atenuado; tienen más seguridad en sí mismas; y tienen un verdadero sentido de objetivo en la vida. Se vuelven espiritualmente entusiastas, se interesan más por la naturaleza y son tolerantes y compasivas con los demás.

También sienten menos miedo a la muerte, ¡porque se han convencido de que la muerte es un viaje estupendo! Tienen un sentimiento de relativa invulnerabilidad, por lo que son muy optimistas. También sienten como si tuvieran un destino especial, y quizá sientan cierto orgullo por haber muerto y renacido.

«Estas experiencias tienen a veces efectos secundarios: algunos individuos adquieren poderes psíquicos como la capacidad de saber por adelantado que ocurrirá algo, o telepatía, o experiencias extracorporales. Todo ello es considerado, al menos por los propios sujetos, no sólo como algo sagrado sino también como un nivel de funcionamiento mental superior. La psicología occidental ha empezado a estudiar estas experiencias y a considerarlas estados de conciencia naturales y no síntomas patológicos.»

Su Santidad preguntó si algunos sujetos habían comunicado que se sentían deprimidos o si su vida había empeorado después de la experiencia. Joan respondió:

—En realidad, uno de los elementos constantes de todos los informes es su carácter positivo, mientras que en la tradición medieval no son tan agradables y a veces hasta son aterradores. Es característico de la cultura occidental que las experiencias hayan dejado de ser desagradables y culpables y hayan pasado a ser agradables, dichosas y bellas.

»En resumen, el 60 % de las personas que han vivido estas experiencias ha sentido paz; el 37 %, separación del cuerpo o experiencias extracorporales. El 23 %, entró en la oscuridad; el 16 % vio la luz y el 10 % entró en la luz. Los porcentajes corresponden a los relatos. En otras palabras, la gente interrumpe el viaje en diferentes etapas.»

Algunas perspectivas materialistas

Joan prosiguió:

—Por último se plantea esta pregunta: ¿Qué significa estar muerto? La Universidad de Harvard ha establecido cuatro criterios: (1) falta de receptividad e insensibilidad, es decir, el individuo ya no es receptivo ni responde a los estímulos externos; (2) no se mueve ni respira; (3) no hay reflejos; y (4) el electroencefalograma es plano. El cardiólogo Fred Schonmaker entrevistó a cincuenta y cinco pacientes que se recuperaron de la llamada muerte cerebral, con registros de EEG planos y que correspondían a los criterios de Harvard, y todos tenían vívidos recuerdos de visiones dichosas.

Yo pregunté por qué se proseguía la reanimación cuando una persona cumplía los cuatro criterios y era declarada muerta. Pete explicó un punto clave:

—No se ha mencionado que los criterios de Harvard también requieren que la persona permanezca en ese estado durante doce horas. Hasta entonces, se la mantiene con respiración asistida, pero no estaría muerta según los criterios de Harvard. Me gustaría saber si esas personas estuvieron en ese estado durante doce horas.

—Lo dudo seriamente —contestó Joan—, pero sería muy interesante investigarlo más a fondo. De todas formas, ha quedado claro en nuestros debates que es muy difícil determinar el momento exacto de la muerte biológica. Las células se deterioran a diferentes ritmos, los procesos fisiológicos sucumben a distintas velocidades, así que probablemente no exista lo que llamamos momento exacto de la muerte.

Yo pregunté a Su Santidad qué ocurriría si las técnicas médicas de reanimación tan comunes en los hospitales occidentales se aplicaran a un meditador tibetano que hubiera sido declarado muerto y estuviera en el estado intermedio o *bardo*.

—Es concebible que fuera posible traerle de nuevo por medios tecnológicos si hubiera llegado a la clara luz pero no hubiera pasado de ahí —me contestó—; pero sería muy difícil hacerlo si la persona hubiera llegado más allá de la clara luz del *bardo*. ¿Durante cuánto tiempo es posible la reanimación, una vez que se ha determinado que una persona está clínicamente muerta? ¿Cuál es el límite?

Pete contestó:

—Una media hora, en realidad. Desde luego no los varios días que pueden permanecer los meditadores en la clara luz, y me costaría mucho creer que puedan reanimar a alguien al final de la experiencia de la clara luz.

Su Santidad manifestó su confusión.

—No entiendo. Cuando alguien es declarado clínicamente muerto, ¿no significa eso que se han cumplido las cuatro condiciones durante doce horas?

—No —contestó Pete—. Yo me refería a la muerte cerebral. La muerte clínica se produce normalmente cuando el corazón deja de latir y no es posible volver a hacerlo funcionar. En la muerte cerebral, el cuerpo sigue vivo, pero el cerebro parece estar muerto. Algunas drogas que causan la muerte también pueden producir este efecto. Las drogas reducen el metabolismo, por lo que realmente protegen al cerebro de la falta de oxígeno y de la falta de glucosa, permitiendo que la persona sobreviva más tiempo en ese estado de muerte, e incluso que pueda ser reanimada.

Joyce McDougall alzó otra voz escéptica:

—¿Tiene idea de la proporción de personas que regresan del umbral de la muerte sin haber tenido esas vivencias?

—No, pero la pregunta me parece importante —añadió Joan—. Creo que es interesante examinar algunas de las posibles causas biológicas y psicológicas de estas experiencias desde una perspectiva materialista. Tales experiencias se producen cuando el sistema nervioso está sobrecargado o debilitado. Así que estas experiencias pueden producirse por los efectos de medicamentos o en condiciones muy estresantes que desencadenan alucinaciones. De hecho hay una serie de medicamentos que pueden producir estas experiencias, desde los anestésicos y diversos opiáceos hasta los alucinógenos. Casi todos los investigadores que trabajan en este campo intentan postular el origen materialista de estas experiencias. Dicen que los pacientes padecen desequilibrios metabólicos agudos como fiebre, coma insulínico, agotamiento, trauma, infección, toxicidad hepática o fallo renal. Todos estos trastornos pueden provocar estados parecidos a la semimuerte. Otra causa puede ser el síndrome del lóbulo límbico, una especie de ataque de actividad que produce despersonalización y recuerdo involuntario.

Pete explicó con más detalle:

—Los ataques epilépticos afectan normalmente a una zona del cerebro denominada sistema límbico, que se cree que está relacionado con las motivaciones y el control de los órganos vegetativos. Durante los ataques, las funciones límbicas adoptan formas extrañas y los pacientes pueden tener diversas experiencias que incluyen la despersonalización, experiencias extracorporales, experiencias religiosas y percepción de objetos que cambian de forma y de tamaño.

Joan prosiguió:

—También hay determinadas sustancias químicas que produce el organismo y que causan experiencias extrañas: endorfinas, endopsicosinas y encefalinas.

Al ver la expresión inquisitiva del Dalai Lama, aporté ciertos datos históricos sobre los opiáceos:

—Hace unos quince años, los neurocientíficos descubrieron que el cerebro segrega los principios activos del opio. Estos compuestos químicos se denominan opiáceos endógenos o endorfinas. Se descubrió que cuando una persona se encuentra sometida a una tensión muy fuerte (como por ejemplo ante la muerte) estas sustancias se liberan y causan analgesia o insensibilidad al dolor. De ahí que alguien que se enfrenta a la muerte pueda experimentar los mismos efectos que si hubiera tomado opio. Ésa sería una posible razón de que la experiencia resulte dichosa, agradable y muy luminosa.

Bob Livingstone añadió:

—Su Santidad dijo antes que si a alguien le estuvieran pegando martillazos en la cabeza, se sentiría mejor cuando dejaran de pegárselos, algo así como un placer recíproco. Estoy seguro de que si uno se pegara martillazos en la cabeza, el tronco del encéfalo segregaría gran cantidad de endorfinas que no sólo lo protegerían del dolor del golpe sino que además producirían una agradable sensación de serenidad y calma.

Su Santidad preguntó si la secreción de estas sustancias químicas explicaba el fenómeno de que la gente no sienta dolor cuando les pegan un tiro y les apuñalan, y cuánto dura el efecto. Le expliqué que podía durar mucho tiempo, incluso horas.

Joan aludió al caso extremo de tortura y la posibilidad de que en determinado momento el dolor se transforme en éxtasis y alcance el punto de éxtasis sexual, con orgasmo incluido. Esto se asocia también con el ahorcamiento, que provoca congestión del pene y eyaculación. Las mujeres que dan a luz hablan de orgasmo en el momento del parto. Bob añadió que la secreción de endorfinas también puede condicionarse y provocarse.

—Por ejemplo, una persona que va a jugar al fútbol y espera que le den golpes en el partido, puede tener un elevado índice de endorfinas desde el principio del mismo. Y puede recibir golpes fuertes y no sentir nada. Lo mismo ocurre con los soldados que entran en combate. La gente que informa de los efectos inmediatos de una herida, incluso de una herida muy grave, a veces dice que no sintió dolor.

Pero Joan matizó esto:

—Santidad, los investigadores han descubierto que las experiencias más claras y vívidas de semimuerte son las de los individuos que no han sido drogados, que no han padecido aislamiento sensorial, que no están locos ni tienen un ataque. Estas patologías y la secreción de endorfinas suelen provocar un estado de ensueño y somnolencia que no corresponde al estado vívido descrito por quienes han sobrevivido a la muerte.

Posesión y epilepsia

Joan concluyó así su exposición:

—En esta conferencia estamos explorando un campo en el que no se rechazan ni el componente neurológico ni el componente ontológico, fenomenológico de la experiencia. Podemos analizarlos de forma complementaria y holística.

«Desde el punto de vista de alguien que sólo tiene los ojos abiertos durante el día, las estrellas del cielo no existen; pero en otro estado, llamado noche, aparecen súbitamente las estrellas. Resulta interesante considerar que el reino del que hablan las enseñanzas del *bardo* pueda existir de una forma similar. La cultura occidental ha considerado con frecuencia estas experiencias como estados patológicos o irreales y ha sido necesario un esfuerzo para reducirlas a condiciones biológicas o fisiológicas. Ahora intentamos analizar realmente los componentes fisiológicos, biológicos y neurológicos en relación con el componente experimental sin presuponer forzosamente el mismo origen para todos. Esto me lleva a una pregunta que me gustaría plantear: ¿qué correlación existe entre estas experiencias y la experiencia del cuerpo del *bardo*?

—Es muy difícil relacionar las experiencias que ha descrito usted con las experiencias del *bardo* —contestó Su Santidad, poniendo en tela de juicio la interpretación común de las experiencias de semimuerte en Occidente—. Y no sólo eso, sino que además existe el problema del significado exacto que se da al "estado intermedio" o *bardo*. Por ejemplo, en la sociedad tibetana es frecuente oír historias acerca de los espíritus de personas difuntas, pero es difícil saber si están o no en el estado intermedio.

»Por ejemplo, en la autobiografía del yogui Milarepa, un gran santo y poeta tibetano que vivió en el siglo XII, hay una historia en la que alguien utiliza los rituales mortuorios de la tradición Bön para conjurar al espíritu de una persona difunta. Luego, con otra ceremonia, el espíritu se prepara para seguir su viaje. En aquel momento, un miembro de la familia vio realmente a una criatura con el mismo aspecto que la persona que había muerto. Milarepa explicó al familiar que en realidad aquél no era verdaderamente el espíritu de su pariente difunto, sino algún otro espíritu que había tomado aquella forma. El espíritu de la persona difunta ya había renacido en forma de insecto. Milarepa realizó entonces una transferencia de conciencia, *powa*, y se dice que se vio un arco iris blanco.

»También sé de una persona que murió y después empezó a entrar en, o a poseer a, diferentes personas. Era un monje, discípulo de mi tutor. Pocos días después de su muerte, poseyó a alguien, poniendo a aquella persona en trance. Y hablando a través de la persona poseída, describió distintos objetos de su habitación y luego pidió determinadas cosas a mi tutor. Mi tutor finalmente lo reconoció en la persona poseída. Le dio consejos sobre la práctica espiritual. A los pocos días, cesaron las perturbaciones o posesiones. Pero es muy difícil saber si aquel espíritu estaba en el reino del *bardo* o en otro sitio. Según la creencia popular tibetana, se trata de espíritus que no han podido renacer; pero es muy difícil casar esta creencia con la clasificación budista de los seis destinos o estados de existencia. Hablando en términos generales, uno pasa un máximo de cuarenta y nueve días en el estado intermedio, pero hay relatos de estos supuestos espíritus desencarnados que han permanecido así más de un año. Por eso es difícil conciliar estos relatos con las enseñanzas budistas.»

—¿Qué le ocurre a una persona que ha sido poseída? —preguntó Pete—. ¿Vuelve luego en sí? ¿Recuerda algo?

—Volverá en sí, por supuesto, pero no recordará nada. Si usted observara a esas personas poseídas, seguramente creería que sufrían un ataque epiléptico. Desde una perspectiva budista, nosotros diríamos que estaba sometida a influencias externas: y que no tenía ningún problema físico. Por supuesto, hay una influencia exterior que provoca ese ataque aparente.

—¿Cuál es el comportamiento que se opone al que parecería epiléptico de la persona que posee el cuerpo? ¿Hay verdaderos ataques epilépticos?

—El comportamiento físico de las personas mientras están en un trance así parece variar, por lo que en realidad no se puede generalizar. En algunos casos, parece que sufren un ataque y el cuerpo se les queda muy rígido. Concretamente al salir del trance tienen el cuerpo completamente rígido. Aunque este fenómeno de la posesión es muy corriente en la sociedad tibetana, resulta difícil explicarlo desde un punto de vista estrictamente budista. El término tibetano «posesión» tiene dos sílabas que significan «flujo mental» e «impregnar». Yo utilizo las palabras con frecuencia, pero no sé... ¡plantea un problema! No es como si el flujo mental de la persona poseída fuera expulsado y entrara uno nuevo, ni que uno se separe del otro. Es otra cosa. También puede ocurrir que todas las facultades sensoriales y psíquicas de la persona poseída sean muy activas y que al mismo tiempo haya un agente controlador externo. La persona no tiene un dominio de sí misma, a pesar de que todos los sentidos siguen intactos. Éste es un campo que exige verdaderamente investigación científica. Me preguntaba si ustedes pueden ver un marco estructural concreto en el cerebro de una persona epiléptica, porque una forma de determinar esto sería hacer una exploración a los médiums o a la persona epiléptica.

—Sería muy interesante hacer una exploración a alguien que estuviera poseído, incluso un simple EEG —comentó Pete.

—Yo creo que sería mejor hacerlo antes de la posesión, porque puede identificarse a una persona epiléptica incluso antes de un ataque. Además, hay diferentes tipos de médiums. Algunos podrían responder a las preguntas que se les hicieran durante el trance, aunque pareciera que conservaban gran parte de su personalidad, mientras que otros experimentan una transformación espectacular cuando entran en trance. Por ejemplo, hace unos años conocí a alguien que me mencionó que había un médium cerca. Pregunté que dónde y resultó que era la persona con quien estaba hablando. ¡Estaba poseída en aquel preciso momento! Yo creía que aquella persona era sólo un ser humano normal que caminaba conmigo. Y hay casos que no tienen nada que ver con eso.

Experiencias de semimuerte y enseñanzas budistas

—Para responder de una forma más general a la pregunta acerca de la naturaleza de la experiencia de semimuerte y las enseñanzas budistas, habría que explicar primero los mundos de los deseos, de las formas y de las no-formas. O, según el sistema Kâlacakra, hay una clasificación más detallada con seis o con treinta y un reinos. Básicamente podemos decir que hay diferentes mundos, diferentes vivencias; la vida humana es sólo una de ellas. Lo que normalmente llamamos espíritus son una forma de vida diferente, criaturas con cuerpo y mente distintos. En el mundo de los deseos, y más concretamente en el medio que habitan los seres humanos, hay una gran variedad de entidades distintas. Casi se podría decir que cada una tiene su propio nombre de clase o especie y que todas cohabitan con nosotros aquí mismo. Otras, como por ejemplo los *devas*, pueden estar en otra parte del mundo de los deseos, pero hay una gran variedad de seres que se dice que están en el mundo entre nosotros. Y unas formas de vida diferentes son más compasivas y otras son muy dañinas, lo mismo que los seres humanos. Tienen sus propios problemas. La interferencia humana en los reinos de esos seres espirituales parece ser menos común que la interferencia a la inversa.

«Si uno establece amistad con algunas de esas criaturas, pueden ser tan útiles como los oráculos, pero en cuanto al mecanismo real o proceso por el cual entra en trance un médium y tiene lugar la posesión, ¡no lo sé! Al tratar con oráculos también hay peligro de fraude, por supuesto. Pero si se encuentra un oráculo competente y verdaderamente fiable, esto puede ser muy útil a veces. Tomemos el caso específico del deva Nechung y el oráculo. El primer informe de este deva se remonta a la India, donde se manifestó por primera vez. Un individuo subió a la región septentrional de Amdo, en las altas praderas del Tíbet nororiental y el deva Nechung lo siguió. Luego en el siglo XVIII, durante la época de Padmasambhava, este mismo ser llegó de Hor, en el Amdo septentrional, al Tíbet central no lejos de Lhasa. A este deva Nechung se le considera un dios del reino de los deseos.»

Joan insistió:

—Supongamos que uno de sus discípulos o monjes tuviera una experiencia de semimuerte similar a las que hemos descrito hoy y luego le preguntara qué significaba. ¿Qué le diría?

—Si no puedo interpretar tales experiencias aquí mismo, ¿cómo podría interpretarlas para ese joven monje? No sé cómo interpretarlas en general, no digamos ya específicamente desde su perspectiva.

—¿No es cierto que el momento de la muerte, la muerte completa sin vuelta atrás, es una experiencia aterradora y no un estado agradable y beatífico para la mayoría de la gente que no está preparada? —pregunté yo.

—Hay dos posibles clases de experiencia y lo que ocurra está totalmente relacionado con la actitud durante la vida, con los propios procesos mentales, etcétera. No todos los casos son iguales. Incluso entre los seres corrientes hay una gran variedad. La gente que ha sido compasiva durante toda su vida o al menos durante los años anteriores a la muerte, compartirá experiencias parecidas en el estado intermedio o *bardo*. Pero el estado intermedio seguirá una pauta diferente en el caso de las personas que durante toda su vida hayan tenido mal genio o hayan sido negativas en general. También hay una diferencia relacionada con el tipo de nacimiento que tendrá uno en la próxima existencia.

«Hay un fenómeno llamado "volver de entre los muertos" o *delok* en tibetano. Recuerden la experiencia de la madre que ordenó a su hija que no tocara su cuerpo y durante una semana su cuerpo permaneció completamente inmóvil, tras lo cual la mujer se levantó y describió los lugares que había visitado mientras su cuerpo había permanecido allí inmóvil. Podríamos considerarlo un ejemplo del fenómeno de regresar de entre los muertos. En tal caso, ¿se ha cortado la conexión entre el cuerpo ordinario y la mente-energía muy sutil? Es muy dudoso. No estamos seguros de que esta persona respirara, o si podría haber habido una respiración muy sutil durante aquel período de tiempo. No lo sabemos, así que hay varias posibilidades. Si se tratara del cuerpo onírico especial que se desplaza separado del cuerpo ordinario, eso no entrañaría que la mente-energía muy sutil se hubiera separado. O podría ser que la mente-energía muy sutil se separara del cuerpo ordinario, se fuera y volviera luego. El último caso es muy problemático, porque la mujer tuvo esta experiencia, por lo que sabemos, no como resultado de una práctica de meditación profunda sino sencillamente como resultado de su propio karma mezclado con circunstancias especiales. Es muy difícil creer que la mente-energía muy sutil se disociara completamente del cuerpo ordinario sin una práctica meditativa profunda, pero es un tema que queda en pie.

»Hablando en términos generales, si se corta la conexión entre la mente-energía muy sutil y el cuerpo ordinario, esto es irreversible. Sin embargo, si uno tiene una elevada comprensión, entonces es posible que en la práctica meditativa separe la mente-energía muy sutil del cuerpo ordinario y luego la recupere. Hace dos años conocí a una monja que tenía ochenta años. Murió el año pasado, lamentablemente. Y ahora creo que ella sabía que moriría pronto. Aquel día me ofreció algunos libros budistas importantes, pero yo le dije que debía conservarlos, así que se quedaron en su cabaña. Había vivido en Dharamsala casi treinta años y en el Tíbet vivió durante años en el palacio del Potala. Mucha gente, incluidos algunos occidentales, acudían a ella porque sus adivinaciones eran muy precisas. Cuando yo la conocí, me contó que cuando tenía veintisiete o veintiocho años se había casado y había tenido un hijo. Su hijo había muerto después, y entonces había decidido no seguir la vida de ama de casa. Renunció a todos los asuntos familiares y viajó por ahí. Llegó a una montaña detrás del monasterio de Drepung, uno de los centros budistas más importantes del Tíbet. Allí vivía un anciano lama de unos ochenta y ocho años con unos quince discípulos. Ella se quedó allí unos meses, y escuchó algunas enseñanzas. Un día, la mujer vio a dos de los discípulos del lama volar realmente de un lado de la montaña al otro. No hay razón para que me mintiera, y parece que estaba perfectamente cuerda. Así que quizá, si eso es cierto, sea otra cosa a investigar.

»Desde un punto de vista budista, nuestra experiencia se basa en los cinco elementos internos y en los cinco elementos externos. Cuando se profundiza en la práctica de la meditación lo suficiente para controlar los cinco elementos internos, entonces existe la posibilidad de controlar los cinco elementos externos. Aunque el espacio parece vacío, cuando se adquieren energías puede controlarse. Y cuando eso ocurre, uno puede ver a través de los objetos sólidos y caminar por el espacio vacío como si fuera sólido. Lo mismo que hay partículas muy sutiles en todos nosotros, también hay partículas incluso en el espacio.

—Su Santidad ha mencionado que algunos meditadores verdaderamente avanzados pueden cortar la conexión en el momento de la muerte y luego regresar. ¿Qué ocurre entonces? —pregunté yo.

—Esa hazaña no es sólo intencional sino que forma parte de la práctica general del yoga tantra supremo. Es preciso generar un cuerpo ilusorio separado del cuerpo ordinario. Allá adonde vaya el cuerpo ilusorio, irá acompañado de la mente-energía muy sutil. Separas ambos del cuerpo ordinario y luego los traes. Forma parte de la práctica.

Experiencias de semimuerte y clara luz

Pete intervino, planteando una pregunta importante para los occidentales:

—A un occidental ingenuo, las experiencias que ha descrito Joan, sobre todo la luz brillante, le parecen la clara luz de la práctica tibetana de la muerte. ¿Lo problemático de esa asociación es el hecho de que, para ver la clara luz, es necesario ser muy experto en esta práctica y que no le ocurre a cualquiera?

Su Santidad respondió:

—En primer lugar, no es cierto que haya que ser un yogui experto para experimentar la clara luz. Todos pueden conseguirlo. Es muy factible que las experiencias de la luz que se han descrito sean réplicas de la clara luz. Tienen algo en común con la clara luz, por esta razón: en la medida en que las energías sutiles se disuelven, la experiencia de una luz sutil se hace cada vez más intensa. Cuando esas energías y las facultades mentales se retiran, hay una experiencia correspondiente de luz interna. Así que esto podría ser algo igual que la verdadera clara luz, pero sería difícil regresar de la experiencia de la clara luz más sutil que se produce en el mismo momento de la muerte, a menos que uno tenga una experiencia espiritual muy profunda, que permita el control de los elementos del cuerpo.

—¿Así que los trastornos de los fenómenos del cerebro normal, tales como la experiencia de clara luz causada por un anestésico como la ketamina, que interrumpe las percepciones motrices sensoriales, daría lugar a estas réplicas? —pregunté yo.

—Quizá, pero la clase de trastorno que causaría una réplica de la clara luz conllevaría la desaparición de los niveles de conciencia más ordinarios. Entonces podrían aparecer estas señales similares a la clara luz. La dolencia cardíaca o el anestésico que ha mencionado podrían ser ejemplos de esto. Pero hay una diferencia. En el caso de muerte súbita, como en un accidente de coche, este proceso de disolución o abandono es sumamente rápido y por lo tanto muy difícil de comprobar. En una muerte natural, cuando el organismo aún se encuentra en condiciones relativamente buenas, estos procesos ocurren gradualmente y la posibilidad de reconocerlos es mayor. Un proceso gradual, normal, de este tipo puede durar horas o minutos. No es igual en todos los casos; hay una gran variedad. Cuando las personas normales mueren, no hay control, y yo creo que quizá se deba a un estado físico. Quienes han conseguido cierta experiencia como resultado de la práctica de meditación pueden alcanzar cierto grado de control de la duración o el ritmo de la disolución.

Su Santidad prosiguió:

—Escuchen atentamente. En el marco del sistema tántrico Guhyasamāja, incluido en el yoga tantra supremo, se habla de aislamiento del cuerpo, aislamiento del habla y aislamiento mental. Con el aislamiento mental, surge el verdadero cuerpo ilusorio y a través de él, se alcanza la budeidad. En la práctica del aislamiento físico hay ciertos ejercicios destinados a retraer las energías vitales hacia el canal central. Cuando esto ocurre, se experimenta la disolución de los diferentes elementos: la tierra en el agua, el agua en el fuego y el fuego en el viento.

«También hay señales subjetivas que indican estas disoluciones elementales. Pero cuando uno alcanza por primera vez esta experiencia, no hay verdadera certeza en cuanto al orden en que se producen las señales de estas disoluciones. A veces una de las señales, por ejemplo la señal del humo, será mucho más fuerte. Así que no es tan seguro. La propia experiencia de estas diferentes visiones es algo parecido a una clara luz. Estableciendo una analogía, podría decirse que serían como una pantalla de cine iluminada en la que no se está proyectando ninguna película. Esto es como la experiencia de la clara luz, y en ella aparecen las diferentes visiones, como la del humo y las demás. Como ya he mencionado, en las primeras etapas de este ejercicio, durante el aprendizaje del aislamiento del cuerpo, no es totalmente seguro el orden de estas señales. Sin embargo, a medida que uno va haciéndose más diestro, el orden se hace cada vez más preciso. Como en el caso del aislamiento físico, que es la primera etapa, hay un proceso correspondiente durante el aislamiento del habla y después durante el aislamiento mental, a medida que se progresa en el ejercicio. La culminación de la tercera etapa, el aislamiento mental, es el logro del cuerpo ilusorio. Sólo entonces se consigue el cuerpo ilusorio, tras la culminación de todo este proceso. En la meditación, sólo en ese momento se experimenta el verdadero retiro o disolución de los diferentes elementos, igual que ocurre en el proceso de la muerte. Así que no es meramente una réplica del proceso; es exactamente como en la muerte; pero se llega al mismo mediante la práctica, con control. Es precisamente en ese punto cuando se sueltan los nudos del centro del corazón. Hay seis nudos.

—Hace una demostración entrelazando ocho dedos con las dos manos hacia dentro—. En este punto, el individuo es capaz de volar. Los nudos del corazón se sueltan al culminar el aislamiento mental y en ese momento se experimenta la clara luz metafórica. A partir de ese punto, uno puede volar. La razón es que desde ese punto, por el poder de la práctica yóguica, se ha conseguido el control completo de los elementos internos del cuerpo.»

Joan retomó un hilo anterior:

—Una de las características bastante constante de las experiencias de semimuerte en Occidente es el examen de la vida. En Occidente se hace mucho hincapié en la biografía y la autobiografía. En Oriente, esto quizá no se dé tanto, pero es bastante curioso que no haya hablado usted del examen de la vida. ¿No ocurre siempre?

—Es posible —contestó Su Santidad—. He llegado a conocer a algunas personas que mediante el poder yóguico del tipo que hemos analizado aquí, han sido capaces de recordar vidas anteriores. Cuando hago una pregunta a algunos de mis amigos, suelen contestarme como gente normal. Pero a veces, como resultado de la práctica intensiva en retiros de meditación prolongados, tiene lugar alguna experiencia de claridad más profunda y en ese momento recuerdan su existencia anterior. Algunos han podido recordar veinte o treinta existencias, algunas incluso durante la época de Buda. Eso significa que el poder de la memoria aumenta, así que automáticamente la memoria de esta vida también aumentaría.

«Yo me preguntaba por una cosa que podría ser bastante común. Cuando se produce la claridad mental, se intensifica la capacidad del recuerdo y esto podría explicarse a partir de las aspiraciones o preocupaciones de la gente. Por ejemplo, en el caso de budistas practicantes, las preocupaciones mundanas no son tan fuertes, porque se concentran principalmente en los asuntos espirituales. Mientras que las personas que tienen menos experiencia o que no son practicantes se preocupan principalmente de asuntos de esta vida. Cuando la claridad de conciencia se intensifica, se hace muy claro el poder del recuerdo. Por ejemplo, según el sistema sûtra de la práctica budista, cuando un practicante intenta cultivar la facultad de la percepción profunda (sánscr. *abhijña*; tib. *mngon shes*), parte del ejercicio consiste en meditar repetidamente sobre el mismo objeto que uno desea conocer. Es probable que sea similar el caso de las personas que han estado en el umbral de la muerte. Esto demuestra que la energía mental puede ir sólo hacia el objeto que uno desea.»

Yo tenía curiosidad por la especificidad cultural de las visiones.

—Las personas que tienen esas experiencias ven a Cristo o a los santos o a sus parientes, obviamente algo que les es familiar. Cuando uno lee las descripciones del *bardo*, se imagina las descripciones de apariciones pacíficas e iracundas con vestidos y adornos indios. Los occidentales dicen:

«Bueno, no creo que yo vaya a ver eso. Nunca he visto nada parecido.» ¿Es cierto que en realidad todos tendrán sus propias proyecciones culturales en la experiencia?

—Es muy probable que sea así. Toda la representación de las deidades dentro de los mandalas procede de la India y por eso hace uso de la cultura india. Es muy probable que la vivencia de una persona de otra cultura sea distinta. Por esta misma razón, un erudito tibetano extraordinario llamado Geshe Gendun Choephel dijo que como el budismo procede de la India, el Sambhogakâya (el cuerpo muy sutil de un buda) se representa con corona y adornos de un rey indio. Mientras que si el budismo hubiera nacido en el Tíbet, entonces quizá el tocado fuera de estilo tibetano. Y si el budismo se hubiera originado en China, entonces el Sambhogakâya podría representarse con una larga barba. Hablando en términos generales, si se refiere a cuál es la verdadera naturaleza del Sambhogakâya, hay que decir que es una forma dotada de los mejores adornos posibles, de belleza y perfección. Es un cuerpo absolutamente perfecto y absolutamente sublime. Eso es lo que puede decirse que es cierto. Pero en cuanto esa afirmación se hace en una cultura específica, entonces por supuesto la gente mira a su alrededor e intenta imaginar cómo podría ser este cuerpo perfecto; y podrían pensar en los adornos de un rey y todo lo demás.

«Además, el Sambhogakâya es un Rûpakâya, un cuerpo con forma, y el verdadero propósito de que el Buda manifieste un cuerpo con forma es por el bien de los demás. Siendo así, la apariencia adoptada sería algo apropiado para los demás, puesto que se propone beneficiarlos. No se trata de que haya una forma intrínseca, autónoma de este Sambhogakâya totalmente independiente de aquellos a quienes el Sambhogakâya está destinado a ayudar. Aunque se trata de una idea que se desvía un poco de la concepción que tiene el budismo tibetano de la forma del Sambhogakâya, muchos estudiosos tibetanos anteriores lo han descrito como una mera apariencia destinada a los otros. Por lo que se atestigua desde la perspectiva del otro y es sólo una apariencia relacional.»

—¿Qué puede decirse acerca de las apariciones del *bardo* que no esté contaminado culturalmente? ¿Existe una estructura fundamental en la que se basen estas manifestaciones culturales? —insistí yo.

—Las descripciones detalladas de las visiones de deidades pacíficas e iracundas que experimenta la persona en el estado intermedio son descripciones muy específicas para los que siguen una práctica Nyingma concreta. Por lo tanto, no se trata de que todos los tibetanos experimenten forzosamente una misma pauta de visiones en el estado intermedio.

El día y la sesión estaban llegando a su fin, y Pete Engel planteó directamente una pregunta que estaba justificado que se plantease de una forma muy personal:

—Una última pregunta. Es una pregunta personal que hago como científico y como occidental que siente muchísimo miedo a la muerte. Después de oír todas estas discusiones sobre el concepto budista de la muerte, me parece muy lógico y muy reconfortante, pero soy escéptico, porque soy científico. ¿Debería considerar en cierto modo lo que ha explicado Joan de las experiencias de semimuerte como una confirmación que debería ser alentadora para mi fe en la idea budista de la muerte, o no tiene nada que ver?

Su Santidad se rió de buena gana y dijo:

—¡Eso tiene que decidirlo usted mismo! Y seguir investigando. En cierto modo, también puede enfocar uno el fenómeno del suicidio como expresión de alguien que intenta salir de una situación difícil. Para librarse del problema, se quita la vida. Todo esto tiene mucho que ver con el hecho de si tenemos sólo una vida o muchas vidas. Si sólo hay una vida, entonces es bastante simple: si la vida resulta realmente insoportable, entonces haces lo que te apetece. Son temas verdaderamente complejos. Yo creo que debido a la mente humana hay muchas tendencias diferentes y esa es la razón de que aparecieran las diferentes religiones y filosofías. Lo importante es el individuo. Es muy importante que uno encuentre algo que resulte apropiado y satisfactorio para uno mismo como individuo. Uno debe encontrar algo que pueda asimilar y aprovechar.

Lo único que quedaba por hacer era despedirnos unos de otros con inclinaciones, apretones de manos y el intercambio de regalos; y luego hacer fotografías de una semana verdaderamente memorable.

CODA: Reflexiones sobre el viaje

Descanso

El viernes por la tarde, los participantes se congregaron en Kashmir Cottage, que da a las colinas de Dharamsala, para pasar una velada tranquila de celebración. Nos reunimos para comer, cambiar impresiones a un nivel personal o intelectual y sentarnos en la galería, donde el valle nos regaló un espléndido crepúsculo dorado. Pronto sería la hora de hacer la maleta. Al día siguiente saldríamos hacia Delhi y luego, desde allí, hacia nuestros respectivos países. Parecía que mis compañeros y yo compartíamos esa nostalgia animosa que uno siente cuando emprende un viaje con viajeros que hasta hace poco sólo eran nombres en una hoja de papel.

El sábado por la mañana algunos de nosotros tuvimos una entrevista con el Dalai Lama. Nuestra intención era valorar la conferencia y hacer planes para otra. Su Santidad se mostró muy alentador, repitiendo una y otra vez lo provechoso que era celebrar estos diálogos respetuosos, privados y exhaustivos. Ratificó con firmeza la necesidad de otra conferencia, la quinta conferencia Mente y Vida. Elegimos como tema de la misma el altruismo y la compasión como fenómenos naturales: su evolución, su base fisiológica y su contexto social. El doctor Richard Davidson sería el coordinador científico de ella.

Lo que hemos aprendido

Al reflexionar sobre el curso de los acontecimientos, comprendí que todos habíamos recogido una abundante cosecha que sustentaría y enriquecería en adelante nuestra práctica e investigación. Se habían hecho progresos significativos en dos campos importantes: las experiencias de semimuerte y las distinciones relativas a los diversos niveles de mente sutil. El debate sobre los sueños lúcidos y las etapas del sueño establecidas por la neurología también había resultado especialmente revelador.

Quizá la observación más sorprendente fue la escéptica acogida por parte del Dalai Lama de los estudios occidentales sobre estas experiencias. Parecía indicar que dichos estudios estaban descaminados. El trauma y la conmoción que desencadenan estas experiencias y los sucesos resultantes no corresponden a los procesos sucesivos trazados durante siglos de observación de la muerte natural. Además, en su opinión, el contenido empírico cualitativamente distinto también indica que estas experiencias son un proceso diferente de las etapas de disolución en la muerte. Sus reflexiones sobre este tema constituyen una firme advertencia a muchos occidentales que han tomado los informes de estas experiencias como predicciones de lo que les aguarda en su inevitable futuro. Las exposiciones de la conferencia indican claramente que la tradición budista puede hacer una aportación importante a la investigación que se está llevando a cabo en ese campo y parece necesario hacer una revisión completa del enfoque occidental de estas experiencias. No quiero decir con esto que la explicación tibetana tradicional sobre las experiencias al borde de la muerte sea correcta, sino más bien que su dilatada experiencia es una prueba consistente de que la investigación occidental puede haber hecho algunas interpretaciones bastante apresuradas.

Las excepcionales enseñanzas de Su Santidad sobre la muerte también nos permitieron tratar el tema de la mente sutil con bastante profundidad. Estas enseñanzas señalan lo que podríamos denominar el «problema verdaderamente grave» de conciencia de los occidentales. Estos niveles de conciencia sutiles son por definición pre-individuales, no se concentran en la persona. Y, debido a eso, los occidentales los consideran una forma de dualismo y los rechazan rápidamente. Pero la experiencia de la conferencia nos indica que no podemos tomar esta teoría tan a la ligera, porque puede ayudarnos extraordinariamente, con la interpretación adecuada, a comprender los muchos niveles de transición entre lo que llamamos conciencia corriente y la muerte. Conviene tener muy presente que estos niveles de mente sutil no son teóricos; muy al contrario, están trazados con bastante precisión a partir de la verdadera experiencia y merecen respetuosa atención de todo el que desee basarse en la ciencia empírica. Ésta podría ser una importante vía de investigación, que Su Santidad aceptaría de muy buen grado.

Yo creo que el problema es más grave porque para comprender estos niveles de conciencia sutil hace falta una práctica de meditación prolongada, disciplinada y bien documentada. Podríamos decir en cierto modo que sólo pueden interpretar estos fenómenos quienes estén dispuestos a llevar a cabo los experimentos. No es extraño que se necesite alguna forma de aprendizaje especial para una experiencia directa de nuevas esferas de fenómenos. Un músico también necesita aprendizaje especial para las experiencias de la improvisación jazzística, por ejemplo. Pero en la ciencia tradicional tales fenómenos permanecen ocultos a la vista, ya que casi todos los científicos eluden todavía cualquier estudio disciplinado de su propia experiencia, ya sea mediante la meditación u otros métodos introspectivos. Afortunadamente, el discurso contemporáneo sobre la ciencia de la conciencia se basa cada vez más en la evidencia empírica, y algunos científicos están empezando a adoptar actitudes más flexibles hacia la investigación directa de la conciencia.

El abismo epistemológico entre la ciencia moderna y la doctrina budista sigue siendo profundo. Sólo los individuos que viajan por ambas vías pueden aportar puentes que salven los escollos del reduccionismo. Y tender esos puentes es cuestión de generaciones, no de unos cuantos debates en unas cuantas conferencias. Pero disponer de un esquema claro de los problemas verdaderamente difíciles que se plantean entre ciencia y budismo como parte de ese proyecto más amplio es sin duda valiosísimo. Y este encuentro, la cuarta conferencia Mente y Vida, ha establecido el mejor esquema que se ha elaborado hasta ahora.

A diferencia de las distintas opiniones sobre las experiencias de semimuerte, las teorías occidental y budista sobre los sueños lúcidos se ratificaron mutuamente. Se hicieron muchas observaciones que eran comunes en ambas tradiciones y los descubrimientos fisiológicos podían correlacionarse fácilmente con las teorías del yoga de los sueños. Las ideas sobre el método también eran bastante compatibles, aunque parece que algunos de los yogas tibetanos avanzados sobre el cuerpo ilusorio llegan más lejos que lo que sabemos en Occidente. Al mismo tiempo, el conocimiento técnico occidental puede resultar misterioso para una tradición que hace tanto hincapié en el desarrollo de la lucidez.

Por último, parecía que el Dalai Lama pensaba que las etapas del sueño según la descripción neurocientífica eran un valioso complemento de su tradición. La diferencia principal entre REM y no REM y la transición entre las etapas aportó observaciones budistas con ratificación fisiológica, algo que ha sido siempre una interesante posibilidad en estos encuentros.

Los otros participantes podrían haber elegido otros temas como puntos culminantes de la conferencia, pero esto sólo es una prueba más de la riqueza del acontecimiento. El propósito de la conferencia era seguir fomentando la apertura mental mediante el intercambio significativo entre dos tradiciones interesadas por la vida humana y la experiencia mental. Y fue claramente un éxito.

Regreso

Durante el viaje de vuelta a Delhi por el norte de la India, observé la tensión palpable que se hacía presente en la vida cotidiana. Los conflictos hindú-musulmanes estallaban, provocados por el conflicto fronterizo indo-paquistaní. Al oeste se extendía Afganistán con sus trágicas guerras civiles; al norte, más allá del Hindu Kush, se extiende Asia central y la agitación crónica de las nuevas repúblicas independientes. Y al otro lado del Himalaya coronado de nieve, proseguía la ocupación china del territorio del Tíbet. Mi viaje de vuelta me llevó por Srinagar, en tiempos la joya de la corona del rey de Cachemira; parecía inerte y gris, contaminada, agobiada por edificios improvisados y calles atestadas.

No pude dejar de pensar que en los albores del siglo XXI, el entramado social planetario está sometido a tanta tensión como la propia tierra. La violencia, la degradación humana y las actitudes fundamentalistas parecen dominar todos los sistemas sociales. ¡Qué rotundo contraste con las depuradas enseñanzas de la ciencia y la tradición budistas de la mente que habíamos estado considerando! ¡Qué diferencia con la lección de tolerancia de la comunidad tibetana de Dharamsala y el espíritu del diálogo intercultural que habíamos entablado nosotros! ¿Pueden las fuerzas de crecimiento y curación vencer a las que amenazan con destrozar el planeta? Sea cual sea la respuesta, requerirá sin duda que los humanos profundicemos en nuestra capacidad de transformar la propia experiencia.

Apéndice

El Instituto Mente y Vida

Los diálogos Mente y Vida entre Su Santidad el Dalai Lama y científicos occidentales cobraron vida gracias a la colaboración entre R. Adam Engle, un hombre de negocios norteamericano, y el doctor Francisco J. Varela, neurocientífico de origen chileno que vive y trabaja en París. En 1984, tomaron, cada uno por su lado, la iniciativa de realizar una serie de encuentros interculturales entre Su Santidad y científicos occidentales.

Engle, budista practicante desde 1974, había percibido el antiguo y vivo interés de Su Santidad por la ciencia y su deseo de profundizar en el conocimiento de la ciencia occidental y compartir su conocimiento de la ciencia contemplativa oriental con los occidentales. Varela, que también es budista practicante desde 1974, había conocido a Su Santidad en una asamblea internacional celebrada en 1983, el Simposio Alpbach sobre la Conciencia. Se estableció entre ellos una comunicación inmediata. Su Santidad sentía un vivo interés por la ciencia, pero apenas tenía ocasión de hablar con científicos del campo de la neurología que estuvieran un poco familiarizados con el budismo tibetano. Su encuentro llevó a una serie de debates informales durante los años siguientes; en estas conversaciones, Su Santidad manifestó el deseo de disponer de más tiempo planificado para el debate y la investigación.

En el otoño de 1984, Engle y Michael Sautman se reunieron con el hermano menor de Su Santidad, Tendzen Choegyal (Ngari Rinpoche), en Los Angeles y presentaron un proyecto para celebrar un encuentro científico intercultural de una semana de duración. Rinpoche se ofreció amablemente a exponer el asunto a Su Santidad. A los pocos días, les comunicó que Su Santidad estaba muy interesado en participar en un debate como aquél y aprobó los planes para el primer encuentro.

Mientras tanto, el doctor Varela había seguido adelante con sus propias ideas. En la primavera de 1985, una amiga común, la doctora Joan Halifax, que era entonces directora de la Fundación Ojai, propuso que Engle, Sautman y Varela organizaran conjuntamente el primer encuentro. Se reunieron los cuatro en la Fundación Ojai en octubre de 1985 y acordaron seguir adelante. Decidieron centrarse en las disciplinas científicas que tratan de la mente y la vida, porque tales disciplinas podrían aportar los puntos de contacto más fecundos con la tradición budista. Esa idea proporcionó el nombre del proyecto y, con el tiempo, el del Instituto Mente y Vida.

Fueron necesarios otros dos años de trabajo y comunicación con la oficina privada de Su Santidad. El primer encuentro se celebró al fin en Dharamsala en octubre de 1987. Durante todo ese tiempo, los organizadores habían colaborado estrechamente para encontrar una estructura adecuada para el encuentro. Varela actuó como coordinador científico y fue el principal responsable del contenido científico del encuentro; envió las invitaciones a los científicos y editó un libro con las transcripciones de la conferencia. Engle actuó como coordinador general y se encargó de recaudar fondos, de las relaciones con Su Santidad y su oficina y de todos los demás aspectos del proyecto. Este reparto de las responsabilidades entre el coordinador general y el coordinador científico ha formado parte de la estrategia organizativa de todos los encuentros siguientes. El doctor Varela no ha sido el coordinador científico de todos los demás encuentros, pero ha seguido siendo una fuerza orientadora en el Instituto Mente y Vida, que se creó en 1988 y cuyo presidente es Engle.

Es conveniente un breve comentario sobre el carácter peculiar que tienen estas conferencias. Resulta sumamente difícil tender puentes que puedan enriquecer mutuamente el pensamiento budista tradicional y la ciencia moderna de la vida. Varela pudo comprobar por primera vez estas dificultades cuando colaboró en la elaboración de un programa científico en el Instituto Naropa, una institución cultural creada por el maestro tibetano de meditación Chögyam Trungpa como punto de encuentro entre las tradiciones occidentales y los estudios contemplativos. En 1979 el programa recibió una ayuda de la Fundación Sloan para organizar la que probablemente fuera la primera conferencia de su género: «Estudio comparado de la cognición en Occidente y en el budismo». Se reunieron unos veinticinco académicos de importantes instituciones norteamericanas. Sus disciplinas incluían la corriente filosófica principal, la ciencia cognitiva (neurociencias, psicología experimental, lingüística, inteligencia artificial) y, por supuesto, estudios búdicos. Surgieron una serie de problemas que fueron una dura lección sobre la diplomacia y la organización meticulosa que requiere un debate intercultural para tener éxito.

Así, en 1987, con el deseo de evitar los escollos que habían surgido en el transcurso de la conferencia del Instituto Naropa, se adoptaron varios principios operativos que han contribuido decisivamente al éxito de las conferencias Mente y Vida. Figura entre ellos la elección de científicos liberales y competentes que tengan algún conocimiento de budismo; la organización de reuniones plenamente participativas en las que Su Santidad sea informado de las bases científicas generales desde una perspectiva objetiva antes de que se inicie el debate; emplear traductores competentes como Thupten Jinpa, el doctor Alan Wallace y el doctor José Cabezón, que dominan el vocabulario científico tanto en tibetano como en inglés; y, por último, crear un espacio privado y protegido en que se pueda mantener un debate espontáneo y relajado lejos del ojo vigilante de los medios de comunicación occidentales.

La primera conferencia Mente y Vida se celebró en octubre de 1987 en Dharamsala. Se centró en el fundamento básico de la ciencia cognitiva moderna, el punto de partida más lógico para un diálogo entre la tradición budista y la ciencia moderna. El programa de la primera conferencia introdujo temas amplios de la ciencia cognitiva, como método científico, neurobiología, psicología cognitiva, inteligencia artificial, desarrollo cerebral, y evolución. Asistieron Jeremy Hayward (física y filosofía de la ciencia); Robert Livingstone (neurociencia y medicina); Eleanor Rosch (ciencia cognitiva); y Newcomb Greenleaf (informática). En la sesión de clausura, el Dalai Lama nos pidió que prosiguiéramos el diálogo con conferencias bianuales. La primera conferencia Mente y Vida se publicó con el título de *Gentle Bridges: Conversations with the Dalai Lama on the Sciences of Mind*, editado por Jeremy Hayward y Francisco Varela (Shambhala Publications, Boston, 1992). Se ha traducido al francés, al español, al alemán, al japonés y al chino.

La segunda conferencia se celebró en octubre de 1989 en Newport (California); Robert Livingstone fue el coordinador científico. Duró dos días y se centró en la neurociencia. Asistieron como invitados Patricia S. Churchland (filosofía de la ciencia); J. Allan Hobson (el sueño y los sueños); Larry Squire (la memoria); Antonio Damasio (neurociencia); Robert Livingstone (neurociencia); y Lewis Judd (salud mental).

La tercera conferencia se celebró en Dharamsala en 1990. Actuó como coordinador científico Daniel Goleman (psicología). Decidió centrarse en la relación entre emociones y salud. Entre los participantes figuraron Dan Brown (psicología experimental); Jon Kabat-Zinn (medicina); Clifford Saron (neurociencia); y Lee Yearly (filosofía). Esta tercera conferencia se ha publicado con el título de *Healing Emotions: Conversations with the Dalai Lama on Mindfulness, Emotions, and Health*, editada por Daniel Goleman (Shambhala Publications, Boston, 1997).

En el curso de la tercera conferencia surgió una nueva forma de exploración: los participantes iniciaron un proyecto para investigar los efectos neurobiológicos de la meditación en meditadores con larga experiencia. Para facilitar la investigación se creó la red Mente y Vida que conecta a otros científicos interesados tanto en la experiencia contemplativa como en la ciencia occidental. Con dinero aportado por la Fundación de la Familia Hershey nació el Instituto Mente y Vida. El Instituto Fetzer cubrió los gastos de la red durante dos años y las etapas iniciales del proyecto de investigación. Junto con la publicación de muchos de nuestros descubrimientos, prosigue la investigación sobre diversos temas, como, por ejemplo, atención y respuesta emocional.

Después de la cuarta conferencia que constituye el tema de este libro, se celebró la quinta en octubre de 1994 en Dharamsala. Se centró en el análisis del altruismo, la ética y la compasión como fenómenos naturales; nuestro objetivo era examinar y analizar la evolución, las bases biológicas y el marco social de estos temas estrechamente relacionados. Actuó como coordinador científico el doctor Richard Davidson. Ahora está preparando la edición de los resultados con el título *Science and Compassion: Dialogues with the Dalai Lama*. Asistieron Richard Davidson (neurociencia cognitiva); Anne Harrington (historia y filosofía de la ciencia); Robert Frank (altruismo y economía); Nancy Eisenberg (desarrollo infantil); Ervin Staub (psicología y comportamiento de grupo); y Elliot Sober (filosofía).

La sexta conferencia se programó para octubre de 1997, y se celebraría una vez más en Dharamsala. Por primera vez, el tema pasará de las ciencias biológicas a la física y la cosmología. Arthur Zajonc (Amherst College) accedió a encargarse de la coordinación científica, y Adam Engle de la coordinación general.

NOTA DE AGRADECIMIENTO

Las conferencias Mente y Vida han sido patrocinadas durante años por la generosidad de diversos amigos y organizaciones. Barry y Connie Hershey, de la Fundación de la Familia Hershey, han sido nuestros patrocinadores más leales y constantes desde 1990. Su generosa ayuda no sólo ha garantizado la continuidad de las conferencias, sino que ha dado vida al Instituto Mente y Vida propiamente dicho. Las conferencias han recibido también generosa ayuda financiera del Instituto Fetzer; de la Fundación Nathan Cummings; del señor Branco Weiss; de Adam Engle; Michael Sautman; R. Thomas Northcote y señora; Christine Austin; y Dennis Perlman. En nombre de Su Santidad el Dalai Lama y de todos los demás participantes, damos humildemente las gracias a todas estas personas y organizaciones. Su generosidad ha tenido una repercusión profunda en la vida de muchas personas.

Nos gustaría dar también las gracias a todas las personas cuya ayuda ha hecho que sea un éxito el trabajo del Instituto. Muchas de ellas han ayudado al Instituto desde el comienzo. Gracias también y todo nuestro reconocimiento a Su Santidad el Dalai Lama; a Tenzin Geyche Tethong y a todas las demás personas extraordinarias de la oficina privada de Su Santidad; a Ngari Rinpoche y Rinchen Khandro y todo el personal de Kashmir Cottage; a todos los científicos, coordinadores científicos e intérpretes; a Maazda Travel de los Estados Unidos y a Middle Path Travel de la India; a Pier Luigi Luisi; Elaine Jackson; Clifford Saron; Zara Houshmand; Alan Kelly; Peter Jepson; Pat Aiello; Thubten Chodron; Laure Chattel; Shambhala Publications; y Wisdom Publications.

El Instituto Mente y Vida se creó en 1990 como institución benéfica pública 501 (c) 3 para apoyar los diálogos sobre la mente y la vida y promover la investigación científica y el conocimiento intercultural. Pueden contactar con nosotros en P.O. Box 94, Boulder Creek, CA 95006. Teléfono (408) 338-2123; fax: (408) 338-3666; E-Mail: aengle@engle.com.

ADAM ENGLE

Notas

1. La primera conferencia de la serie Mente y Vida se publicó con el título de *Gentle Bridges: Conversations with the Dalai Lama on the Sciences of Mind*, J. Hayward y F. J. Varela, eds., Shambhala Publications, Boston, 1992.
2. La tercera conferencia Mente y Vida se publicó con el título *Healing Emotions: Conversations with the Dalai Lama on Mindfulness, Emotions, and Health*, D. Goleman, ed., Shambhala Publications, Boston, 1997.
3. C. Taylor, *Sources of the Self: The Making of the Modern Identity*, Harvard University Press, Cambridge, Massachusetts, 1990.
4. El lector interesado puede consultar J. A. Hobson, *The Sleeping Brain*, Penguin, Nueva York, 1991.
5. Véase, por ejemplo, *Psychoanalysis and Cognitive Science*, K. M. Colby y R. J. Stoller, Analytic Press, Hillsdale, New Jersey, 1988.
6. J. McDougall, *Theaters of the Mind*, Basic Books, Nueva York, 1985; *Theaters of the Body*, W. W. Norton, Nueva York, 1990.
7. Una biografía muy informativa de Freud es *Freud: A Life for Our Times*, de Peter Gay, Anchor/Doubleday, Nueva York, 1988.
8. G. Roheim, *The Gates of the Dream*, Macmillan, Nueva York, 1965.
9. Véase, por ejemplo, *Playing and Reality* de D. W. Winnicott, Basic Books, Nueva York, 1971.
10. J. Gackenbach y S. LaBerge, eds., *Conscious Mind, Sleeping Brain*, Plenum Press, Nueva York, 1988.
11. Véase S. LaBerge, *Lucid Dreaming*, Tharcher, Los Angeles, 1985. (Introducción general, incluidas las fuentes históricas).
12. Véase S. LaBerge, L. Levitan y W. C. Dement, «Psychophysiological Correlates of the Iniciation of Lucid Dreams», *Sleep Research* 10, 1986, 149.
13. Véase LaBerge, «Psychophysiology of Lucid Dreaming», en Gackenbach y LaBerge, eds., *Conscious Mind, Sleeping Brain*, 135-152.
14. Entre los cuarenta y siete factores mentales restantes hay cinco factores mentales omnipresentes, cinco factores mentales que verifican los objetos, once factores mentales saludables, seis aflicciones mentales primarias y veinte aflicciones mentales secundarias.

15. Philippe Ariès, *Histoire de la Mort en Occident*, Seuil, París, 1974.
16. Véasae D. Griffin, *Animal Minds*, University of Chicago Press, Chicago, 1989.
17. C. Trungpa, *Transcending Madness: Bardo and the Six Realms*, Shambhala Publications, Boston, 1993.
18. Véase Hayward y Varela, eds., *Gentle Bridges*.
19. J. E. Ahlskog, «Cerebral Transplantation for Parkinson's Disease: Current Progress and Future Prospects», *Mayo Clinic Proceedings* 68, 1993, 578-91.
20. J. Engel, Jr., *Seizures and Epilepsy*, F. A. Davis, Filadelfia, 1989, 536.
21. Véase *The Tibetan Book of the Dead*, traducción de F. Fremantle y C. Trungpa, Shambhala Dragon Editions, Boston, 1992.
22. Véase R. Moody, *Life after Life*, Mockingbird, Atlanta, 1975; K. Ring, *Heading Towards Omega*, Quill Morrow, Nueva York, 1984; M. Sabom, *Recollection of Death*, Harper & Row, Nueva York, 1982.

Glosario

Abhidharma. (tib. *mngon chos*). Detallados análisis filosóficos de la mente y las funciones mentales, y de los efectos de los diversos estados mentales positivos y negativos. Se dice que la disciplina del *Abhidharma* la inició el Buda y continúa hasta nuestros días.

acceso o ataque. Foco inicial de descarga neural anormal (casi siempre en el fondo del sistema límbico del lóbulo temporal) que afecta súbitamente a una gran masa del tejido cortical adyacente. Esta descarga se caracteriza por ser de baja frecuencia e hipersincrónica.

aislamiento físico, oral y mental. Las tres primeras de las cinco etapas del estado de realización en el sistema Guhyasamâja. Una vez superadas, se accede a la clara luz y al cuerpo ilusorio. La unificación final de las dos últimas es equivalente a la budeidad.

Âlayavijñâna (tib. *kun gzhi nams shes*). Traducido a veces como «conciencia fundamental» o «conciencia depósito», es la más sutil de las ocho formas de conciencia enumeradas en el sistema Yogâcâra. La conciencia fundamental es el lugar en que se depositan las propensiones o impresiones creadas por las obras bajo la influencia de los obstáculos dolorosos hasta que se dan las condiciones para su manifestación.

apariencia, aumento de. Véase *óctuple proceso de morir/disolución*.

Arya Asanga. Filósofo budista indio (n. hacia el s. IV de la e.c.) que colaboró en la creación del sistema Yogâcâra con sus escritos sobre Abhidharma y otros temas.

asociación, corteza de. Zonas de la corteza cerebral que conectan e integran la diversa información sensorial (visual, auditiva, táctil, etc.) y motriz. Estas regiones se consideran de orden superior porque controlan los actos reflejos y los voluntarios.

asura. Miembro del reino *asura*, uno de los seis reinos de la existencia cíclica (*samsâra*) de la cosmología búdica. Llamados a veces *dioses celosos*, los *asuras* nacen en un reino celestial debido a la fuerza de un poderoso *karma* positivo y negativo. Aunque dotados de riqueza, inteligencia y larga vida, envidian la riqueza superior de los *devas* y están en guerra constante con ellos.

axón [o cilindroeje]. Fibra de la célula nerviosa o neurona que trasmite hacia la periferia información en forma de impulsos eléctricos y señales químicas a otras neuronas, generalmente distantes.

bakchak. Véase *impresiones*.

bardo (sáns. *antarâbhava*). Designa generalmente el *estado intermedio* entre muerte y renacimiento, en que el flujo mental vaga en forma de «cuerpo mental» mientras busca una nueva encarnación. El *bardo* se considera una ocasión importante para la práctica tántrica, pues es en el punto de transición de la muerte al *bardo* donde se manifiesta la naturaleza de la clara luz de la conciencia. Asimismo, la mente experimenta numerosas apariciones durante el *bardo*, que se dice que son en forma de deidades coléricas o pacíficas. Si el practicante comprende estas apariciones como la naturaleza de la propia mente, puede alcanzar la liberación. Véase también *Bardo Thödol* y *clara luz*.

Bardo Thödol (tib. *bar do thos sgrol*). Famoso manual tibetano para los moribundos, más conocido como *Libro tibetano de los muertos*; literalmente, el título significa «Liberación mediante la audición en el estado intermedio». Se cree que leer este libro en voz alta a alguien que está muriendo o que ya ha muerto ayudará a dicha persona a reconocer las representaciones fenoménicas del *bardo* como la naturaleza de la propia mente y a conseguir así el despertar.

Bön. Tradición religiosa tibetana autóctona. Si bien posee historia y mitología diferentes del budismo, ha asimilado muchas ideas filosóficas y prácticas meditativas de la tradición budista tibetana general.

Budismo tántrico. Camino hacia el despertar basado en las doctrinas tántricas o esotéricas del Buda; también llamado Mantrayâna, Tantrayâna y Vajrayâna. Hay muchos aspectos y niveles en el budismo tántrico, pero todos comparten la idea común de controlar los vientos corporales o energías vitales como medio para reproducir el proceso de la muerte y poder meditar sobre la no-identidad con el nivel mental más sutil. El budismo tántrico quizá sea más conocido por su empleo de las técnicas del yoga de la divinidad, aunque éste es sólo uno de sus muchos componentes. Véase también *yoga de la divinidad*, *prana* y *Vajrayâna*.

canal central (sáns. *avadhûti*; tib. *rtsa dbu ma*). «Vena» o «nervio» primarios del sistema nervioso sutil, según la fisiología búdica tántrica. Haciendo que la energía psíquica o viento (sáns. *prâna*; tib. *rlung*) circule por el canal central mediante técnicas yóguicas, es posible reconocer la clara luz fundamental.

canales sutiles. Red sutil que conduce la energía sutil y las esencias del cuerpo sutil. Se dice que hay 72.000 canales sutiles en el cuerpo humano.

causa esencial (sánscr. *upâdânahetu*; tib. *nyer len gyi rgyu*). Causa primaria de un efecto particular; por ejemplo, aunque tienen que darse muchas condiciones para que germine una semilla, la causa esencial es la semilla.

centro del corazón. Puede designar el chakra del corazón en general o concretamente el centro del chakra del corazón, donde se dice que residen en una pequeña esfera el viento sutil y la energía vital, que son la base del estado de realización en el yoga tantra supremo.

chakra (sáns. *cakra*; tib. *'khor lo*). Literalmente «rueda» o unión de canales de energía a lo largo del canal central; los chakras principales están situados en la coronilla, la garganta, el corazón y la región genital.

ciclo circadiano. Actividad biológica que tiene lugar en períodos o ciclos de unas veinticuatro horas y el mejor conocido de los cuales es el sueño humano.

cinco agregados (sáns. *pañcaskandha*; tib. *phung po lnga*). Según la filosofía búdica, el sistema cuerpo-mente se divide en cinco agregados o componentes, a saber: forma, sentimiento, percepción, volición y conciencia. Según muchos filósofos budistas estos cinco agregados constituyen la base de designación del sentido del yo de un individuo y la identidad personal.

cinco elementos internos y cinco elementos externos. Los cinco elementos son tierra, agua, fuego, aire y espacio. Si se trata de los elementos que componen el cuerpo, se llaman cinco elementos internos. Cuando se trata de los elementos que componen el universo exterior, se llaman los cinco elementos externos.

clara luz (sáns. *prabhasvara*; tib. *'od gsal*). La aparición sutil que se produce cuando se disuelven las energías vitales en el canal central. Las energías vitales se disuelven de esta forma en varias ocasiones, sobre todo en el sueño y en la muerte o en la meditación tántrica. Cuando se disuelven las energías en el canal central, la mente pasa por «las ocho etapas de la disolución», que incluyen una serie de apariciones que culminan con la clara luz misma. La experiencia de la clara luz, que se dice que es como «un cielo otoñal claro y sin nubes muy poco antes del alba», representa la mente en su máxima sutileza, y su conocimiento se denomina «clara luz natural». Cuando el practicante alcanza el conocimiento, ha comprendido la naturaleza fundamental de la propia mente, en la que la clara luz es la base sutil de todos los demás contenidos mentales. Aunque sumamente sutil, la «clara luz del sueño» no es tan sutil como la «clara luz de la muerte», porque cuando dormimos las energías vitales no se disuelven en el canal central. En la muerte, sin embargo, las energías se disuelven completamente, razón por la cual la clara luz que aparece en la muerte se llama la «clara luz básica» o «clara luz primordial», pues es la mente en su estado más sutil y fundamental.

clara luz básica. Estado de conocimiento primordial, no estructurado conceptualmente, que desafía todas las categorías lógicas, incluidas existencia, no-existencia, existencia y a la vez no-existencia y ni existencia ni no-existencia. Véase *clara luz.*

clara luz de la muerte. Véase *clara luz.*

clara luz del sueño. Véase *clara luz.*

clara luz fundamental. Véase *clara luz.*

clara luz natural. Véase *clara luz.*

clara luz primordial. Véase *clara luz.*

clara luz sutil. Véase *clara luz.*

conciencia (definición neurocientífica). No existe una definición neurocientífica general; sin embargo, el término se relaciona con conocimiento reflexivo, selección atenta de estímulos ambientales y control del comportamiento, determinados niveles de vigilancia, síntesis de procesos cognitivos, etc.

conciencia (definición budista). Casi todos los filósofos budistas definen *conciencia* como «conocimiento luminoso». El término *luminoso* (sáns. *prabhasvâra*; tib. *gsal ba*) se refiere a la capacidad de «iluminar» o mostrar objetos. Al mismo tiempo, la conciencia es luminosa porque es «clara», ya que es como un espacio abierto que tiene contenido pero no contenido intrínseco en sí mismo y de sí mismo. Y por último, la luminosidad de la mente se relaciona con su naturaleza básica, la *clara luz.* Cuando la conciencia es luminosa es también «conocimiento» (sáns. *jñâna*; tib. *rig pa*) porque también conoce o comprende los objetos que se le presentan. De ahí que cuando uno ve el color azul, la luminosidad de la conciencia explica la apariencia del azul en la mente y el aspecto cognitivo de la conciencia es lo que le permite comprender y luego manipular esa apariencia con otras funciones mentales como la conceptualización o la memoria.

conciencia fundamental. Véase *âlayavijñâna.*

conciencia muy sutil. Véase *mente muy sutil.*

conciencia primordial. Véase *mente muy sutil.*

conciencia sutil. Véase *mente-energía sutil.*

condición favorable (sáns. *sahakârâpratyaya*; tib. *lhan cig byed rkyen*). Disposición necesaria para que una *causa substancial* particular tenga su efecto; por ejemplo, una semilla debe tener las condiciones favorables de tierra, humedad y luz para germinar.

conocimiento prístino (tib. *rig pa*). La conciencia en su estado natural, no modificada por elaboraciones conceptuales, por esperanzas y temores, por afirmación y negación. Carente de toda dualidad, el conocimiento prístino es idéntico al Dharmakâya, la mente de Buda.

conocimiento prístino natural. (tib. *ran bzhin kyi rig pa*). En los sistemas Dzogchen y Mahâmudrâ, naturaleza de la mente común. Cuando se reconocen todas las apariencias del *samsarâ* y el *nirvâna* se conocen como su representación.

conocimiento prístino resplandeciente (tib. *rtsal gyi rig pa*). La forma de conocimiento prístino que puede manifestarse en la conciencia despierta aun cuando la persona no esté concentrada en la meditación. Se dice que a veces se produce «entre pensamientos», y es similar a las otras formas de conocimiento prístino en que es la naturaleza básica, primordial, de la conciencia misma. Se llama «resplandeciente» porque se manifiesta como representaciones o apariciones en la conciencia. Y como tal, es la base de todos los contenidos mentales.

continuo mental. Véase *flujo mental.*

corteza cerebral. La fina superficie sinuosa de los hemisferios cerebrales, compuesta de los cuerpos celulares de las neuronas (materia gris). Se divide en cuatro áreas principales: frontal, parietal, temporal y occipital.

corteza/lóbulo occipital. Región posterior extrema de la corteza cerebral que interviene en los procesos de información sensorial visual.

cortezas primarias. Las zonas de la corteza cerebral que procesan la información sensorial específica de una modalidad sensorial, como por ejemplo la visión, el oído, el tacto, etc.

Cuatro Nobles Verdades. Las Cuatro Nobles Verdades son: (1) el sufrimiento existe; (2) la causa del sufrimiento es el apego; (3) existe la cesación del sufrimiento; (4) existe un camino para llegar a esa cesación del sufrimiento. Todas las tradiciones búdicas coinciden en que estos cuatro principios se hallan en el centro del mensaje espiritual de Buda. En la formulación de las cuatro verdades se establecen dos series, agrupadas según causa y efecto. La primera se relaciona con el ciclo de las existencias: la verdad del origen (causa) y la verdad del sufrimiento (efecto). La segunda se relaciona con la liberación de la existencia cíclica: la verdad de la vía (la causa) y la verdad de la cesación (el efecto, la misma liberación). En resumen, la enseñanza de las Cuatro Nobles Verdades esboza la idea búdica de la naturaleza tanto del *samsâra* como del *nirvâna*.

cuerpo onírico. La forma física aparente que uno tiene en el estado onírico. En la práctica yóguica del estado de realización en el tantra yoga supremo, se cultiva el cuerpo onírico como simulacro del cuerpo ilusorio.

cuerpo sutil. La red de canales nerviosos sutiles del cuerpo según el tantra yoga supremo, así como las energías y esencias sutiles que circulan por esos canales.

cuerpo ordinario/conciencia ordinaria. El estado ordinario del cuerpo y de la mente condicionados por el *karma* y los estados mentales negativos; son la base que se purifica en el cuerpo ilusorio o sutil y el conocimiento prístino, que constituyen juntos la esencia del despertar.

cuerpo ilusorio (sáns. *mâyâkâya*; tib. *sgyu lus*). En el tantra búdico, el practicante avanzado alcanza el cuerpo ilusorio en la meditación o al pasar al estado intermedio. Tomando el viento sumamente sutil o energía vital como causa sustancial, y la mente como condición favorable, él o ella afloran en la forma de un cuerpo ilusorio puro o impuro. El Sambhogakâya de los budas es en efecto un cuerpo ilusorio. Véase *Trikâya*.

delok (tib. *'das log*). Forma extrema de experiencia de semimuerte. Debido a una enfermedad o a un accidente, una persona puede permanecer en un estado de suspensión de las funciones vitales durante varios días, presenciando los efectos del *karma* que ha de sufrirse en el estado intermedio y en las futuras existencias, y luego volver en sí.

deseo, mundo del (sáns. *kâmadhâtu*; tib. *'dod khams*). En la cosmología búdica, una de las tres dimensiones de existencia (junto con el mundo de la forma y el de la ausencia de forma). Se considera el menos perfecto, porque el cuerpo y la mente de los seres de esa región son burdos. Se llama mundo del deseo en parte porque las motivaciones primarias de las criaturas que lo habitan son los deseos. Demonios, espíritus ávidos, animales, humanos, dioses celosos y algunos *devas* se consideran parte de esta región.

despertar [iluminación] (sáns. *bodhi*; tib. *byang chub*). Objetivo máximo de la vía búdica. Una persona se considera despierta o iluminada cuando ha purificado tanto la obstrucción aflictiva como la obstrucción del conocimiento y cuando ha alcanzado las cualidades de un buda. A la persona que ha alcanzado el despertar (o la iluminación) se le llama *buddha* o «El Despierto».

deva (tib. *lha*). En sánscrito, *deva* designa a un «dios» o criatura celestial. Algunos *devas* ocupan el nivel más alto dentro del mundo de los deseos de la existencia cíclica (*samsâra*), mientras que otros permanecen en el mundo de la forma o en el mundo sin formas. Los *devas* tienen una vida muy larga y gozan de los placeres sensuales y meditativos; por estas razones, carecen generalmente de la capacidad de renuncia necesaria para seguir el camino del despertar.

Dharmakâya. Véase *trikâya*.

Diamante, Vehículo del. Véase *Vajrayâna*.

dios celoso. Véase *âsura.*

divinidad de elección (sáns. *istadevatâ*; tib. *yidam*). En los tantra búdicos, la deidad que constituye el foco de la práctica tántrica del individuo. Los tantra búdicos describen un vasto panteón de estas deidades, cada una de ellas con diferentes atributos, para que se adapten mejor a las propensiones de los practicantes concretos. Concentrarse en la divinidad elegida durante la meditación es algo que se utiliza para preparar al practicante para el verdadero control de la *energía vital*, y para facilitar la comprensión de la naturaleza de clara luz de la mente.

doctrina de «sólo pensamiento». Véase *Yogâcâra.*

drongjuk (tib. *grong 'jug*). Práctica de yoga en que el yogui transfiere su conciencia a un cuerpo muerto y lo resucita. Tradicionalmente se dice que esta práctica la llevó al Tíbet Marpa el traductor (1012-1097), pero que se perdió cuando el hijo de Marpa murió prematuramente sin transmitir las instrucciones de la misma.

Dzogchen (tib. *rdzogs pa chen po*). Suele traducirse por «Gran Perfección». Es el sistema superior de meditación tántrica según la escuela Nyingma de budismo tibetano. En este sistema, un yogui o una yoguini cultiva el reconocimiento directo y sin modificar del Dharmakâya basándose en la introducción a la naturaleza de la mente recibida de un lama experto, junto con la orientación personal del lama.

electroencefalograma (EEG). Aparato que registra la actividad eléctrica producida por los procesos cerebrales subyacentes. Para ello se aplican sensores o electrodos a la superficie exterior de la cabeza.

electromiograma. Registro de la actividad eléctrica de un músculo o de un grupo de músculos.

encéfalo. Los dos hemisferios cerebrales, sin el cerebelo ni el bulbo raquídeo.

energía penetrante. Una de las principales energías o «vientos» del organismo; impregna toda la forma física por igual.

energía vital. Véase *prâna.*

escuela Prâsangika Madhyamaka. Subdivisión de la escuela Madhyamaka del pensamiento budista indio mahayánico. La escuela Prâsangika se vincula a Buddhapâlita y Candrakîrti. Casi todos los maestros tibetanos sostienen que representa la interpretación más fiel de la doctrina búdica sobre la no-identidad. Al contrario que la escuela Svâtantrika Madhyamaka, la Prâsangika no acepta el razonamiento silogístico independiente, porque los significados de los términos de un argumento dependen siempre del intérprete de dichos términos. Así, todos los argumentos que suponen la existencia de una identidad intrínseca pueden reducirse a una conclusión absurda o inaceptable (*prasanga*).

estado intermedio. Véase *bardo.*

estado de realización (sáns. *nispannakrama*; tib. *rdzogs rim*). Segunda y última etapa del yoga tantra supremo, en que el yogui o la yoguini alcanza gradualmente el verdadero estado de «budeidad» libre de artificio, mediante ejercicios de yoga en que intervienen los canales nerviosos sutiles, la energía y las esencias del cuerpo.

estado de generación (sánscr. *utpattikrama*; ti. *bskyed rim*). Primera etapa de la práctica del yoga tantra supremo, en que el yogui o la yoguini desarrolla progresivamente una clara percepción visual y una identidad de sí mismo como deidad búdica mediante diversos *sâdhanas* y el recitado de mantras. Véase también *divinidad de elección* y *estado de realización.*

existencia cíclica o ciclo de las existencias. Véase *samsâra.*

fenómenos evidentes (sáns. *drsyadharma*; tib. *mthong rung ri chos*). Una de las tres clasificaciones de las cosas (*dharma*) en la tradición epistemológica budista tibetana e india. Los fenómenos evidentes son cosas perceptibles directamente por medio de cualquiera de los cinco sentidos y de la mente.

fenómenos oscuros (sáns. *viprakrstadharma*; tib. *lkog gyur gyi chos*). Una de las tres clasificaciones de las cosas (*dharma*) en la tradición epistemológica del budismo tibetano. Los fenómenos oscuros son cosas cuya existencia se conoce mediante inferencia válida, no por percepción directa. Por ejemplo, se deduce válidamente la presencia de fuego en una casa cuando uno ve que sale por las ventanas humo denso y negro.

fenómenos remotos. Véase *fenómenos oscuros.*

fenómenos sumamente oscuros (sáns. *ativiprakrstadharma*; tib. *shing tu lkog gyur gyi chos*). Una de las tres clasificaciones de las cosas (*dharma*) en la tradición epistemológica budista tibetana e india. Los fenómenos sumamente oscuros son cosas cuya existencia no puede percibirse ni inferirse directamente. Algunas cosas pueden ser sumamente oscuras para unas personas y no serlo para otras. De aquí que para las personas corrientes algunos aspectos del funcionamiento del *karma*, por ejemplo, sean sumamente oscuros, mientras que los procesos *kármicos* son evidentes para los budas.

fenómenos sumamente remotos. Véase *fenómenos sumamente oscuros.*

flujo o corriente mental (sáns. *santâna*; tib. *rgyud*). El continuo mental de momentos del flujo de conciencia causalmente conectados. Esta «corriente» de momentos mentales, cada uno de los cuales produce el siguiente, continúa durante el proceso de la muerte, el estado intermedio y el renacimiento.

fundamento de todo. Véase *âlayavijñâna.*

geshe. Este término tibetano significa literalmente «amigo espiritual». En la actualidad se da este título en la orden Gelup a quienes han completado con éxito muchos años de educación monástica y han alcanzado así un alto nivel de conocimiento doctrinal.

Guhyasamâja. Uno de los sistemas más importantes del yoga tantra supremo en las tradiciones de las nuevas traducciones. El Guhyasamâja tantra es el *locus classicus* de las prácticas de la etapa de realización según las sistematizó Nâgârjuna en sus *Cinco Etapas* (*Pañcakrama*).

Gran Perfección. Véase Dzogchen.

hipocampo. Estructura profunda de los lóbulos temporales de los hemisferios cerebrales. Se relaciona con aspectos de la memoria, sobre todo con la consolidación y almacenamiento de información que se percibe conscientemente.

impresiones (sáns. *vâsanâ*; tib. *bag chags*). También llamadas *bakchak* y tendencias o propensiones latentes, son las tendencias habituales creadas por el *karma*, que según el sistema Yogâcâra residen en la conciencia fundamental. Cuando encuentran las condiciones necesarias se manifiestan como efectos del *karma* original.

Kâlacakra Tantra. Considerado por algunos el principal sistema tántrico del yoga tantra supremo. Además de ser la base de importantes prácticas de meditación, es una fuente importante de las matemáticas, la astrología y la profecía según el budismo tibetano.

karma (tib. *las*). El término sánscrito *karma* designa las obras y sus impresiones en el flujo mental. Las acciones pueden ser físicas, verbales o mentales. En su uso general, *karma* se refiere a todo el proceso de acción causal y a los efectos resultantes.

lama (sáns. *guru*; tib. *bla ma*). Consejero espiritual experto o maestro venerado llamado en sánscrito *guru* y en tibetano *lama*.

lamarquismo. Teoría de la evolución formulada por el naturalista francés Jean de Lamarck. Se basa en el supuesto de que las especies evolucionan mediante los esfuerzos de los organismos para adaptarse a las nuevas condiciones y por la transmisión subsiguiente de los cambios así producidos a los descendientes.

lateralidad. Localización de las funciones cognitivas en el hemisferio derecho o en el izquierdo. Por ejemplo, en casi todas las personas diestras, aspectos del lenguaje como los procesos fonémicos y sintácticos y la articulación del lenguaje están controlados por el hemisferio izquierdo, mientras que otros procesos del lenguaje, como la interpretación de la entonación y la metáfora dependen del hemisferio derecho.

líquido cerebroespinal. Líquido contenido en las cuatro cavidades o ventrículos del cerebro. Los ventrículos están conectados entre sí y permiten la circulación y renovación del líquido. Este líquido desempeña diversas funciones, entre ellas la de proteger el cerebro de fuerzas (como por ejemplo la gravedad) que pueden deformarlo y la de regular el medio extracelular.

lóbulo frontal. Parte anterior de la corteza cerebral que comprende casi un tercio de la masa cortical total. Sus operaciones son diversas y nada fáciles de definir. Figuran entre ellas: la síntesis de orden superior de la información de casi todas las demás regiones del cerebro, procesos ejecutivos, razón, juicio, interpretación de los contextos ambientales que llevan a la interacción social adecuada, preparación/iniciación/acción motriz, etc.

lóbulo parietal. Área de la corteza cerebral situada entre el lóbulo frontal y la corteza occipital, posterior al lóbulo temporal. Entre sus funciones principales figuran los procesos somatosensoriales y espaciovisuales.

lóbulo temporal. La región del cerebro anterior al lóbulo occipital y ventral (abajo) respecto al lóbulo parietal. Sus funciones corticales incluyen los procesos visuales superiores y la selección de la información visual. Las funciones subcorticales incluyen aspectos del aprendizaje, la memoria y los procesos emocionales.

Madhyamaka. Uno de los cuatro principales sistemas filosóficos del antiguo pensamiento búdico indio. El Madhyamaka o «Vía Media» fue fundado por Nâgârjuna. Es más conocido por su formulación de la no-identidad de todas las personas y cosas y por seguir una «vía media» entre el esencialismo y el nihilismo, gracias a su formulación de las dos verdades (convencional y suprema). Hay dos escuelas importantes dentro del Madhyamaka: la Prâsangika y la Svâtantrika.

Mahâyâna (tib. *theg pa chen po*). Literalmente «Gran Vehículo». Es una de las dos tradiciones principales que surgieron en el seno del budismo en la antigua India, siendo calificada la otra por el Mahâyâna como Hînayâna o «Pequeño Vehículo». Relacionada con las tradiciones búdicas de Tíbet, China, Japón, Corea y Vietnam, una característica importante del Mahâyâna es su insistencia en que el sentimiento altruista y compasivo de responsabilidad universal por el bienestar de todos los seres sensibles es esencial para alcanzar el despertar.

Maitreya. Buda futuro y encarnación de la bondad de todos los budas. Su nombre significa literalmente «el amoroso, el amigable». También hay un bodhisattva Maitreya, así como un personaje histórico del mismo nombre, que es autor de varios textos filosóficos mahâyânas importantes.

Marpa (1012-1097). Importante traductor tibetano de textos indios y nepalíes y fundador de la escuela Kagyu (*bka' brgyud*), que llevó el Guhyasamâja tantra y otras importantes doctrinas tántricas al Tíbet. Su discípulo Milarepa es el yogui más famoso de la historia tibetana.

mente-energía muy sutil. El continuo de la mente muy sutil y la energía vital muy sutil que es la base más sutil para la designación del yo según el Vajrayâna.

mente-energía sutil. El componente más sutil del cuerpo sutil. Designa tanto la energía vital sutil como la mente sutil. También se refiere a la *clara luz* y es el aspecto del continuo mente-cuerpo que viaja ininterrumpidamente de una existencia a la siguiente. Según algunos, se mantiene como una pequeña esfera en el centro del corazón.

mente muy sutil. En el Vajrayâna, la mente muy sutil es la *clara luz*. Aprendiendo a controlar la energía vital, se aprende a reconocer la mente muy sutil y a utilizarla para meditar sobre la no-identidad esencial de la realidad.

mente sutil. Véase *mente-energía sutil.*

Milarepa (1040-1123). Uno de los personajes más venerados del budismo tibetano. En su juventud fue un hechicero malvado que mató a muchas personas. Luego fue discípulo de Marpa. Tras muchos años de duro y solitario aprendizaje para purificar el *karma* de sus malas obras, Milarepa alcanzó la iluminación y fue un maestro famoso. Sus poemas espontáneos, que se conservan en los *Cien mil cantos de Milarepa* y su biografía se cuentan entre las obras más populares de la literatura tibetana.

mundo de las formas (sáns. *rûpadhâtu*; tib. *gzugs khams*). Una de las tres dimensiones de existencia en la cosmología búdica (junto con el mundo o reino del deseo y el supraformal). Los seres del mundo de las formas son *devas*, pero distintos de los del mundo del deseo porque han eliminado todos los deseos excepto el de los objetos visibles, audibles y tangibles. Uno nace en el reino de las formas como resultado de meditar y perfeccionar una de las cuatro formas de concentración (*dhyâna*).

mundo supraformal o sin forma (sáns. *ârûpyadhâtu*; tib. *gzugs med khams*). Una de las tres dimensiones de existencia, según la cosmología búdica (junto con los mundos del deseo y de las formas). Los seres de este mundo no tienen ni deseo ni forma física. Se nace en este mundo como resultado de meditar y perfeccionar una de las cuatro formas de concentración (*samâdhi*).

Nâgârjuna. (s. II d. C.). Uno de los filósofos budistas mahâyânas más importantes de la India. Se dice que recuperó las *Escrituras de la perfección de la sabiduría* de la tierra de los *nâgas* y que luego sistematizó sus enseñanzas en la «Vía Media» o filosofía Madhyamaka. Nâgârjuna es también el nombre de un importante autor tántrico.

Nâropa. Famoso maestro del monasterio de Nâlandâ, en el norte de la India; sacrificó su carrera y su reputación para hacerse discípulo del yogui mendicante Tilopa. Tras someterse a doce años de privaciones, Tilopa le hizo comprender el significado del Mahâmudrâ o «Gran Sello» con un golpe de su sandalia. Nâropa sería después maestro de Marpa y la fuente con ello de muchas de las prácticas tántricas del yoga supremo que se transmitieron al Tíbet.

neurona. Unidad fundamental de señalización del sistema nervioso. La neurona típica transmite información electroquímica a otras neuronas a través del axón y recibe información a través de las dendritas.

Nirmânakâya. Véase *Trikâya.*

nirvâna (tib. *mya ngan las 'das pa*). En su traducción tibetana significa literalmente «superar el dolor y la pena»; se refiere a la liberación radical del sufrimiento y de sus causas subyacentes. Se alcanza sólo cuando todos los estados mentales negativos, las obstrucciones aflictivas y los obstáculos para llegar al conocimiento han dejado de actuar. Por ello se alude a veces al *nirvâna* como la cesación (*nirodha*) o la liberación (*moksa*).

no-identidad (sáns. *nihsvabhâvatâ, anâtmatâ*; tib. *rang bzhin med pa, bdag med pa*). Concepto filosófico clave en el budismo. Se basa en la idea búdica de que el estado de existencia condicionada y no iluminada tiene por raíz la errónea creencia en la existencia de un yo, esencia o identidad, perdurable y permanente. Cuando se percibe la ausencia de tal yo es cuando se abre la puerta de la liberación del sufrimiento del ciclo de las existencias o *samsâra*.

no-mismidad. Véase *no-identidad.*

Nueva Traducción, estirpe de la. Las tradiciones de Sûtrayâna y Tantrayâna que se propagaron en el Tíbet después del siglo X, a diferencia de la estirpe de la antigua traducción que había penetrado allí entre los siglos VIII y IX. Tomadas de diversas fuentes indias que en algunos casos se superponen, estas nuevas estirpes llegaron a conocerse como la Sakya (fundada por el traductor Drogmi); la Kagyu (fundada por Marpa); y la Kadampa (fundada por el maestro indio Atîsa), y conocida en su posterior resurgimiento por obra de Tsongkhapa como Gelugpa.

Nyingma, orden (tib. *rnying ma pa*). Literalmente, «los antiguos». Es la escuela más antigua del budismo tibetano. Fundada a finales del siglo VIII por el maestro de meditación Padmasambhava, las doctrinas especiales de esta escuela se denominan Dzogchen, o «Gran Perfección».

obstáculos aflictivos (sáns. *kleśâvarana*; tib. *nyon mongs kyi sgrib pa*). Las emociones y los estados mentales negativos que oscurecen la naturaleza de la realidad y alimentan el proceso del renacer en la existencia cíclica o *samsâra*. Hay varias enumeraciones de los estados mentales negativos que constituyen esta obstrucción, pero pueden incluirse todos en las categorías de los tres venenos: apego, cólera e ignorancia.

obstrucción del conocimiento (sáns. *jñayâvarana*; tib. *shes bya'i sgrib pa*). La ignorancia fundamental que se oculta bajo todo el sufrimiento del *samsâra* e impide que uno comprenda la falta de identidad de todos los fenómenos. En cuanto este obstáculo se elimina, se considera que se ha alcanzado la omnisciencia.

óctuple proceso de la muerte/la disolución. Según el yoga tantra supremo, cuando las cinco formas de energía vital se disuelven en el canal central en la muerte, se produce una serie de apariciones en la mente de la persona agonizante: espejismos, volutas de humo, luciérnagas, lámpara brillante, aparición blanca, «aumento» rojo, «consecución» negra y por último la clara luz de la muerte.

orden Gelup. Última escuela del budismo tibetano de la estirpe de la Nueva Traducción. La fundó el gran erudito y yogui Tsongkhapa (1357-1419). Es especialmente conocida por dedicar gran atención al estudio y al debate filosóficos.

Padmasambhava. Maestro de meditación indio, que desempeñó un papel muy importante en la difusión del budismo en el Tíbet. Es conocido sobre todo por haber sometido a los espíritus y demonios del país gracias a sus enormes poderes mágicos, y por la divulgación de la doctrina del Vajrayâna.

powa. Véase *transferir la conciencia*.

prâna (tib. *rlung*). Término sánscrito que significa literalmente «viento» o «aliento». Designa los diversos tipos de energía sutil que animan e impregnan el sistema psicofísico. En el tantra búdico, estos vientos o energías vitales son controlados por el meditador mediante las prácticas de la etapa de la generación y la etapa de la culminación. La forma más sutil de energía vital es idéntica a la forma más sutil de la mente y un importante objetivo de la práctica tántrica es el de conseguir dominar esta energía más sutil para transformar la mente en su nivel más sutil.

propensiones latentes. Véase *impresiones.*

registro de campo magnético (RCM). Medición de los componentes magnéticos relacionados con el campo eléctrico en un EEG.

REM, sueño. Estado de sueño caracterizado por movimientos oculares rápidos y registros electroencefalográficos desincronizados. Es la pauta del sueño que suele asociarse con los sueños.

respiración/meditación del jarrón. Ejercicio de yoga en que se contrae el diafragma mientras se contiene la respiración hasta adoptar la forma de un jarrón, para acelerar el proceso del *calor interno* que cultivan los meditadores en la etapa de realización.

rûpakâya (tib. *gzugs kyi sku*). Literalmente, «cuerpo formal» de un buda; incluye el Sambhogakâya y el Nirmânakâya, los cuerpos percibidos por los practicantes religiosos avanzados y por los seres sensibles comunes respectivamente. Véase *Trikâya.*

sâdhana (tib. *sgrub thabs*). En general, práctica espiritual. En el contexto tántrico, alude normalmente a un texto ritual y a las técnicas de meditación del mismo. En muchos casos, los ejercicios incluyen técnicas de visualización del yoga de la divinidad.

Sambhogakâya. Véase *Trikâya.*

samâdhi (tib. *ting nge 'dzin*). Estado de meditación profunda en que la mente puede comprender plenamente el tema en que se concentra.

samsâra (tib. *srid pa'i 'khor lo*). Ciclo de la existencia condicionada en que todos los seres sensibles giran perpetuamente sin elección, debido a la fuerza del *karma* y a los estados mentales negativos. Llamado también existencia cíclica, es el estado de existencia no iluminada ni despierta en que uno está sometido al sufrimiento continuo.

Sautrântika. Uno de los principales sistemas filosóficos del antiguo pensamiento búdico indio. Según el mismo, la realidad consiste principalmente en entidades irreductibles, carentes de dimensión espacial y temporal. Estas «individualidades» o bien son materiales, en cuyo caso son partículas transitorias sin partes, o mentales, en cuyo caso son momentos mentales instantáneos. Aunque el sistema Sautrântika no sostiene, por tanto, la no-identidad de todas las cosas, afirma la no-identidad del yo o persona.

sinapsis. Zona de transmisión especial entre dos neuronas. Las sinapsis pueden catalogarse como químicas o eléctricas, según el mecanismo de transmisión de la señal y/o sus propiedades.

sistema vestibular de equilibrio corporal. Órgano del sentido (canales semicirculares) situado en el oído interno que interviene en el mantenimiento del equilibrio.

skandhas. Véase *cinco agregados.*

sûtra. La doctrina exotérica búdica que se conserva en sánscrito y en otras lenguas. El término *sûtra*, utilizado en combinación con el término *tantra*, tambien puede designar todo el sistema de la filosofía y la práctica budistas con la excepción de la doctrina secreta del Vajrayâna.

Sûtrayâna. Literalmente el «vehículo del sûtra» o camino del despertar que se basa en los sistemas filosóficos, éticos y de meditación que figuran en los sûtras o discursos esotéricos del Buda. Siguiendo las prácticas del Sûtrayâna es posible alcanzar la liberación personal (condición de *arhat*) en una existencia o la plena iluminación (budeidad) en tres eones innumerables. Véase también *Budismo tántrico, Vajrayâna.*

Svâtantrika Madhyamaka. Subdivisión de la escuela Madhyamaka del pensamiento búdico indio Mahâyâna, cuyo fundador fue Bhâvaviveka. Una doctrina destacada de esta escuela es la aceptación del razonamiento silogístico independiente (*svatantra*), en que los significados de los términos de un silogismo son convencionalmente independientes del intérprete del mismo. Las cosas poseen identidades intrínsecas en el nivel convencional.

tálamo. Estructura del cerebro medio compuesta de una serie de subdivisiones muy específicas o núcleos. Sus conexiones son recíprocas. La información sensorial que llega al mismo se filtra y transmite a las zonas corticales primarias correspondientes para seguir el proceso (de abajo arriba), mientras el proceso cortical superior, por medio del tálamo, influye en la selección y percepción de los datos sensoriales (de arriba abajo).

tantra (tib. *rgyud*). En sánscrito significa literalmente continuo o hilo. Se refiere a las doctrinas y prácticas esotéricas del Buda, conservadas en sánscrito y en otras lenguas.

tomografía por emisión de positrones (TEP). Técnica que permite obtener imágenes del cerebro en tres dimensiones. Precisa la inyección de sustancias radiactivas que sirven de indicadores de la actividad cerebral.

transferencia de conciencia (tib. *pho ba*, pronunciado *powa*). Método utilizado en el momento de la muerte para dirigir la conciencia propia o de otra persona a un renacimiento feliz, generalmente al paraíso Sukhâvatî del Buda de la luz ilimitada, Amitâbha.

transmisor. Sustancia química liberada por el extremo del axón de una neurona en la sinapsis. El transmisor recorre la sinapsis para unirse con el receptor químico situado en una dendrita o cuerpo celular de la neurona posinápsica.

tres venenos. Los estados mentales negativos básicos de deseo, aversión e ignorancia.

Trikâya (tib. *sku gsum*). Doctrina de los tres *kâyas* o cuerpos, según la interpretación del Mahâyâna de la naturaleza de la iluminación perfecta o «budeidad». El Dharmakâya o «cuerpo de la realidad» es la extensión definitiva que constituye la realidad final del despertar de un buda y es también la mente esencial de un buda. El Sambhogakâya o «cuerpo de gozo» es la forma de la mente iluminada que permanece en los reinos perfectos de la existencia. La forma sutil es sólo perceptible a los practicantes muy avanzados. El Nirmânakâya o «cuerpo de emanación» es la forma del Buda que es perceptible a los seres sensibles comunes como nosotros mismos.

tronco del encéfalo. Término general que designa tres estructuras neuroanatómicas: la médula, puente o metencéfalo y el mesencéfalo o cerebro medio. Se extiende desde la base del cerebro, anterior a la médula espinal, hasta el centro del cerebro. Procesa las sensaciones cutáneas y de las articulaciones de la cabeza, cuello y cara, y sentidos especializados como el oído, el gusto y el equilibrio. Las redes neurales de estas regiones también intervienen en la regulación de los diversos «estados» cerebrales, la conciencia despierta y las diferentes fases del sueño.

Tsongkhapa (1357-1419). Fundador de la tradición Gelug del budismo tibetano, recuperó la tradición de los Kadampas (véase *Nueva Traducción, estirpes de*) y estudió, practicó y enseñó los sistemas Sûtrayâna y Vajrayâna de todas las tradiciones de la Nueva Traducción. La interpretación de Tsongkhapa de la filosofía Madhyamaka o «Vía Media», que se conserva en sus monumentales comentarios a las obras de Nâgârjuna y Candrakîrti, ha ejercido gran influencia en la evolución de todas las escuelas de filosofía tibetanas.

vacío (sáns. *sûnyatâ*; tib. *stong pa nyid*). Idea filosófica búdica de que las cosas (*dharma*) están vacías de toda esencia o existencia intrínseca e inmutable. Aunque las cosas estén fundamentalmente vacías, puede decirse que existen convencionalmente o dependiendo de causas y circunstancias. Véase también *no-identidad.*

Vaibhâsika. Uno de los cuatro principales sistemas filosóficos del pensamiento budista indio. Sostiene que el universo se compone de una serie de elementos irreductibles llamados *dharma*. Todas las cosas compuestas pueden reducirse a estos *dharmas,* que poseen una identidad inmutable en el pasado, presente y futuro. Aunque el sistema Vaibhâsika no sostiene, por tanto, la no-identidad de todas las cosas, afirma la no-identidad del yo o persona.

Vajrayâna. Literalmente en sánscrito «Vehículo de la Realidad Indestructible». Es el nombre de la vía del budismo tántrico. En este contexto, el término *vajra* se refiere a la realidad indestructible de la no-identidad natural de todos los fenómenos, que se utiliza como vehículo del despertar. Por ejemplo, se genera el cuerpo como el cuerpo de una divinidad y se transforma el lenguaje en lenguaje iluminado, mediante visualización y mantra. Véase también *Budismo tántrico.*

viento, bilis, flema. Los tres humores del cuerpo según la medicina tibetana y ayurvédica. La bilis se relaciona con el calor y la emoción de la cólera; la flema, con el frío y la emoción de la ignorancia; y el viento, con la emoción del deseo.

yoga. En sánscrito significa literalmente «unión». Es un método para alcanzar el estado de iluminación.

Yogâcâra. Escuela de filosofía budista Mahâyâna india que subraya la fenomenología de la meditación. Los filósofos de esta escuela analizan la mente en ocho conciencias (cinco sensoriales y tres mentales), incluida la conciencia fundamental. Es conocida por su doctrina idealista, en la que todo es sólo pensamiento o puramente mental (*cittamâtra*), y que considera que todas las apariencias fenomenológicas surgen de las impresiones del flujo mental por la fuerza del *karma.*

yoga de la divinidad. La práctica de visualizarse como una deidad-buda en la práctica budista tántrica. Imaginándose uno mismo en el estado del resultado («budeidad») se dice que es posible cultivar las causas necesarias para la plena iluminación en una sola existencia. Véase también *divinidad de elección; Vajrayâna.*

yoga de los sueños. Práctica similar a lo que se llama en occidente *sueños lúcidos,* en que se cultiva el conocimiento de la naturaleza de los sueños para utilizar el estado onírico en la práctica religiosa.

Yoga Tantra Supremo (sáns. *anuttarayogatantra*; tib. *bla na med pa'i rnyal 'byor*). Sistema tántrico superior de la teoría y la práctica tántricas según las tradiciones de la Nueva Traducción. Se caracteriza entre otras cosas por las avanzadas técnicas de control de las energías vitales y por hacer posible la plena iluminación en una sola existencia. Véase también *estado de realización, estado de generación*.

yogui/yoguini. Literalmente, practicante (masculino o femenino) de yoga; en el contexto tibetano, el término se refiere a los adeptos de la meditación tántrica.

Colaboradores

JEROME («PETE») ENGEL se doctoró en medicina en 1965 y en filosofía en 1966, en la Universidad de Stanford. A partir de entonces, ha sido primero profesor adjunto y luego catedrático de neurología en la Facultad de Medicina de la Universidad de California en Los Angeles. Ha participado activamente en una serie de asociaciones profesionales y ha sido director de la American Epilepsy Society y de la American EEG Society. También es redactor de diversas publicaciones profesionales, entre ellas *Advanced Neurobiology, Epilepsy* y *Journal of Clinical Neurophysiology*.

El doctor Engel ha compilado varios libros sobre epilepsia y neurociencia clínica y es autor de *Seizures and Epilepsy* (F. A. Davis, Filadelfia, 1989). Ha publicado más de 110 artículos y ensayos en revistas profesionales como *Epilepsy Reasearch, Journal of Neurosurgery, Neurology, Electroencephalography Clinical Neurophysiology* y *Annals of Neurology*.

El doctor Engel es especialista en los estados que se producen durante y después de los ataques de epilepsia, coma diabético y síndrome clínico de hambre, y en las alucinaciones relacionadas con las lesiones cerebrales.

Lecturas facilitadas para la conferencia:

* Engel J., 1990, «Functional Explorations of the Human Epileptic Brain and Their Terapeutic Implications», en *Electroencephalography Clinical Neurophysiology* 76, 298-316.
* Engel J., 1990, 1991. «Neurobiological Evidence for Epilepsy-Induced Interictal Disturbances», en *Advances in Neurology* 55, 97-111.

JAYNE GACKENBACH. Licenciada en psicología experimental en la Commonwealth University de Virginia en 1978. Fue durante más de una década profesora auxiliar y luego profesora adjunta principalmente en el Departamento de Psicología de la Universidad de Iowa Norte. Trabaja en la actualidad independientemente en Edmonton (Canadá) y es miembro de la Asociación para el Estudio de los Sueños y de la Asociación de la Lucidez.

La doctora Gackenbach ha editado varios libros, entre ellos *Conscious Mind, Sleeping Brain: Perspectives on Lucid Dreams* (Plenum Press, Nueva York, 1988) y *Higher States of Consciousness* (Plenum Press, Nueva York, próxima aparición) y es autora del popular *Control Your Dreams* (Harper-Collins, Nueva York, 1990). Ha publicado muchos artículos en revistas profesionales como el *Journal of Social Psychology, Lucidity Letter, Journal of Mental Imagery* y *Sleep Research*.

Ha destacado en todos los aspectos de la investigación de la lucidez, incluidas las dimensiones fisiológicas, psicológicas y transpersonales. Este tema siempre ha despertado mucho interés en la tradición tibetana.

Lecturas facilitadas para la conferencia:

* Gackenbach, J. 1991, «Frameworks for Understanding Lucid Dreams: A review», en *Dreaming* 1, 109-128.
* Gackenbach, J., «A Developmental Model of Consciousness in Sleep», en *Dream Images: A Call to Mental Arms*, ed. de J. Gackenbach y A. Sheikh (Baywood Publishing Company, Nueva York, 1991).

JOAN HALIFAX se doctoró en antropología/psicología médica en la Universidad de Miami en 1968. Desde entonces ha ocupado diversos puestos, entre ellos el de investigadora de Etnomusicología de la Universidad de Columbia, NIMH, y directora de la Ojai Foundation, California. Es directora de la Upaya Foundation de Nuevo México, que cuenta con un servicio público para los moribundos.

La doctora Halifax es autora de varios libros y artículos, entre los que figuran *The Human Encounter with Death* (con S. Grof), Norton, 1973; *Shamanism*, Cross Roads, 1984; y *Fruitful Darkness*, Harper and Row, 1994.

Ha realizado estudios interculturales sobre diversos temas e iniciado estudios sobre la muerte y la agonía. Es budista practicante y pertenece a la orden Tiep de Thich Nhat Han.

THUPTEN JINPA recibió su instrucción monástica en el monasterio Zongkar Choede y en la Universidad Monástica Gaden de la India. En 1989 obtuvo el título de Lharam Geshe, equivalente tibetano a un doctorado en teología. Desde 1986 es el principal traductor de Su Santidad el Dalai Lama en temas de filosofía y religión. En 1989 Jinpa ingresó en el Kings College para estudiar filosofía occidental y recibió sus títulos en 1992.

Ha publicado obras entre las que figuran traducciones de los textos del Dalai Lama sobre el pensamiento y la práctica budistas y artículos sobre temas como, por ejemplo, las perspectivas budistas sobre la naturaleza de la filosofía, un estudio comparativo sobre el perspectivismo nietzschiano y la filosofía del vacío, y el papel de la subjetividad en el arte vajrayâna tibetano. Jinpa aporta su sólida formación en las tradiciones tibetana y occidental y sus vastos conocimientos lingüísticos como traductor del Dalai Lama. Él y Alan Wallace han sido los intérpretes de todos los encuentros anteriores «Mente y Vida».

JOYCE McDOUGALL se doctoró en pedagogía en la Universidad Otago de Nueva Zelanda. Estudió psicoanálisis en Londres y en París. Vive y ejerce su profesión desde 1954 en París, donde es psicoanalista supervisora e instructora de la Sociedad de París y del Instituto de Psicoanálisis.

La doctora McDougall colabora asiduamente en libros y revistas europeos y es autora de varios libros, entre ellos *Plea for a Measure of Abnormality*, I.U.P., Nueva York, 1980; *Theaters of the Mind*, Basic Books, Nueva York, 1985; y *Theaters of the Body: A Psychoanalytic Approach to Psychosomatic Illness*, W. W. Norton, Nueva York, 1989. Todos han sido traducidos a varios idiomas.

El psicoanálisis es la única tradición occidental que emplea un enfoque práctico pragmático para explorar la experiencia humana. En él se ha reconocido desde el principio la importancia de los sueños. La doctora McDougall es una de las representantes más elocuentes de esta tradición, por su extensa experiencia clínica y sus lúcidos conocimientos teóricos.

Lecturas facilitadas para la conferencia:

McDougall, J., *Theaters of the Mind*, Brunner Mazel, Nueva York, 1990.

CHARLES TAYLOR se doctoró en filosofía en la Universidad de Oxford en 1961. Desde entonces ha sido profesor ayudante, adjunto y titular en la Universidad McGill, con diversos nombramientos adicionales, por ejemplo, en la École Normale Superieure de París, la Universidad de Princeton, la Universidad de Oxford y la Universidad de California en Berkeley.

El doctor Taylor es autor de varios libros conocidos, como *The Explanation of Behaviour*, Routledge and Kegan Paul, Londres, 1964; *Hegel*, Cambridge University Press, Cambridge, 1975; y *Sources of the Self*, Harvard University Press, Cambridge, Massachusetts, 1989.

Colabora asiduamente en diversas revistas filosóficas. Ha hecho una aportación importante a las escuelas de pensamiento europeas continentales y angloamericanas. En esta reunión era importante contar con una interpretación clara de las actuales ideas occidentales sobre el yo, la mente y la sociedad.

Lecturas facilitadas para la conferencia:

* Taylor, Charles, *Sources of the Self: The Making of the Modern Identity*, Harvard University Press, Cambridge, Massachusetts, 1989.

FRANCISCO VARELA se doctoró en biología en la Universidad de Harvard en 1979. Ha sido profesor e investigador en distintas universidades, entre ellas la Universidad de Colorado, Boulder; la Universidad de Nueva York; la Universidad de Chile; y el Instituto Max Planck de Investigación Cerebral (Alemania). En la actualidad es director del Centre National de la Recherche Scientifique de París.

El doctor Varela es autor de más de ciento cincuenta artículos y ensayos sobre neurociencia y ciencia cognitiva en publicaciones científicas, como el *Journal of Cell Biology, Journal of Theoretical Biology, Perception, Vision Research, Human Brain Mapping, Biological Cybernetics, Philosophy of Science, Proceedings of the National Academy of Science (USA)* y *Nature*. Es autor de diez libros, siendo el más reciente *The Embodied Mind*, MIT Press, Cambridge, Massachusetts, 1991, que se ha traducido a ocho idiomas.

Hace mucho tiempo que se interesa por los puntos de contacto entre la ciencia occidental y el budismo. Fue coordinador científico de la primera conferencia Mente y Vida en 1987 y participó en la tercera conferencia. Además de aportar su experiencia general en neurociencia, actuó en gran medida como moderador.

Lecturas facilitadas para la conferencia:

* Varela, F., E.Thompson y E. Rosch, *The Embodied Mind: Cognitive Science and Human Experience*, MIT Press, Cambridge, Massachusetts, 1991.

ALAN WALLACE se doctoró en estudios religiosos en la Universidad de Stanford y se licenció en física y filosofía en el Amherst College en 1985. Desde 1971 hasta 1979 estudió budismo tibetano intensivamente en Dharamsala y en Suiza.

El doctor Wallace es autor de varios artículos sobre epistemología de la ciencia y la religión; es autor de *Choosing Reality: A Contemplative View of Physics and the Mind*, Shambala Publications, Boston, 1989. También ha traducido y comentado varios textos tibetanos, como *Transcendent Wisdom: A Commentary on the Ninth Chapter of Shantideva's «Guide to the Bodhisattva Way of Life»*, de Su Santidad el Dalai Lama (Snow Lion Publications, Ithaca, Nueva York, 1988).

Ha aportado a esta conferencia su conocimiento de la tradición tibetana y su amplia formación en ciencia y filosofía occidentales. Ha sido traductor y asesor de todas las conferencias Mente y Vida.

Lecturas facilitadas para la conferencia:

* Wallace, A., *Choosing Reality: A Contemplative View of Physics and the Mind*, Shambala Publications, Boston, 1989.

Del mismo editor:

MANDALA

1. El Dalai Lama, Daniel Goleman, Herbert Benson, Robert A. F. Thurman, Howard E. Gardner. **CienciaMente. Un diálogo entre Oriente y Occidente.**
2. **El sueño, los sueños y la muerte. Exploración de la conciencia con S.S. el Dalai Lama.** Edición y narración de Francisco J. Varela.

SOPHIA PERENNIS

1. Frithjof Schuon, **Tras las huellas de la Religión Perenne.**
2. Titus Burckhardt, **Clave espiritual de la astrología musulmana según Muhyudin Ibn Arabí.**
3. Titus Burckhardt, **Símbolos.**
4. Joseph E. Brown, **El legado espiritual del indio americano.** Dibujos de Ann Parker.
5. Jean Hani, **El simbolismo del templo cristiano.**
6. Frithjof Schuon, **Castas y Razas,** seguido de **Principios y criterios del arte universal.**
7. Ananda K. Coomaraswamy, **Sobre la doctrina tradicional del arte.**
8. Louis Charbonneau-Lassay, **Estudios sobre simbología cristiana. Iconografía y simbolismo del Corazón de Jesús.**
9. **Ashtavakra Gita.** Traducido por Hari Prasad Shastri.
10. Khempo Tsultrim Gyamtso, **Meditación sobre la vacuidad.**
11. Lilian Staveley, **La fontana de oro, o el amor del alma a Dios. Pensamientos y confesiones de una de sus amadoras.**
12. Mahatma Dattatreya, **Avadhut Gita.**
13. **Cantos pieles rojas.**
14. Vizconde H. de la Villemarqué, **El misterio celta. Barzaz Breiz. Relatos populares de Bretaña.**
15. Bernard Dubant, **Sitting Bull. Toro Sentado. «El último indio».**
16. René Guénon, **La metafísica oriental.**

17. **El jardín simbólico.** Texto griego extraído del Clarkiamus XI por Margaret H. Thomson, M.A.
18. Eva de Vitray Meyerovitch, **Los caminos de la luz. 75 cuentos sufíes.**
19. Pierre Ponsoye, **El Islam y el Grial.** Estudio sobre el esoterismo del *Parzival* de Wolfram von Eschenbach.
20. Joseph Jacobs, **Cuentos de hadas célticos.**
21. Whitall N. Perry, **Gurdjieff a la luz de la tradición.**
22. Leo Schaya, **La doctrina sufí de la unidad.**
23. Arco Iris Llameante (J. Neihardt), **Alce Negro habla.** Ilustraciones de Oso Erecto.
24. Abanindranath Tagore, **El Alpona o las decoraciones rituales de Bengala.**
25. Angelo Silesio, **Peregrino querubínico o epigramas y máximas espirituales para llevar a la contemplación de Dios.**
26. Abanindra Nath Tagore, **Arte y anatomía hindú.** (Con 36 ilustraciones).
27. Clément Huart, **Calígrafos del oriente musulmán.**
28. Ibn'Arabî, **El tratado de la unidad.** Seguido de: Fadlallah al-Hindî, **Epístola titulada «El regalo», sobre la manifestación del profeta.** Abdul-Hâdi, **Al-Malâmatiyya.**
29. Ananda K. Coomaraswamy, **Teoría medieval de la belleza.**
30. Frithjof Schuon, **Comprender el Islam.**
31. René Guénon, René Allar, Elie Lebasquais, Kshêmarâja y Jayarata, Shankarâchârya, **La tradición hindú.**
32. Angus Macnab, **España bajo la media luna.**
33. Martin Lings, **El secreto de Shakespeare.**
34. Titus Burckhardt, **El arte del Islam. Lenguaje y significado.**
35. Joseph E. Brown, **Madre tierra, padre cielo.** Fotografías de los indios de Norteamérica de E. S. Curtis.
36. Shaykh Al-Arabî Ad-Dârqawî, **Cartas de un maestro sufí.**
37. 'Abd Ar-Rahmân Al-Jâmî, **Los hálitos de la intimidad.**
38. Frédéric Portal, **El simbolismo de los colores.**
39. Edward S. Curtis, **El indio norteamericano.**
40. Frithjof Schuon, **Las perlas del peregrino.**
41. **El Zohar. Revelaciones del «Libro del Esplendor».** Seleccionadas por A. Bension.
42. Frithjof Schuon, **El sol emplumado. Los indios de las praderas a través del arte y la filosofía.**
43. Valmiki, **El mundo está en el alma.**
44. L. Charbonneau-Lassay, **El bestiario de Cristo.** Vol. I.
45. L. Charbonneau-Lassay, **El bestiario de Cristo.** Vol. II.

46. Julius Evola, **El misterio del Grial.**
47. Julius Evola, **Metafísica del sexo.**
48. Jean Hani, **La Virgen Negra y el misterio de María.**
49. Tenzin Gyatso, decimocuarto Dalai Lama, **El mundo del budismo tibetano.**
50. Jean Hani, **La realeza sagrada. Del faraón al cristianísimo rey.**
51. Hari Prasad Shastri, **Ecos del Japón.**

LOS PEQUEÑOS LIBROS DE LA SABIDURÍA

1. Michel Gardère, **Rituales cátaros.**
2. **Mujeres místicas (Época medieval).** Antología preparada por Thierry Gosset.
3. **La sabiduría del indio americano.** Antología de Joseph Bruchac.
4. Sogyal Rinpoché, **Meditación.**
5. Laurence E. Fritsch, **El pequeño libro de los días.**
6. Mario Mercier, **La ternura.**
7. Swâmi Râmdâs, **Pensamientos.**
8. Tobias Palmer, **Un ángel tras de mí.**
9. **Cantos de amor del antiguo Egipto.**
10. Jean Markale, **Las tres espirales. Meditación sobre la espiritualidad céltica.**
11. Arnaud Desjardins, **Zen y Vedanta.**
12. Rabí Nachman de Breslau, **La silla vacía.**
13. Lao Tse, **Tao Te King.**
14. Omar Khayyâm, **Rubaiyat.**
15. Epicteto, **Un manual de vida.**
16. Denise Desjardins, **Breve tratado de la emoción.**
17. Jean Giono, **El hombre que plantaba árboles.**
18. **Mujeres místicas (Siglos XV-XVIII).** Antología preparada por Thierry Gosset.
19. Charlotte Joko Beck, **Zen ahora.**
20. **Madre tierra, padre cielo. Los indios de Norteamérica.** Fotografías de E.S. Curtis. Selección de textos de Joseph Epes Brown.
21. S.S. el Dalai Lama, **Los beneficios del altruismo.**
22. **El espíritu romántico.** Edición de Carlos Garrido.
23. Gérard Edde. **Manual de las plantas medicinales.**
24. Gilles Brochard. **Pequeño tratado del té.**
25. Mariama Hima. **Sabiduría africana.**
26. Rûmî. **El canto del sol.**